Michael Bayer · Gabriele Mordt

Einführung in das Werk Max Webers

Studienskripten zur Soziologie

Herausgeber:
Prof. Dr. Heinz Sahner,
Dr. Michael Bayer und
Prof. Dr. Reinhold Sackmann
begründet von Prof. Dr. Erwin K. Scheuch †

Die Bände „Studienskripten zur Soziologie" sind als in sich abgeschlossene Bausteine für das Grund- und Hauptstudium konzipiert. Sie umfassen sowohl Bände zu den Methoden der empirischen Sozialforschung, Darstellung der Grundlagen der Soziologie als auch Arbeiten zu so genannten Bindestrich-Soziologien, in denen verschiedene theoretische Ansätze, die Entwicklung eines Themas und wichtige empirische Studien und Ergebnisse dargestellt und diskutiert werden. Diese Studienskripten sind in erster Linie für Anfangssemester gedacht, sollen aber auch dem Examenskandidaten und dem Praktiker eine rasch zugängliche Informationsquelle sein.

Michael Bayer
Gabriele Mordt

Einführung in das Werk Max Webers

VS VERLAG FÜR SOZIALWISSENSCHAFTEN

Bibliografische Information der Deutschen Nationalbibliothek
Die Deutsche Nationalbibliothek verzeichnet diese Publikation in der
Deutschen Nationalbibliografie; detaillierte bibliografische Daten sind im Internet über
<http://dnb.d-nb.de> abrufbar.

1. Auflage 2008

Alle Rechte vorbehalten
© VS Verlag für Sozialwissenschaften | GWV Fachverlage GmbH, Wiesbaden 2008

Lektorat: Frank Engelhardt

VS Verlag für Sozialwissenschaften ist Teil der Fachverlagsgruppe
Springer Science+Business Media.
www.vs-verlag.de

Das Werk einschließlich aller seiner Teile ist urheberrechtlich geschützt. Jede Verwertung außerhalb der engen Grenzen des Urheberrechtsgesetzes ist ohne Zustimmung des Verlags unzulässig und strafbar. Das gilt insbesondere für Vervielfältigungen, Übersetzungen, Mikroverfilmungen und die Einspeicherung und Verarbeitung in elektronischen Systemen.

Die Wiedergabe von Gebrauchsnamen, Handelsnamen, Warenbezeichnungen usw. in diesem Werk berechtigt auch ohne besondere Kennzeichnung nicht zu der Annahme, dass solche Namen im Sinne der Warenzeichen- und Markenschutz-Gesetzgebung als frei zu betrachten wären und daher von jedermann benutzt werden dürften.

Umschlaggestaltung: KünkelLopka Medienentwicklung, Heidelberg
Druck und buchbinderische Verarbeitung: Krips b.v., Meppel
Gedruckt auf säurefreiem und chlorfrei gebleichtem Papier
Printed in the Netherlands

ISBN 978-3-531-15392-6

Inhaltsverzeichnis

Webers Fragestellung — 7
Die Schriften Max Webers — 7
Soziologie als Kulturwissenschaft — 11
Charisma, Tradition und Rationalisierung — 15
Dimensionen eines Zugangs zum Werk Max Webers — 18
   Sinngebung und Stellungnahme — 18
   Die Bedeutung des Werkes — 21
Weiterführende Literaturhinweise — 25
   Wilhelm Hennis – Die Frage nach dem Menschen — 25
   Karl Löwith – Rationalisierung oder Entfremdung — 27
   Wolfgang Mommsen – Max Weber als Universalhistoriker — 29

Religionssoziologie — 33
Vorbemerkung — 33
Die Studien zur „Wirtschaftsethik der Weltreligionen" — 34
   Einleitung — 35
Religionen als Idealtypen — 40
Die Studien als »Arbeit am Idealtypus« — 44
   Konfuzianismus – Puritanismus — 45
   Hinduismus – Konfuzianismus und Puritanismus — 46
   Buddhismus – Konfuzianismus und Puritanismus (Christentum) — 46
Konfuzianismus und Taoismus — 47
   Systematischer Vergleich zwischen Konfuzianismus und Puritanismus — 54
Hinduismus und Buddhismus — 55
Das antike Judentum — 63
Gehalt und Bedeutung der Studien — 69
Die Zwischenbetrachtung — 72
Weiterführende Literaturhinweise — 75

Konflikt, Macht und Herrschaft — 79
Max Webers Wertepluralismus — 79
Soziales Handeln und soziale Ordnung — 84
Macht und Herrschaft — 94
Weiterführende Literaturhinweise — 113

Die »Protestantische Ethik« 117
Vorbemerkung 117
Die Aufsätze 118
Die »Protestantische Ethik« als historisches Individuum 119
Der Geist des Kapitalismus 123
Das Berufsethos des asketischen Protestantismus 127
Vom Kampf gegen Tradition zum »stahlharten Gehäuse« 132
Die puritanischen Sekten 133
Weiterführende Literaturhinweise 138

Moderner Anstaltsstaat und Massendemokratie 139
Max Weber und die Politik 139
Die Entwicklung des modernen Staates 143
Staat und Nation 148
Die Massendemokratie 153
Tradition, Legalität und Charisma im modernen Staat 159
Weiterführende Literaturhinweise 164

Webers Wissenschaftsverständnis 167
Wissenschaft als Beruf 167
Max Webers Diagnose 171
Konsequenzen 175
Aktualitäten 179
Ansätze 181

Literatur 185
Abkürzungen der im Text verwendeten Primärliteratur 185
Primärliteratur 185
Sekundärliteratur 186

„...je »allgemeiner« das Problem ist, um das es sich handelt, d.h. aber hier: je weittragender seine Kulturbedeutung, desto weniger ist es einer eindeutigen Beantwortung aus dem Material des Erfahrungswissens heraus zugänglich, desto mehr spielen die letzten höchst persönlichen Axiome des Glaubens und der Wertideen hinein." (WL: 153)[1]

Webers Fragestellung

Die Schriften Max Webers

Max Weber (1864-1920) gilt mittlerweile nicht nur als einer der wichtigsten Klassiker der Soziologie, sondern kann als solcher auch mit einem Werk aufwarten, welches sich dem schnellen und leichten Zugang oftmals sperrt. Zwar ist es nicht das Ziel dieser Einführung diesem Werk in allen seinen Verästelungen zu folgen, jedoch soll den Lesern vorab ein Überblick über die Schriften gegeben werden, welche man in ihrer Summe und ihrem Gehalt dann ein Werk zu nennen pflegt. Am Anfang steht hierbei Webers 1889 erstellte Dissertationsschrift „Zur Geschichte der Handelsgesellschaften im Mittelalter", am Ende die „Soziologischen Grundbegriffe", welche den Beginn der posthum veröffentlichten Sammlung von (teilweise fragmentarischen) Texten unter dem Titel „Wirtschaft und Gesellschaft" bilden.

Innerhalb dieser ca. 30 Jahre bahnt sich ein Werk seinen Weg, welches einerseits disziplinäre Schwerpunktverlagerungen beinhaltet (von der Juristerei zur Soziologie), andererseits jedoch, und dies wird in den folgenden Abschnitten entwickelt werden, lassen sich thematische Klammern identifizieren, die es dann möglich machen von einem tatsächlichen Werk zu sprechen. Ein Werk tritt jedoch nicht als solches in die Welt, sondern zuallererst einmal in Form einzelner Schriften. Und hier treffen wir bei Weber auf eine sehr heterogen anmutende Ansammlung von Diskussionsbeiträgen, Enqueten, Reden, wissenschaftlichen Abhandlungen etc. Diese Heterogenität der Form wiederholt sich auf der Ebene der Inhalte, welche ein äußerst breites Spektrum umfassen. Bevor wir die Möglichkeiten des Zugangs zu und des Umgangs mit einer derartigen Fülle an Formen und Inhalten skizzieren,

---

[1] Max Weber konturierte seine Aussagen mit unterschiedlichen Hervorhebungen (Kursivsetzungen, Sperrungen etc.). Da wir alle im Text verwendeten Zitate entweder einer intensiven Erläuterung unterziehen oder aber in Zusammenhängen diskutieren, die nicht unbedingt der originalen Kontextualisierung entsprechen, unterlassen wir durchgängig die Wiedergabe dieser originalen Hervorhebungen.

stellen wir zuerst einmal das Material (die Schriften) als solches vor. Die dabei verwendete Ordnungsdimension ist schlicht die Entstehungschronologie.[2]

Nach der bereits angeführten Dissertationsschrift (1889) folgt Webers Habilitation unter dem Titel „Die römische Agrargeschichte in ihrer Bedeutung für das Staats- und Privatrecht" (1891). Ohne diese Arbeit in ihrer Bedeutung für Webers Gesamtwerk würdigen zu wollen, kann zumindest festgehalten werden, dass wir hier zwei thematische Bezüge finden, die in den folgenden Schriften immer wieder auftauchen. Zum einen Webers Orientierung an der römischen und griechischen Geschichte und zum anderen sein zunehmendes Interesse an Fragen der Landwirtschaft. Zu Letzterem finden sich auch in den folgenden Jahren verschiedene Veröffentlichungen, wobei die sogenannten „Landarbeiter-Enqueten" mit zu den bekanntesten (empirischen) Arbeiten Webers in dieser Zeit zu rechnen sind. Sowohl die Enqueten selbst („Die Lage der Landarbeiter im ostelbischen Deutschland") als auch die damit in Zusammenhang stehenden Reden und Diskussionsbeiträge finden sich in der „Max Weber Gesamtausgabe" (MWG I/3 (2 Halbbände); MWG I/4 (2 Halbbände)) zusammengestellt. Diese Zusammenstellung dokumentiert auch, dass Weber in seinen Schriften in unterschiedlichen Rollen auftritt; nicht nur als Wissenschaftler, sondern auch als politisch denkender und handelnder Publizist.

Zur selben Zeit, also in den 90er Jahren des 19. Jahrhunderts, beschäftigt sich Weber mit einer „Einrichtung", welcher bis heute eine zunehmende Bedeutung innerhalb wirtschaftlicher Kontexte zukommt: der Börse. 1894 und 1896 veröffentlicht er zwei Texte zur Börsenthematik, die sich dezidiert an ein fachfremdes Publikum richten und die sind nach wie vor lesenswert. Gerade weil diese Schriften Webers zur Börse keine zentrale Rolle in den folgenden Kapiteln spielen, sei an dieser Stelle darauf verwiesen, dass man hier ein deutliches Plädoyer Webers findet für die zentrale Rolle von Personen innerhalb derartiger Einrichtungen.

Zwischen den beiden Veröffentlichungsdaten der Börsenschriften ist eine weitere Schrift angesiedelt: „Der Nationalstaat und die Volkswirtschaftspolitik". Dabei handelt es sich um die veröffentlichte Antrittsvorlesung Webers, die er nach seiner Berufung (1893) auf einen Lehrstuhl für Nationalökonomie an der Universität Freiburg hielt. Weber hatte diesen Lehrstuhl jedoch nur 3 Jahre lang inne und wechselte 1896 auf einen gleichnamigen Lehrstuhl an der Universität Heidelberg. Was dann folgte wird oftmals mit dem Begriff der „dunklen Jahre" umschrieben und öffnete in mehrfacher Hinsicht der Forschung, aber auch der Spekulation, Tür und Tor. Sehr zurückgenommen wollen wir mit Kaesler davon sprechen, dass Weber in eine Nervenkrise kam, die seine Schaffenskraft für einige Jahre fast zum Erliegen brach-

---

[2] Für einen umfassenden Überblick über Webers Publikationen in chronologischer Reihenfolge sei auf Kaesler (2003) verwiesen.

te.³ Immer wieder wird diese „Lebenszäsur" bei Weber auch als eine Art von Werkzäsur verstanden und entsprechend teilt man seine Schriften in (zumindest) zwei Abschnitte (vor der Krankheit und nach der Krankheit) ein. Auf Grundlage der neueren biographischen Studien, aber auch der Arbeiten und Forschungen im Kontext der „Max Weber Gesamtausgabe", ist diese Wahrnehmung nur noch schwerlich aufrecht zu halten.

Mit drei Artikeln (1903-1906) unter dem Titel „Roscher und Knies und die logischen Probleme der historischen Nationalökonomie" beginnt bei Weber die Beschäftigung mit einem neuen Thema, welches (bezugnehmend auf den Titel der heute verfügbaren Aufsatzsammlung) man mit dem Begriff der „Wissenschaftslehre" benennen kann. Von da an bis zu seinem Tod veröffentlicht Weber immer wieder Schriften und Reden mit wissenschaftstheoretischem bzw. methodologischem Thema. 1904 den sehr wichtigen Aufsatz „Die »Objektivität« sozialwissenschaftlicher und sozialpolitischer Erkenntnis", 1906 die „Kritischen Studien auf dem Gebiet der kulturwissenschaftlichen Logik", in denen er unter anderem seine aus den juristischen Wissenschaften übernommene Konzeption von „adäquater Verursachung" vorstellt und diskutiert. Zwei weitere wissenschaftstheoretisch relevante Texte werden von Weber 1913 und 1917 veröffentlicht: Zuerst der sogenannte Kategorienaufsatz („Ueber einige Kategorien der verstehenden Soziologie") im Jahr 1917, dann die bis heute viel diskutierte Schrift: „Der Sinn der »Wertfreiheit« der soziologischen und ökonomischen Wissenschaften".⁴

Neben diesen Aufsätzen zur Wissenschaftslehre tritt Weber 1905 mit einem Aufsatz an die Öffentlichkeit, der sicherlich zu einem der wichtigsten und bekanntesten soziologischen Texte überhaupt wurde: „Die protestantische Ethik und der »Geist« des Kapitalismus". Im Jahr 1906 lässt Weber diesem Aufsatz einen zweiten folgen („Kirchen und Sekten"). Im selben Jahr findet Webers Interesse an den revolutionären Vorgängen in Russland seinen schriftlichen Niederschlag in zwei Beiträgen, von denen der erste „Zur Lage der bürgerlichen Demokratie in Rußland" im letzten Kapitel ausführlicher vorgestellt wird. Während die Ereignisse in Russland erst wieder mit der Oktoberrevolution 1917 (zumindest kurzzeitig) in den Fokus Webers kommen, bilden die beiden Aufsätze zur „Protestantischen Ethik" den Beginn einer an Intensität zunehmenden Beschäftigung mit religionssoziologischen Fragen. In den Jahren 1916 und 1917 veröffentlicht Weber drei große, materialreiche Studien, die bis heute unter dem Titel „Studien zur Wirtschaftsethik der Weltreligionen" bekannt sind und die zusammen mit den Aufsätzen zur Protestanti-

---

³ Radkau (2005) bietet eine sehr ausführliche, auf alle verfügbaren Materialien rekurrierende Analyse dieser Zeit in Webers Biographie.
⁴ Alle genannten wissenschaftstheoretischen bzw. methodologischen Aufsätze finden sich derzeit noch in dem 1922 in Erstauflage von Marianne Weber posthum herausgegebenen Band „Gesammelte Aufsätze zur Wissenschaftslehre" (abgekürzt WL).

schen Ethik die sogenannten „Gesammelten Aufsätze zur Religionssoziologie" (GARS) bilden. Nur den ersten der insgesamt drei Bände konnte Weber noch zu Lebzeiten selbst zur Veröffentlichung fertig stellen. Die Bände II und III beinhalten seine nicht mehr abschließend überarbeiteten Studien zum Hinduismus (Band II) und zum Judentum (Band III).

Neben den religionssoziologischen Schriften stehen Arbeiten Webers aus der Zeit zwischen 1908-1912, in denen er (mit anderen zusammen) Untersuchungen zur Industriearbeiterschaft konzipiert, durchführt und deren Ergebnisse und Analysen verschriftlicht. Zu diesen Schriften zählen unter anderem die Enquete „Erhebungen über Auslese und Anpassung (Berufswahl und Berufsschicksal) der Arbeiterschaft der geschlossenen Großindustrie" (1908) sowie die damit in direktem Zusammenhang stehende Schrift „Zur Psychophysik der industriellen Arbeit" (1908/1909). Alle zu diesem Themenbereich gehörenden Schriften finden sich mittlerweile in Band I/11 der „Max Weber Gesamtausgabe" zusammengefasst.

Wie erwähnt, besitzen wir von Max Weber auch eine Vielzahl an Schriften über Politik, aber auch solche, die in einem starken Maße selbst politisch wirkten. Diese Schriften sind 1920 von Webers Frau Marianne in einer Ausgabe erstmals gesammelt veröffentlicht worden (GPS 1920). Hierzu gehört die bereits erwähnte Antrittsvorlesung Webers in Freiburg („Der Nationalstaat und die Volkswirtschaftspolitik"), aber auch die beiden großen politischen Schriften Webers aus dem Jahr 1917: (1) „Parlament und Regierung im neugeordneten Deutschland"; (2) „Wahlrecht und Demokratie in Deutschland". Ebenfalls ein Teil der politischen Schriften ist die bekannte Rede Webers zu „Politik als Beruf", in welcher er die einflussreiche Unterscheidung von Gesinnungs- und Verantwortungsethik einführt und in markanter Weise (s)eine Stellungnahme zu den Bedingungen und Möglichkeiten von politischem Handeln formulierte.

Eine letzte Veröffentlichung, oftmals als Hauptwerk bezeichnet, ist die 1922 posthum erschienene Sammlung „Wirtschaft und Gesellschaft". Die Themenvielfalt allein dieser Sammlung ist immens und der unterschiedliche Status der Einzeltexte erschwert sicherlich den Zugang auch für geneigte Leser. Als wichtige Schwerpunkte von „Wirtschaft und Gesellschaft" kann man sicherlich ohne allzu großen Widerspruch zu erregen die „Herrschaftssoziologie", die „Soziologischen Grundbegriffe", die „Rechtssoziologie" sowie die wirtschaftssoziologischen Teile benennen. Daneben enthält „Wirtschaft und Gesellschaft" Texte aus dem Bereich der „Religionssoziologie", eine wichtige und interessante Abhandlung über die „okzidentale Stadt" sowie über unterschiedliche Gemeinschaftsformen. Dieser Heterogenität, die auch inhaltlich zu nicht immer überzeugenden Zusammenstellungen führte, wird im Rahmen der „Max Weber Gesamtausgabe" insofern Rechnung getragen, als dass der Korpus des Buches aufgebrochen wird und einzelne Bestandteile in andere Ordnungszusammenhänge gestellt werden.[5]

Wir sind in unserer Darstellung einiger zentraler Schriften von Max Weber jedoch von der anfangs angekündigten rein chronologischen Darstellung abgewichen und sortierten die Veröffentlichungen nach anderen Kriterien. Natürlich sind solche Sortierungen nicht ungewöhnlich, insbesondere wenn man bedenkt, dass wir – wie man bei Kaesler (2003) nachlesen kann – mit 184 Veröffentlichungen allein zu Lebzeiten Webers konfrontiert sind. Jede derartige Sortierung impliziert jedoch auch, dass man die Einzelschrift in einen größeren Bedeutungszusammenhang einordnet. Dann ist man aber auch gezwungen, etwas über diesen Bedeutungszusammenhang zu sagen. Wenn man von denjenigen Gruppierungen, die wir in der Schriftenvorstellung zur Anwendung brachten, den Schritt zur Werkvorstellung geht, dann ist es umso dringlicher geboten, sich zu der „Klammer" zu äußern, die das Werk als Werk zusammenhält. Dieser Aufgabe stellen sich die folgenden Abschnitte der Einleitung. Um jedoch zu vermeiden, dass selbst geneigte Leser sich kopfschüttelnd abwenden, sollen einige Anmerkungen vorgeschaltet werden.

Da wir uns zusammen mit den Lesern dem Werk von Max Weber nicht von außen nähern sondern mit Weber an Weber arbeiten wollen, stellt der folgende Abschnitt („Soziologie als Kulturwissenschaft") eine Art „Sprung" in das Werk Max Webers dar. Das Bemühen um ein Verständnis dessen, was seine Schriften zusammenhält, ist, das muss man sicherlich warnend vorausschicken, eben auch mühevoll. Ein Urteil dahingehend, dass das Aufsichnehmen dieser Bemühungen „sinnvoll" ist, entzieht sich der Berechtigung der Autoren und kann nur von den Lesenden und Mitdenkenden gefällt werden. Der Glaube, dass man ein Ganzes nur als Ganzes und nicht als eine Summe von Einzelteilen kennen lernen kann, ist in erster Linie tatsächlich ein Glaube. Das einzige, was man als Autor vom Leser erwartet und sicherlich erwarten darf, ist eine gewisse Geduld und Bereitschaft den Weg, der einem vorgeschlagen wird, ein Stück mitzugehen.

Soziologie als Kulturwissenschaft

Die Frage nach dem Werk und dem Denken von Max Weber wird zumeist in Form der Suche nach „Max Webers Fragestellung" aufgeworfen. Unter diesem Titel ver-

---

[5] Eine Einführung ist sicherlich nicht der Ort um die teilweise sehr heftigen und anhaltenden Auseinandersetzungen um die „Max Weber Gesamtausgabe" zu kommentieren; einzig der Aspekt, der am Beispiel von „Wirtschaft und Gesellschaft" deutlich zu Tage tritt, sollte zumindest erwähnt werden: Hinter Zusammenstellungen verbirgt sich immer und überall eine bestimmte Interpretation, was verdeutlicht, warum ein derartiger Prozess so aufmerksam verfolgt wird und warum es zu Auseinandersetzungen kommt.

öffentlichte Wilhelm Hennis in den 1980er Jahren einen Text, der uns als Ausgangspunkt dienen soll, um das zu verstehen, was in obigem Kapitelmotto durch Weber angesprochen ist. Da man sicherlich behaupten kann, dass sich Max Weber mit Sachproblemen beschäftigte, die von tatsächlicher Kulturbedeutung waren (und möglicherweise immer noch sind), müssen wir davon ausgehen, dass die „persönlichen Axiome des Glaubens und der Wertideen" sowohl bei ihm, aber eben auch bei uns als an seinem Werk Forschende von Relevanz sind.

Der Beitrag von Hennis zielt explizit auf diese Ebene des Werkverständnisses und kann uns entsprechend sowohl bei diesem Verständnis hilfreich sein, als auch in der Reflexion über die eigenen Wertideen. Hennis vermag es, nicht zuletzt durch eine Form von persönlicher Unbefangenheit, sich durch das „Dickicht" an bereits vorhandenen Weberdeutungen die eigene Sicht auf das Werk (und die Person) nicht versperren zu lassen, und seine Zentralthese sehr dicht am Werk selbst zu entwickeln. Entgegen vieler Weberdeutungen sieht Hennis in der „Protestantischen Ethik" (PE I; hier zitiert aus GARS I) eine Art von Aufschlüsselungstext für Webers Lebensthema: „die »Entwicklung des Menschentums«, wie es durch eine bestimmte »Verkettung von Umständen« das »wahlverwandte« Sich-Finden des »asketischen Protestantismus« und seines Niederschlags in der Berufsidee mit dem frühbürgerlichen Kapitalismus im neuen Stil rationaler »Lebensführung« vom Typ des »Berufs- und Fachmenschen« zutiefst beeinflußt war" (Hennis 1987: 22).

Zentral war demnach nicht die Frage nach dem „okzidentalen Rationalismus" bzw. dem im Okzident statthabenden Rationalisierungsprozess, sondern zentral für Weber (sein eigentliches Thema) war, so Hennis, die Frage nach dem „Schicksal des Menschentums" in einem Kontext, der geprägt war durch (1) Kapitalismus, (2) Säkularisierung und (3) Bürokratisierung. Hennis verweist zur Plausibilisierung seiner These auf die „Kritiken und Antikritiken" (PE II) zur „Protestantischen Ethik", in denen Weber (neben aller Polemik, die er über seine Kritiker ausschüttete) wichtige Klarstellungen und Fokussierungen seines Anliegens vornahm. Und hier lesen wir am Ende des „Antikritischen Schlussworts zum »Geist des Kapitalismus«" als Antwort auf eine Kritik des Historikers Felix Rachfahl: „Der große Entwicklungsprozeß, der zwischen den spätmittelalterlichen, noch immer höchst labilen, kapitalistischen Entwicklungsvorgängen und der, für den heutigen Kapitalismus entscheidenden, Mechanisierung der Technik liegt, ist durch die Schaffung gewisser wichtiger objektiv-politischer und objektiv-ökonomischer Vorbedingungen für diese letztere ausgefüllt, vor allem aber durch die Schaffung und Vorbereitung des rationalistischen und antitraditionalistischen »Geistes« und des ganzen Menschentums, welches ihn praktisch in sich aufnahm: die Geschichte der modernen Wissenschaft und ihrer erst in der Neuzeit entwickelten praktischen Beziehungen zur Wirtschaft einerseits, die Geschichte der modernen Lebensführung in ihrer praktischen Bedeutung für dieselbe andererseits haben darüber die Hauptaufschlüsse gegeben. Von der letzteren Komponente ist in meinen Aufsätzen die Rede gewesen und sollte noch weiter die Rede sein." (PE II: 324)

Hennis liest diese Erläuterungen nunmehr parallel zu den Ausführungen in der „Protestantischen Ethik" (GARS I: 202ff.), wo Weber verdeutlicht: „Einer der konstitutiven Bestandteile des modernen kapitalistischen Geistes, und nicht nur dieses, sondern der modernen Kultur: die rationale Lebensführung auf Grundlage der Berufsidee, ist (...) geboren aus dem Geist der christlichen Askese." Was Weber dann in den nächsten Abschnitten aufzeigt, ist die dramatische Geschichte einer Kulturentwicklung, die vom Wollen zum Müssen verläuft und die ein Müssen geschaffen hat, welches sich als ein Gehäuse manifestierte. Gleichzeitig skizziert Weber jedoch Möglichkeiten („Szenarien") der Entwicklung, die eben auch zeigen, dass es hier nicht um ein „Ende der Geschichte" oder die „Unausweichlichkeit" des Eingetretenen geht. „Niemand weiß noch, wer künftig in jenem Gehäuse wohnen wird und ob am Ende dieser ungeheuren Entwicklung ganz neue Propheten oder eine mächtige Wiedergeburt alter Gedanken und Ideale stehen werde, oder aber – wenn keins von beiden – mechanisierte Versteinerung, mit einer Art krampfartigen Sich-wichtig-nehmen verbrämt." (GARS I: 204).

Diese Möglichkeiten der (Weiter-)Entwicklung sind für Weber insbesondere im Hinblick auf die damit verbundenen Konsequenzen für die Menschen interessant. Nicht nur weil damit bestimmte Handlungsmöglichkeiten eröffnet oder versperrt sind, sondern weil damit sehr unterschiedliche Entfaltungspotentiale verknüpft sind, die den Menschen als Kulturwesen betreffen. Ein Kulturwesen ist der Mensch für Weber, weil er die Fähigkeit besitzt, die Welt und die Vorgänge in der Welt mit Sinn zu belegen und sich aktiv zu diesen zu verhalten. Die „mechanisierte Versteinerung" hieße dann jedoch, dass ein derartiges Sichverhalten zur Welt nicht mehr stattfindet. Wenn Weber in solchen Kontexten davon redet, dass es eben auch Aufgabe der Wissenschaft ist, empirische Wirklichkeiten im Hinblick darauf zu bewerten, dann heißt das nichts anderes, als dass eine der Aufgaben von Wissenschaft darin liegt, die Bedingungen, Möglichkeiten aber auch Hindernisse für Kulturfähigkeit zu benennen: „Denn weder ist sonst die empirische Untersuchung wirklich erschöpfend, noch ist auch die nötige tatsächliche Basis für eine, sei es bewußt subjektive, sei es eine objektive Geltung in Anspruch nehmende, Bewertung überhaupt vorhanden." (WL: 517f.).

Dieses hier bereits in eine Forschungsprogrammatik transformierte Erkenntnisinteresse findet sich (unerwarteter Weise) in einem Text von 1917, der den Titel trägt: „Der Sinn der »Wertfreiheit« der soziologischen und ökonomischen Wissenschaften" (enthalten in WL). Auch hier präsentiert uns Weber den Menschen als ein Wesen, welches zwischen sich und die Dinge die Bewertung stellt. Und er schreibt der Soziologie ins Stammbuch, dass es ihre Aufgabe ist, und zwar nicht als allgemeine Leitidee, sondern als Leitidee für jede Einzelforschung, dass sie die Möglichkeiten für diese Bewertung in ihrer Sachforschung mit zu erzeugen hat. Wohlgemerkt: ihre Aufgabe ist nicht die Bewertung vorzunehmen, sondern den Menschen Möglichkeiten für Bewertungen vorzustellen.

Um die an dieser Stelle nahe liegende Frage nach dem „warum" dieser Forderung zu beantworten, müssen wir einen ersten systematischen Blick in Webers methodologische Grundannahmen werfen. Was wir dabei mitnehmen ist das bisher in Umrissen skizzierte Bild des Menschen als ein zur Welt Stellung nehmendes und nach Sinn (für das eigene Leben) suchendes Wesen. Stellt man dies ins Zentrum einer Soziologie, dann kann und muss man erwarten, dass dies auch nicht ohne methodologische Begründung passiert.

Im sogenannten „Objektivitätsaufsatz" lesen wir Webers „berühmte" Definition (s)eines Verständnisses von Sozialwissenschaft: „Die Sozialwissenschaft, die wir treiben wollen, ist eine Wirklichkeitswissenschaft. Wir wollen die uns umgebende Wirklichkeit des Lebens, in welches wir hineingestellt sind, in ihrer Eigenart verstehen – den Zusammenhang und die Kulturbedeutung ihrer einzelnen Erscheinungen in ihrer heutigen Gestaltung einerseits, die Gründe ihres geschichtlichen So-und-nicht-anders-Gewordenseins andererseits." (WL: 170f.) Gleichzeitig ist Weber, und dies liest man in den folgenden Abschnitten, der Auffassung, dass das Leben (die Welt) uns als unendliche Mannigfaltigkeit gegenüber tritt, die wir schlechterdings nicht als solche erfassen können. Wir wählen also aus, aber nicht zufällig und nicht beliebig, sondern, wie Weber in seiner „Definition" sagt: auf der Basis von Bedeutsamkeit. Bevor Weber uns erläutert, wie sich denn Bedeutsamkeit bestimmen lässt, stellt er uns, und dies ist für seinen Wirklichkeitszugang zentral, eine Spezifizierung in Bezug auf seine „Definition" vor. „Ausgangspunkt des sozialwissenschaftlichen Interesses ist nun zweifellos die wirkliche, also individuelle Gestaltung des uns umgebenden sozialen Kulturlebens in seinem universellen, aber deshalb natürlich nicht minder individuell gestalteten, Zusammenhange und in seinem Gewordensein aus anderen, selbstverständlich wiederum individuell gearteten, sozialen Kulturzuständen heraus." (WL: 172f.). Nicht über Allgemeines redet Max Weber, sondern über individuelle „Kulturzustände", auf denen seines Erachtens der Fokus der Sozialwissenschaft als Wirklichkeitswissenschaft liegen muss. Die Bedeutung, welche der individuellen Kulturerscheinung zukommt, kann jedoch, so Weber weiter, „aus keinem noch so vollkommenen System von Gesetzesbegriffen entnommen, begründet und verständlich gemacht werden, denn sie setzt die Beziehung der Kulturerscheinungen auf Wertideen voraus. Der Begriff der Kultur ist ein Wertbegriff. Die empirische Wirklichkeit ist für uns »Kultur«, weil und sofern wir sie mit Wertideen in Beziehung setzen, sie umfaßt diejenigen Bestandteile der Wirklichkeit, welche durch jene Beziehung für uns bedeutsam werden, und nur diese." (WL: 175)

Hier schließt sich zum ersten Mal ein Kreis, dessen Einzelbestanteile wir im Folgenden systematisch auffächern wollen. Vor uns ist das Bild einer Sozialwissenschaft gestellt, die sich mit einer Wirklichkeit beschäftigt, deren Merkmale „Individualität" und „Wertbezug" sind; d.h. eine Wirklichkeit, die als Wirklichkeit je individuell begriffen werden muss und dieses Begreifen kann nur auf der Basis von Wertideen stattfinden. Nicht (Gesetzes-)Begriffe stehen am Beginn einer Untersuchung, sondern die Reflexion des Sozialwissenschaftlers über die Bedeutsamkeit der Kulturerscheinung für ihn selbst aber eben auch für diejenigen anderen, die in dieselbe Wirklichkeit gestellt sind.

Die Welt im Sinne von Natur (und das ist sie zuallererst einmal) entbehrt einer eigenständigen Sinnhaftigkeit. Der Mensch als Kulturwesen ist nach Weber nunmehr darum bemüht dieser chaotischen Welt Sinn und Bedeutung zu verleihen. Bei Weber liest sich dies folgendermaßen: „Transzendentale Voraussetzung jeder Kulturwissenschaft ist nicht etwa, daß wir eine bestimmte oder überhaupt irgend eine »Kultur« wertvoll finden, sondern daß wir Kulturmenschen sind, begabt mit der Fähigkeit und dem Willen, bewußt zur Welt Stellung zu nehmen und ihr einen Sinn zu verleihen." (WL: 181) Das ist es, was uns zu Kulturmenschen macht; das sind die Fähigkeiten und Bedarfe, die wir als Kulturmenschen haben. Im Hinblick auf Hennis' These über Webers Fragstellung heißt das: wenn sich Weber um das Schicksal des Menschentums sorgt, dann ist sein Blick auf die Möglichkeiten und Fähigkeiten zur Sinngebung und Stellungnahme gerichtet, mithin auf die Möglichkeiten des je konkreten Menschen sich als Kulturmensch in derjenigen Wirklichkeit zu entwickeln, in die er gestellt ist.

Diese beiden Dimensionen: Sinngebung und Stellungnahme sind es, unter denen und auf die hin Sozialwissenschaft ihr Programm entwickeln soll. Weber stellt uns eine Sozialwissenschaft vor, die sich methodologisch und sachlich um ein Verständnis des Menschen als Kulturmenschen bemüht, gerade weil Weber aus seiner eigenen Zeitdiagnose heraus die Möglichkeit sich als Kulturmensch zu entwickeln systematisch im Schwinden sah. Hierauf zielen seine diesbezüglichen Anmerkungen am Schluss der Rede zu „Wissenschaft als Beruf": „Es ist das Schicksal unserer Zeit, mit der ihr eigenen Rationalisierung und Intellektualisierung, vor allem: Entzauberung der Welt, daß gerade die letzten und sublimsten Werte zurückgetreten sind aus der Öffentlichkeit, entweder in das hinterweltliche Reich mystischen Lebens oder in die Brüderlichkeit unmittelbarer Beziehungen der Einzelnen zueinander." (WL: 612).

Charisma, Tradition und Rationalisierung

Dieser erste Sprung in das Werk Max Webers konfrontierte uns mit einer Fülle an Begriffen und Konzepten, die ohne Vorkenntnisse kaum verstehbar sind. Einerseits wurde mit dem Begriffspaar „Sinngebung" und „Stellungnahme" eine Konturierung des Menschen als Kulturmenschen vorgenommen, die uns vor allem im nächsten Abschnitt ausführlicher beschäftigen wird. Andererseits haben wir etwas über den Kontext erfahren, in dem sich der Mensch als Kulturwesen platziert findet. In Webers Schlusspassagen der „Protestantischen Ethik" (siehe oben stehendes Zitat) werden von ihm drei Möglichkeiten skizziert, die sich mit drei Begriffen verbinden lassen, auf die wir in den Schriften Webers immer wieder treffen: Charisma, Tradition und Rationalisierung.

Auf den Begriff „Charisma" stoßen wir sowohl in Webers religionssoziologischen Studien aber auch an prominenter Stelle in seiner „Herrschaftssoziologie". Charisma gründet sich, so lesen wir bei ihm, auf „außeralltägliche Kräfte". „Das Charisma kann entweder (...) eine schlechthin an dem Objekt oder der Person, die es nun einmal von Natur besitzt, haftende, durch nichts zu gewinnende Gabe sein. Oder es kann und muß dem Objekt oder der Person durch irgendwelche, natürlich außeralltägliche Mittel künstlich verschafft werden." (MWS I/22-2: 1). Charisma ist demnach – zumindest auch – eine personale Eigenschaft, welche Außeralltäglichkeit als eine ihrer zentralen Konstitutionsbedingungen besitzt.

Weber war sich bewusst, dass wir auf wirkmächtiges Charisma (also eben auch auf Außeralltäglichkeit) eher selten treffen, nicht zuletzt weil Charisma immer auch eine bestimmte Art von Überforderung darstellt. Vielmehr sind es Traditionen, auf die wir in historischen Betrachtungen häufig treffen und diese wurzeln fest in der alltäglichen Welt der Menschen. Rationalisierung als der dritte Begriff, führt implizit eine weitere Dimension ein, die man als zeitdiagnostische bezeichnen könnte. Während Traditionen (das Charisma sowieso) immer noch mit einer entsprechenden inneren Eingestelltheit der Person rechnen und rechnen müssen, tritt der Prozess der Rationalisierung – hier wollen wir den Einschätzungen von Wolfgang Mommsen folgen – von außen an das Individuum heran „ohne von den ideellen Faktoren, die im gegebenen Fall den Anstoß dazu gegeben haben, im geringsten Kenntnis zu nehmen" (Mommsen 1974: 125). Dieses Absehen von den inneren Antrieben und Ideen, dieses zunehmende Ausblenden von anderen als „rationalen" Bezugnahmen findet sich bei Weber im Beschreibungsbegriff der „Entzauberung" wieder. Die Welt beginnt ihre Geheimnisse nach und nach zu verlieren und an deren Stelle tritt letzten Endes gar nichts. In der Rede zu „Wissenschaft als Beruf" beschreibt uns Weber seine damit in Zusammenhang stehende Zeitdiagnose: „Die alten, vielen Götter, entzaubert und daher in Gestalt unpersönlicher Mächte, entsteigen ihren Gräbern, streben nach Gewalt über unser Leben und beginnen untereinander wieder ihren ewigen Kampf. Das aber, was gerade dem modernen Menschen so schwer wird, und der jungen Generation am schwersten, ist: einem solchen Alltag gewachsen zu sein. Alles Jagen nach dem »Erlebnis« stammt aus dieser Schwäche. Denn Schwäche ist es: dem Schicksal der Zeit nicht in sein ernstes Antlitz blicken zu können." (WL: 605).

Eine dieser „entzauberten, unpersönlichen Mächte" ist: die rationalisierte Bürokratie. Eine andere und in Webers Worten: die schicksalsvollste Macht unseres modernen Lebens (vgl. GARS I: 4) tritt uns in Gestalt des Kapitalismus entgegen, der „geboren" wurde aus dem Geist der christlichen Askese, jedoch: „seit er auf mechanischer Grundlage ruht, dieser Stütze nicht mehr (bedarf)" (ebd. 204). Als dritte große Entzauberungsmacht benennt Weber: die Wissenschaft. „Wo immer aber rational empirisches Erkennen die Entzauberung der Welt und deren Verwandlung in einen kausalen Mechanismus konsequent vollzogen hat, tritt die Spannung gegen die Ansprüche des ethischen Postulates: daß die Welt ein gottgeordneter, also irgendwie ethisch sinnvoll geordneter Kosmos sei, endgültig hervor." (GARS I: 564). Die Götter, die hier entzaubert wurden, sind zuerst und zuvorderst „religiöse Mächte", die über lange Zeit die Sinnstifter waren, die den einzelnen zu entsprechenden (und im Vergleich der Weltreligionen: zu variierenden) Stellungnahmen herausforderten. Hier spannt sich bei Weber der Bogen, dem – nicht ganz ohne Grund – jemand wie Wolfgang Mommsen mit dem Begriff der Universalgeschichte begegnet (Mommsen 1974).

Wir können und wollen in diesem einleitenden Kapitel weder den hier von Weber skizzierten Konflikt im Detail nachzeichnen, noch können wir die damit in direktem Zusammenhang stehende Diskussion über ein eventuelles Primat von Charisma, Tradition oder Rationalisierung im Weber'schen Werk eröffnen. Wichtig ist es jedoch festzuhalten, und dies spiegelt sich im Fortgang der Kapitelstruktur auch wieder, dass Weber sich sicherlich nicht ohne Grund derart intensiv mit religionssoziologischen Thematiken beschäftigte. So findet der Begriff des Charisma innerhalb der Religionssoziologie Webers seine Kontur als diejenige personale Eigenschaft, durch die Neues in die Welt kommt, mithin als diejenige Eigenschaft von Personen, die Sinn erzeugend wirkt und die gleichzeitig diesen erzeugten Sinn intersubjektiv verbindlich zu machen vermag. Hier liegt für Weber die Quelle von Sinnstiftung: in der charismatischen und gleichzeitig außeralltäglichen Qualität von bestimmten Personen. Durch diese charismatischen Personen entstanden Religionen; hier liegt die Quelle und Antriebsfeder für Prozesse, die sich dann als Veralltäglichung manifestieren. Das was als außeralltägliche Sinnstiftung beginnt, formte sich zu Ethiken der praktischen Lebensführung. Darum geht es Weber in seinen religionssoziologischen Untersuchungen: „Eine echte Prophetie schafft eine systematische Orientierung der Lebensführung an einem Wertmaßstab von innen heraus, der gegenüber die »Welt« als das nach der Norm ethisch zu formende Material gilt." (GARS I: 521). Das Außeralltägliche ist jedoch die Ausnahme und charismatisch qualifiziert sind in Webers Sicht nur wenige. Die den Alltag durchgängig prägenden Mächte sind viel eher Tradition und – in je spezifischer Form – Rationalisierung. Der Charismatiker stellt zuallererst einmal eine „Bedrohung" des traditionalen Sinnkosmos dar. Was Weber hier im Einzelnen in seinen religionsvergleichenden Studien zu Tage fördert, werden wir im folgenden Kapitel ausführlich nachzeichnen. Der große Antipode der Tradition im Alltäglichen ist jedoch für Weber die Rationalisierung, die, wir werden dies in den einzelnen Kapiteln in unterschiedlicher Richtung ausarbeiten, sich beispielsweise als bürokratische Herrschaft manifestiert. So lesen wir in Webers „Herrschaftssoziologie" innerhalb von „Wirtschaft und Gesellschaft" (WuG): „Der Patriarch ist der »natürliche Leiter« des Alltags. Die bürokratische Struktur ist darin nur ihr ins Rationale transponiertes Gegenbild." (WuG: 654). Der Einbruch des „Irrationalen" in Form des Charismas in die (traditionale oder rationale) Wirklichkeit, findet sich zwar, wie Weber anmerkt „auf religiösem Gebiet oft am reinsten ausgeprägt" (ebd.: 655), stellt jedoch kein rein religiöses Phänomen dar. So finden sich die Begriffe „Charisma", „Tradition" und „Rationalisierung" eben nicht nur in Webers religionssoziologischen Schriften, sondern bilden ein Rahmenthema, dem man als Leser überall in seinem Werk begegnet.

Dimensionen eines Zugangs zum Werk Max Webers

Mit dem „Sprung" in Webers Werk, den wir unter dem Titel „Soziologie als Kulturwissenschaft" unternommen haben, konfrontierten wir die Leser mit denjenigen Aspekten und Dimensionen, die wir als relevant und bedeutsam für das weitere Vorgehen ansehen: (1) Das Werk selbst; (2) der Umgang mit dem Werk; (3) der Aspekt der Bedeutsamkeit, den das Werk direkt und in den vorhandenen Auseinandersetzungen für uns selbst besitzt.

Es geht uns im Kern um das Werk Max Webers in seiner Bedeutsamkeit für uns, die wir wiederum auch durch die Kenntnis und die Auseinandersetzung mit alternativen Bedeutsamkeiten schärfen können und wollen. Es geht nicht um eine vollständige Darstellung der Werkrezeption und auch nicht um eine – prinzipiell unmögliche – abschließende Sinndeutung des Werkes. Stattdessen geht es darum, einen bestimmten Umgang mit dem Werk Max Webers darzustellen und eine Form der Auseinandersetzung zu entwickeln, die das versucht zu nutzen, was Weber uns selbst an die Hand gibt. Weniger von außen soll unser Blick auf das Werk fallen, sondern wir versuchen Elemente dieses Werkes für ein besseres Verständnis zu nutzen.

Sinngebung und Stellungnahme

Mit Sinngebung und Stellungnahme wurden uns von Weber zwei zentrale Fähigkeiten genannt, die den Menschen zum Kulturmenschen machen. Das heißt, wir suchen als Menschen nicht nur bei Gelegenheit Sinn in der Welt, sondern Sinngebungsprozesse sind es, die uns die empirische Wirklichkeit erst als solche begreiflich (und eben bedeutsam) machen. Es gibt keine von uns unabhängige „natürliche Ordnung der Dinge", die gleichzeitig mit Sinnhaftigkeit ausgezeichnet wäre. Für Weber sind die Prozesse der Sinngebung und der Stellungnahme zwar in unterscheidbarer, immer jedoch in einer aufeinander verweisenden Art verkoppelt.

Im Zentrum von Webers Sozialwissenschaft stehen der Prozess der Sinngebung, die zu diesem Sinn sich verhaltenden Personen und – nicht zuletzt – die Konsequenzen von Sinngebung und Stellungnahme für die Menschen. Was wir in weiten Teilen der materialen Schriften bei Weber finden, sind oftmals Nachzeichnungen und Analysen von Prozessen der Sinngebung, der Stellungnahmen und der entsprechenden Konsequenzen für die handelnden Menschen. Sinn generiert sich immer über die Bedeutung, welche Aspekte der Wirklichkeit (für uns) besitzen. Bedeutung besitzen Aspekte der Wirklichkeit jedoch nur in und durch ihre Beziehung zu Wertideen. Das heißt Stellungnahme bedeutet die Beschreibung der Wirklichkeit in ihrer Beziehung zu bestimmten Werten, die für den Einzelnen wichtig und richtig sind. Weber geht es jedoch nicht darum, eine subjektivistische Sichtweise auf Welt zu propagieren und Sinn, Bedeutsamkeit und Stellungnahmen ins Belieben des Einzelnen zu stellen und damit Sozialwissenschaft als Kulturwissenschaft zu einer Wissenschaft des Sammelns derartiger individueller Sichtweisen zu machen. Der Ausgangspunkt der Erkenntnis, so lesen wir im „Objektivitätsaufsatz", ist zwar an subjektive Voraussetzungen gebunden (WL: 182) und sicherlich, so Weber weiter, sind Wertideen letztlich subjektiv (ebd.: 183). Das heißt jedoch nicht, dass die Erkenntnisse damit für den einen gelten können und für den anderen nicht. „Was wechselt, ist vielmehr der Grad, in dem sie den einen interessieren und den anderen nicht." (ebd.: 184).

Sinngebung kann, muss aber nicht beim Einzelnen beginnen; vielmehr sehen wir empirisch oftmals den Fall, dass wir uns als Menschen auf vorhandene Sinngebungen einlassen bzw. in sozialen Beziehungen zu anderen an derartigen Sinngebungen arbeiten. Sinn bzw. Sinngebung ist diejenige Dimension bei Weber, welche man als „intersubjektiv" beschreiben kann. Mit Stellungnahme führt Max Weber jedoch etwas ein, was es quasi verunmöglicht den Einzelnen als Einzelnen aus dem Blick zu verlieren. Religiöse Sinngebungen etwa kommen nur dadurch zur Existenz, als dass Menschen sich zu ihnen positionieren, mithin Stellung nehmen. Stellungnahme ist und bleibt in ihrem Kern also die „subjektive" Dimension bei Weber.

Mit diesen beiden Dimensionen sind diejenigen Fähigkeiten benannt, mit denen Kulturmenschen Wirklichkeit in eine Ordnung bringen, die es ihnen (persönlich) und ihrer Zeit (ihrer Kultur) ermöglicht, Bedeutsamkeiten aus dem „Strom des unermeßlichen Geschehens" herauszupräparieren. Erst dadurch, dass wir Kulturmenschen sind und/oder sein wollen, besitzen wir „Freiheit". Weber versteht unter Freiheit eben gerade nicht das „unberechenbare" oder „unerwartete" Handeln, sondern freies Handeln ist für ihn ein Handeln, welches sich nicht der eigenen Naturhaftigkeit unterwirft. In den Roscher-Knies-Aufsätzen liest sich dies wie folgt: „...je »freier« in dem hier in Rede stehenden Sinn das »Handeln« ist, d.h. je weniger es den Charakter des »naturhaften Geschehens« an sich trägt, desto mehr tritt damit auch endlich derjenige Begriff der »Persönlichkeit« in Kraft, welcher ihr »Wesen« in der Konstanz ihres inneren Verhältnisses zu bestimmten letzten »Werten« und Lebens-»Bedeutungen« findet, die sich in ihrem Tun zu Zwecken ausmünzen und so in teleologisch-rationales Handeln umsetzen..." (WL: 132)

Nicht um Sprung- und Wechselhaftigkeit des Handelns und nicht um Beliebigkeit und Willkür in der je aktuellen Wahl der eigenen Wertbezüge geht es Weber, sondern er präsentiert uns solche Personen als „frei", die ihr Handeln in einer konstanten und damit eben auch bewussten Weise an letzten Werten auszurichten und erst dadurch frei und rational zu handeln imstande sind. Von solchen Personen spricht Weber in der „Protestantischen Ethik" (PE) und dokumentiert, welche mächtigen Konsequenzen und Wirkungen dieses Handeln (diese Lebensführung) nicht nur für die Personen selbst, sondern zeitlich und räumlich weit darüber hinaus hatte und nach wie vor hat. Sein Augenmerk in der „Protestantische Ethik" liegt jedoch, und dies sollte man nicht vergessen, auf den Entstehungs- und Trägerbedingungen von Prozessen, deren Wirkungen bis heute sichtbar sind, während das den Prozess tragende, also mit Sinn versehende Lebensführungsethos verschwunden ist. Auf den letzten Seiten des ersten Teils der PE findet dies Eingang in eine der bekanntesten Formulierungen Webers: „Indem die Askese die Welt umzubauen und in der Welt sich auszuwirken unternahm, gewannen die äußeren Güter dieser Welt zunehmende und schließlich unentrinnbare Macht über den Menschen, wie niemals zuvor in der Geschichte. Heute ist ihr Geist – ob endgültig, wer weiß es? – aus diesem Gehäuse entwichen." (GARS I: 204)

Max Webers Werk ist jedoch nicht einfach eine große Untergangsgeschichte des Abendlandes. Hiergegen, und der Einschub im letzten Zitat zeigt dies an, spricht allein schon seine Vorstellung von Möglichkeiten und Grenzen der Wissenschaft. Nicht um Aufstellung nomologischen Wissens ist es ihm zu tun, dieses nutzt jeder Sozialwissenschaftler in seinen Untersuchungen, sondern um das Verstehen der Eigenart von Kulturerscheinungen. Dieses Verstehen benötigt immer den historischen Blick: die Untersuchung wie und warum die Dinge so geworden sind, wie sie sich uns darstellen. „Wir wollen die uns umgebende Wirklichkeit des Lebens, in welches wir hineingestellt sind, in ihrer Eigenart verstehen – den Zusammenhang und die Kulturbedeutung ihrer einzelnen Erscheinungen in ihrer heutigen Gestaltung einerseits, die Gründe ihres geschichtlichen So-und-nicht-anders-Gewordenseins andererseits." (WL: 170f.) Hier formuliert Weber ein klares Bekenntnis zu einer Sozialwissenschaft, die sich ihrer historischen Analysedimensionen bewusst sein sollte. In der viele Jahre später gehaltenen Rede „Wissenschaft als Beruf" bringt Weber noch einmal sein Verständnis der Aufgaben von Sozialwissenschaft auf den Punkt. Hier lesen wir zur von Weber gestellten Frage „was leistet denn nun eigentlich die Wissenschaft Positives für das praktische und persönliche Leben?": „Zunächst natürlich: Kenntnisse über die Technik, wie man das Leben, die äußeren Dinge sowohl wie das Handeln der Menschen, durch Berechnung beherrscht (…) Zweitens (…) Methoden des Denkens, das Handwerkszeug und die Schulung dazu." (WL: 607) Als Drittes nennt Weber darüber hinaus noch: Klarheit. „Vorausgesetzt natürlich, dass wir sie selbst besitzen." (ebd.).

Mit welchen Konsequenzen sich Wissenschaft vor allem (und möglicherweise ausschließlich) auf den ersten von Weber genannten Punkt konzentrierte, wird zu einem späteren Zeitpunkt Thema sein. Hier interessiert uns insbesondere der dritte Aspekt: Klarheit zu verschaffen, und zwar nicht nur sich selbst als Wissenschaftler (dies ist sicherlich immer die notwendige Voraussetzung), sondern anderen zu ihrer eigenen Klarheit zu verhelfen bzw. zumindest daran mitzuwirken. Das klingt nun gar nicht nach dem Programm einer Wissenschaft, die sich in starkem Maße den vermeintlichen oder tatsächlichen „Idealen" eines naturwissenschaftlichen Denkens verschrieben hat und ist es tatsächlich auch nicht. Wirklichkeitswissenschaft im Weber'schen Sinne ist klar abzugrenzen – wie dies Weber selbst ja auch tat – von Gesetzeswissenschaften, deren Bestrebungen dahin gehen, allgemeine Gesetze zu finden, unter die sich dann individuelle Phänomene einordnen lassen. Das ist nicht das Programm von Max Weber.

Wir haben bis zu diesem Punkt in Umrissen eine erste Idee davon erhalten: (1) was Sozialwissenschaft für Weber meint: das Verstehen der Wirklichkeit in ihrer individuellen Eigenart, in ihrem So-und-nicht-anders-Gewordensein, (2) welche Bedeutung Wertideen für jedweden Zugang zu empirischer Wirklichkeit haben (sei es für den Alltag oder auch für die Wissenschaft) und (3) die Zentralität von Sinngebung und Stellungnahme als diejenigen Fähigkeiten, die uns einerseits zu Kulturmenschen machen und die es uns andererseits erst ermöglichen, Wirklichkeit als etwas anderes denn als „chaotisches" und „sinnloses" Durcheinander zu erleben.

Die Bedeutung des Werkes

Alle drei Aspekte besitzen für das Verständnis des Werkes von Max Weber genau dieselbe Bedeutung, wie für jede andere kulturrelevante Erscheinung. Das bedeutet: sich mit dem Werk Webers zu beschäftigen erfordert, dieses in seiner individuellen Eigenart zu begreifen (Sinngebung) und hierzu Position zu beziehen (Stellungnahme). Sinn kann und wird dieses Werk nur durch Wertbeziehungen erlangen und zwar sowohl für diejenigen, die hier schreiben, als auch für diejenigen die lesen. Verbleibt man also konsequent in dem methodologischen Rahmen, den Weber aufspannt, dann heißt das, sein Werk als „historisches Individuum"[6] herauszupräparieren.

Wichtig in einem solchen Analyseprozess ist es, die eigenen Bedeutsamkeiten immer wieder an alternativen Bedeutsamkeiten zu spiegeln, nur dann kann man den Ausgangspunkt (die subjektiven Voraussetzungen) verlassen und zu einem Verständnis des Phänomens gelangen. In den „Kritischen Studien" (zwei Aufsätze Webers, in denen er sich zuvorderst mit dem Historiker Eduard Meyer auseinandersetzt, hierbei aber sehr erhellendes zu einer „Deutungstheorie" zu sagen hat) führt

---

[6] Das Konzept des „historischen Individuums" wird in Kapitel IV ausführlich eingeführt und erläutert.

Weber den Prozess folgendermaßen aus: „Und wenn ich nun aus dem Stadium des aktuellen Bewertens in dasjenige der theoretisch-interpretativen Ueberlegung der möglichen Wertbeziehung trete, also aus den Objekten »historische Individuen« bilde, so bedeutet dies, daß ich die konkrete, individuelle und deshalb in letzter Instanz einzigartige Form, in welcher sich (…) Ideen in dem betreffenden politischen Gebilde (…), der betreffenden Persönlichkeit (…), dem betreffenden Literaturprodukt (…) »verkörpert« haben oder »auswirken«, mir und anderen interpretierend zum Bewußtsein bringe." (WL: 252f.) Diese Art der Analyse, die Weber als „Wertanalyse" bezeichnet, ist für ihn „die Wegweiserin dieser anderen, der »historischen«, d.h. kausalen Deutung" (WL: 251).

Die das ganze folgende Buch durchziehende Auseinandersetzung mit vorhandenen Weberdeutungen stellt in dieser Hinsicht genau dies dar: der Versuch durch Einbeziehung alternativer Wertbeziehungen die Eigenart des Werkes deutlicher herauszuarbeiten. Es kann und soll jedoch nicht darum gehen, quasi kumulativ möglichst viele Weberdeutungen aneinanderzureihen, sondern in der Auseinandersetzung und Darlegung bestimmter Deutungen wird an einigen Stellen eine bessere Artikulation der eigenen Auffassung versucht. Eben so wenig geht es uns darum, Webers Klassikersockel mit einer weiteren Lage Zement noch höher und fester zu machen. Unserer Einschätzung nach ist es viel eher angebracht Weber zurück zu bringen in die stattfindende Sozialwissenschaft, d.h. ihn wieder ins Blickfeld all derjenigen zu rücken, die ein Interesse an einer Sozialwissenschaft haben, die sich nicht krampfartig darum bemüht, den Menschen und sein Handeln zu einer Ausprägung und Verlängerung seiner Naturhaftigkeit zu machen. In einem Diskussionsbeitrag auf dem ersten deutschen Soziologietag 1910 in Frankfurt a. M. zu einem Referat von Dr. Alfred Ploetz über den Begriff der Rasse und der Gesellschaft, merkt Weber an: „Wir haben die Möglichkeit rationales Handeln der einzelnen menschlichen Individuen geistig nacherlebend zu verstehen. Wenn wir eine menschliche Vergesellschaftung, welcher Art immer, nur nach der Art begreifen wollen wie man eine Tiervergesellschaftung untersucht, so würden wir auf Erkenntnismittel verzichten, die wir nun einmal beim Menschen haben und bei den Tiergesellschaften nicht. Dies und nichts anderes ist der Grund dafür, weshalb wir für unsere Zwecke im allgemeinen keinen Nutzen darin erblicken, diese ganz fraglos vorhandene Analogie zwischen Bienenstaat und irgendwelcher menschlichen staatlichen Gesellschaft zur Grundlage irgendwelcher Betrachtungen zu machen." (Verhandlungen 1911: 155). Hier noch einmal Webers Plädoyer, dass Rationalität als etwas zu begreifen ist, was auf der Grundlage von Kultur und nicht Naturhaftigkeit entsteht.

An dieser und an vielen anderen Stellen in Webers Werk wird deutlich, wie sehr er darum bemüht war, der Sozialwissenschaft ihren Gegenstand zu erhalten und diesen weder zu einem solchen der Biologie noch zu einem solchen der Ökonomie werden zu lassen. Weber veranschlagt den Einfluss der Ökonomie durchgehend als sehr hoch; nichtsdestotrotz wehrt er immer wieder Versuche ab, mittels ökonomischer Erklärungen menschliches Handeln verstehen zu wollen. Ebenfalls auf dem ersten Soziologietag reagiert Weber auf einen Diskussionsbeitrag von Tönnies, der religiöse Bewegungen als Folgen und Wirkungen spezifischer ökonomischer Interessen beschrieb. Weber verweist auf die Entwicklungen in Frankreich, wo der Adel die „Fahne des Hugenottismus" verließ und dieser zunehmend rein bürgerlichen Charakter erhielt. „Aber auch das ist nicht so zu verstehen, daß das Bürgertum, als solches, aus ökonomischen Gründen, aus sich die betreffende Religiosität entwickelt habe. Umgekehrt! (...) Kurzum, auch hierin wäre es gänzlich irrig (...), wollte man eine einseitig ökonomische Deutung geben, auch nur in dem Sinne, daß das Oekonomische Hauptursache sei, oder gar: daß es sich nur um Reflexe des Oekonomischen oder Derartiges handelt." (ebd.: 198).

Die Bedeutung des Werkes liegt für uns genau hier: In der Zentralität, welche Max Weber dem Menschen als Kulturmenschen, also als Personen mit der Fähigkeit zu Sinngebung und Stellungnahme, einräumt und diesen „Gegenstand" auch und gerade in einem zeitgenössischen Kontext stark macht, der bereits damals – und dies in gesteigerter Form bis heute – empirisch im Verschwinden begriffen war (nicht zuletzt durch eine Wissenschaft, die ihre Zwecke von jeder materialen Füllung „befreite" und bis heute stolz auf ihren Beitrag an der Ausbreitung rein formaler Rationalitäten ist). Hennis weist in seiner „Suche" nach Webers Fragestellung immer wieder darauf hin, dass bei allen auch materialen Arbeiten das zentrale Erkenntnisinteresse der Mensch als Kulturmensch war. Bereits in der Freiburger Antrittsvorlesung von 1895 lesen wir zur Frage: was denn eigentlich Aufgabe der Volkswirtschaftslehre ist: „Abwechselnd hat man in der Volkswirtschaftslehre das technisch ökonomische Problem der Gütererzeugung und das Problem der Güterverteilung, der »sozialen Gerechtigkeit«, als Wertmaßstäbe in den Vordergrund gerückt oder auch naiv identifiziert, – und über beiden erhob sich doch immer wieder, halb unbewußt und dennoch alles beherrschend, die Erkenntnis, daß eine Wissenschaft vom *Menschen*, und das ist die Volkswirtschaftslehre, vor allem nach der *Qualität der Menschen* fragt, welche durch jene ökonomischen und sozialen Daseinsbedingungen herangezüchtet werden." (Hervorhebg. Im Orig.; GPS: 13). Wir hatten oben bereits auf eine Stelle hingewiesen, die in der 18 Jahre später geschriebenen Schrift über „Wertfreiheit" dieselbe Zielstellung formulierte.

Man kann hier sicherlich Hennis zustimmen, wenn er den Umstand zumindest bedenkenswert findet, dass wir bei Weber in zwei Beiträgen, die fast zwei Jahrzehnte auseinander liegen, die praktisch identische Formulierung bezüglich derjenigen Fragestellung finden, die Weber als zentral für Sozialwissenschaft ansah. Wie wir ferner feststellten – und so kann man zumindest die angeführten Weber'schen Diskussionsbeiträge verstehen – betonte Weber diesen Punkt auch aus der Wahrnehmung seines Zeitkontextes und zwar sowohl in Bezug auf Wissenschaft als auch im Allgemeinen.

Bedeutsamkeit erhält das Werk Webers nicht dadurch, dass man den eigenen Standort verlässt und sich in Bedeutsamkeiten versenkt, die den aktuellen Kulturproblemen vielleicht gar nicht mehr entsprechen, sondern indem man aus der eigenen Verortung heraus und immer mit dem Blick auf diese das Werk zu verstehen sucht. Wir verstehen die Beschäftigung mit dem Werk Max Webers insofern nicht als eine „historische" Untersuchung, die als einzige Leitfrage das „So-und-nicht-anders-Gewordensein" in den Blick nimmt, sondern eben auch unter der Annahme, dass Weber uns etwas für die Beantwortung unserer Fragen an die Hand geben kann. Selbstredend – das sollte nach dem bisher Ausgeführten deutlich geworden sein – geht es jedoch nicht darum, krampfhaft am eigenen Standort festzuhalten. Im Wechselspiel von Sinngebung und Stellungnahme fordert uns das Werk Webers auch insoweit heraus, als dass es uns zu neuen Sinngebungen und Stellungnahmen führen kann.

Das Gefühl – und mit Weber gesprochen nehmen die meisten Analysen ihren Ausgang zuerst einmal in einem „durchaus konkreten, individuellen Fühlen und Wollen" (vgl. WL: 252) – Angehörige einer Zeit zu sein, die in unerhörtem Maße Mittel zu Zwecken gemacht hat, die wiederum jeder eigenständigen Sinnhaftigkeit entbehren, verbindet unsere Wahrnehmung an wichtigen Punkten mit derjenigen Webers. So ist die Vorstellung, dass der Besitz von Geld und Gütern Zweck sein kann, sicherlich neueren Datums, jedoch ein konsequenter Ausdruck der Unmöglichkeit von Sinnproduktion in und durch wirtschaftliches Handeln. Bei Weber lesen wir dies noch sehr deutlich, wenn er ausführt, „daß alle wirtschaftlichen Vorgänge und Objekte ihr Gepräge als solche gänzlich durch den Sinn erhalten, welchen menschliches Handeln ihnen – als Zweck, Mittel, Hemmung, Nebenerfolg – gibt." (WuG: 31). Am Beginn des okzidentalen Kapitalismus findet sich (noch) eine derartige Sinneinbettung wirtschaftlichen Handelns (siehe Kapitel IV), d.h. Gelderwerb, Arbeit etc. fanden ihre Begründung (ihren Zweck) durch die Einordnung in einen Sinnhorizont, der im konkreten Fall religiös fundiert war. Diese „sinnlosen" Prozesse bleiben aber auch nicht unwidersprochen und so findet man Elemente der oben notierten Entwicklungsmöglichkeiten auch heute in unterschiedlichen Ausmaßen. Die „Rückkehr der Religionen" hätte einen Max Weber sicherlich nicht überrascht, stellt dies doch, wie mächtig dann auch immer, zumindest eine „Wiedergeburt alter Gedanken und Ideale" dar.

Im Zentrum jeder, auch der wissenschaftlichen Beschäftigung, stehen immer Sachprobleme. Im Kern dieser Sachprobleme steht aber auch immer die Frage nach den damit verbundenen Konsequenzen für die Menschen und dieses bildet die Herausforderung für Sozialwissenschaft im Weber'schen Sinne. Es handelt sich jedoch bei Weber nicht um „Steuerungs-", „Planungs-" oder „Beherrschungsprobleme" (dies natürlich als Inhalte, auf die man bei seinen Untersuchungen stößt), vielmehr immer um Entstehungs-, Tradierungs- und Veränderungsphänomene. So lesen wir in einem der Diskussionsbeiträge einer Tagung des Vereins für Socialpolitik, wo sich Weber mit der Frage der Bürokratisierung auseinandersetzt: „Daß die Welt nichts weiter als (...) Ordnungsmenschen kennt – in dieser Entwicklung sind wir ohnedies begriffen, und die zentrale Frage ist also nicht, wie wir das noch weiter fördern und beschleunigen, sondern was wir dieser Maschinerie entgegenzusetzen haben, um einen Rest des Menschentums freizuhalten von dieser Parzellierung der Seele, von dieser Alleinherrschaft bureaukratischer Lebensideale." (GASS: 414).

Hier taucht in eher diagnostischer Absicht das auf, was wir in Büchern zu und über Weber immer wieder zu lesen bekommen: das Thema der Rationalisierung in Form von Bürokratisierung.[7] Die Weber'sche Diagnose, dass bürokratische Lebensideale etwas sind, was den letzten Rest dessen zerstört, was er als Menschentum bezeichnet, macht zuerst einmal deutlich, dass diese Art von Lebensideal für ihn negativ konotiert war. In letzter Konsequenz würde ein ungehinderter Siegeszug dieser Art von Lebensideal Menschen zu dem machen, was Weber auf den letzten Seiten der PE in die Formulierung münden lässt: „Fachmenschen ohne Geist, Genußmenschen ohne Herz: dies Nichts bildet sich ein, eine nie vorher erreichte Stufe des Menschentums erstiegen zu haben." (GARS I: 204). Das – als negative Utopie von ihm konsequent zu Ende gedacht – wäre dann aber in seinem Sinne auch das Ende der Fähigkeit zu Sinngebung und Stellungnahme.

Weiterführende Literaturhinweise

Wilhelm Hennis – Die Frage nach dem Menschen

Man könnte sagen, dass Hennis ein »Webertyp« ist. Das meint: wir stehen hier einem unermüdlichen Sucher gegenüber, der gegen vielfältige Widerstände und gegen herrschende Meinungen und Positionen Stellung bezieht. Eine solche Einschätzung macht das Projekt, welches Hennis seit ca. 20 Jahren intensiv verfolgt, jedoch sowohl kleiner als auch in seinen Grundlagen zu psychologisch.

Würde man sich dem Hennis-Projekt im Geist des Historismus nähern, dann müsste man auf seine Anfänge schauen, um das So-und-nicht-anders-Gewordensein zu verstehen. An diesem Anfang stand, so die Selbstauskunft des Autors, die Studie von Karl Jaspers zu Max Weber, welche dieser 1932 erstveröffentlichte.[8] Aber – und das war und ist das immer noch stärkste Argument gegen jede Form von Historismus – Menschen bleiben nicht bei diesen Anfängen stehen, sondern eignen sie sich an und verändern das Angeeignete. Nicht um ein fortgeführtes Jas-

---

[7] Bürokratisierung stellt jedoch für Weber nur eine Form von Rationalisierung dar; keinesfalls kann und soll dies so verstanden werden, als ob er sich damit gegen Rationalität und für Irrationalität aussprechen würde.
[8] So Hennis in der Vorbemerkung zum Band „Max Webers Fragestellung" (1987).

pers-Projekt handelt es sich, sondern um eine eigene Bemühung, deren Ergebnisse und deren Methodik uns als dem Weber'schen Geist verwandt erscheinen.

Als eine der Früchte dieser Bemühungen liegen uns mittlerweile drei Bücher vor, in denen Hennis immer neu und von immer neuen Seiten her um (s)ein Weberverständnis ringt. Im Zentrum dieses Projektes steht eine These zu Webers Werk und auf diese These haben wir im Einleitungsteil hingewiesen. Hennis sucht(e) nach dem, was er – aber auch andere – Webers Fragestellung nennt. Die Suche nach einer solchen Frage, nach einem Thema beinhaltet eine ganz bestimmte Vorstellung des Zusammenspiels von Personen und Wissenschaft. Nicht beliebig ist demnach das, was der Einzelne als Wissenschaft betreibt und nicht beliebig kombinierbar. Was man zuallererst bei Hennis lernt, ist, dass man sich auf eine Sache ganz einlassen muss, wenn man an ihr ein irgendwie leidenschaftliches Interesse hat. Das heißt dann aber auch, dass man sich im Falle Webers, aber auch jedes anderen Themas, genau überlegen sollte, ob man sich darauf einlassen will. Ein bisschen erinnert diese Grundhaltung von Hennis an die von Kierkegaard skizzierte ethische Grundhaltung: „entweder – oder; aut – aut; denn ein einzelnes aut, das berichtigend hinzutritt, macht die Sache nicht klar, da das, worum es hier geht, zu bedeutungsvoll ist, als daß man sich mit einem Teil begnügen, zu zusammenhängend in sich, als daß man es partiell besitzen könnte."[9] Das markiert dann aber auch eine deutliche Gegenposition zu einer, meist unter dem Begriff des Eklektizismus daherkommenden Haltung des „sowohl – als auch".

Wilhelm Hennis beginnt seine Auseinandersetzung, sein Bemühen um ein Verständnis des Werkes von Weber in einem Kontext, in dem das Werk meist unter dem Beschreibungsetikett des „Fragmentarischen" gelesen und vor allem benutzt wird. Ihm geht es, zumindest scheint das immer wieder durch, unseres Erachtens auch darum, Max Weber zu retten vor den immer dreisteren Zugriffen einer „Fließbandwissenschaft", die mit dem ganzen Weber nichts mehr anzufangen weiß und die ihn, da man an „Gründern" nicht vorbeikommt, als Stichwortgeber (miß)braucht.[10]

Sein eigenes Forschungsprogramm stellt Hennis dem Leser in dem gleichnamigen Einleitungstext von „Max Webers Fragestellung" (1987) vor und dieses Programm nimmt seinen Ausgang in einer intensiven Bemühung um die Klärung von Webers Thema. Hennis liest noch einmal den ganzen Weber und zwar, wie er selbst anrät: „frisch und »unbefangen«". Dass das als solches in einer Sozialwissenschaft, in der die Forschungs- und Bearbeitungsfelder verteilt sind und die Kriterien des Zugangs sich oftmals den Bemühungen des Einzelnen entziehen, an sich schon eine

---

[9] Kierkegaard (1988: 704).
[10] Derartiges widerfährt allen frühen Soziologen. So lässt sich ein ähnlicher Vorgang bei Simmel ablesen, auf dessen Text: „Die Großstädte und das Geistesleben" sich die Stadtsoziologie gerne und immer beruft, der jedoch über dieses Berufen hinaus wenig tatsächliche Wirkung in den Forschungen besitzt.

Art von Majestätsbeleidigung darstellt, ist Hennis sicherlich bewusst gewesen. Aber – und hier scheint der erste Einfluss durch Jaspers prägend gewesen zu sein – ist der Blick von Hennis in letzter Konsequenz auf den Wert der Rechtschaffenheit und Aufrichtigkeit geheftet. Auch hier kann man wieder einschieben: selbst wenn man an Hennis Weberdeutung keinerlei Interesse haben sollte, kann man bei ihm etwas lernen: intellektuelle Autonomie, in der über die eigenen Bezüge auch selbst entschieden wird.

Wo jedoch findet Hennis – jenseits der von ihm ja keineswegs abgelehnten herrschenden Deutungen von Webers Thema – die Weber'sche Fragestellung? Er findet sie dort, wo man sie eigentlich auch suchen müsste: in Webers Auseinandersetzungen mit Kritikern, in den sogenannten „Kritiken und Antikritiken"[11] zur »Protestantischen Ethik«, genauer: in der zweiten Antikritik zu den Kritiken von Felix Rachfahl. Hennis fasst die hier von Weber formulierten Klarstellungen dessen, worum es ihm in der PE gegangen sei, folgendermaßen zusammen: „Wenn Worte irgend etwas besagen, so ist es uns jetzt jedenfalls eindeutig erlaubt festzuhalten, worauf Webers »zentrales« Interesse in den Aufsätzen zur *Protestantischen Ethik* gegangen war: auf die »Entwicklung des Menschentums«, wie es durch eine bestimmte »Verkettung von Umständen«: das »wahlverwandte« Sich-Finden des »asketischen Protestantismus« und seines Niederschlags in der Berufsidee mit dem frühbürgerlichen Kapitalismus im neuen Stil rationaler »Lebensführung« vom Typ des »Berufs- und Fachmenschen« zutiefst beeinflußt worden war."[12]

Die „Entwicklung des Menschentums", dass sei es, so Weber, was ihn in den Studien/Aufsätzen interessiert hat, also die Untersuchung der, wie Hennis sagt: „Heraufkunft des modernen Menschen – nein!: des »Menschentums«!".[13] Hennis arbeitet in den späteren Texten an diesem Befund weiter. Hier sei insbesondere auf den gleichnamigen Einleitungstext von „Max Webers Wissenschaft vom Menschen" (1996) hingewiesen, sowie auf „Die »hellenische Geisteskultur« und die Ursprünge von Max Webers politischer Denkart" (2003).

Karl Löwith – Rationalisierung oder Entfremdung

Eine der frühsten systematischen Versuche einer Gesamtdeutung des Werkes von Max Weber hat der Philosoph Karl Löwith bereits 1932 in seiner Studie „Max Weber und Karl Marx"[14] vorgenommen. Bryan Turner skizziert in seinem Vorwort zu einer Neuauflage der amerikanischen Ausgabe 1993 die Relevanz der von Löwith in seinem Text aufgemachten Vergleichsdimension für die Soziologie: „the debate

---

[11] Weber (1987).
[12] Hennis (1987: 22).
[13] (Ebd.: 32).
[14] Jetzt in den „Sämtlichen Schriften" Band 5 (1988) enthalten.

over the relationship between Marx's political economy and Max Weber's interpretive sociology, which has raged with varying degrees of intensity since the publication of *The Protestant Ethic and the Spirit of Capitalism* in 1904, has determined many of the major issues for research in the social sciences in the twentieth century." (Turner in: Löwith 1993: 1f.). Drei Aspekte sind es, so Turner, die Löwiths Studie nach wie vor wichtig machen: (1) dass Marx' und Webers Perspektiven auf der Ebene der philosophischen Anthropologie konvergierten und Löwith dies so auch herausarbeitete[15]; (2) der Heidegger'sche Ankerpunkt von Löwiths Marx und Weber Verständnis, welches seinem Text eine dauerhafte Originalität verleiht; (3) die Herausarbeitung der Nietzscheanischen Wurzeln von Webers „pessimistic analysis of modern rational society"[16].

Insbesondere der letzte Aspekt verleiht Löwiths Text für lange Zeit eine gewisse Form von „Einmaligkeit", da sowohl im Nachkriegsdeutschland, als auch in der durch deutsche Emigranten stark beeinflussten amerikanischen Weberforschung diese Nietzsche Bezüge von Weber, teilweise bewusst, ausgeblendet wurden.[17] Löwith beginnt seinen Essay, wie Jahrzehnte nach ihm Hennis, mit der Suche nach der Fragestellung, welche es ihm ermöglicht Weber und Marx auf unterschiedlichen Ebenen zu vergleichen.[18] Eine Idee vom Menschen ist es, was auf der Ebene der Motive die Werke der beiden Denker verbindet. Das gemeinsame Thema sieht Löwith mit dem Kapitalismus gegeben und als den sich im Werk ausdrückenden Antrieb: „die Frage nach dem menschlichen Schicksal der gegenwärtigen Menschenwelt" (Löwith 1988: 326). Diese Frage bildet, so Löwith, das anthropologische Grundmotiv, welches sowohl bei Weber, aber auch bei Marx die Werke trägt.

Löwith arbeitet auf dieser Grundlage die Linien der Weber'schen Soziologie heraus und benennt sehr präzise die Rolle, welche der intensiven Beschäftigung von wissenschaftstheoretischen Grundfragen hierbei zukam: es ging um den Abbau von Illusionen. Das ist für Löwith der Zweck der „Wissenschaftslehre", hier findet sich eine plausible Erklärung für Webers Kampf gegen Wertungen innerhalb und durch die Wissenschaft. Die Unmöglichkeit objektiv gültige Werturteile zu formulieren bedeutet für Weber, so Löwith, dann zweierlei: Einerseits ist damit wieder Raum für menschliche Freiheit geschaffen und andererseits erzwingt diese Einsicht es dann auch, dass man über die in die wissenschaftliche Arbeit eingehenden Wertungen etwas aussagen muss. Weber geht es hierbei um die Konsequenzen von „radikaler

---

[15] „Thus, while the political attitudes of Marx and Weber where diametrically opposed, they shared a fundamental interest in the problem of ‚man' in bourgeois capitalism." (Turner in: Löwith 1993: 6).
[16] (Ebd.: 10).
[17] Es sei auf die hierfür wichtige Studie von Agnes Erdelyi (1990) verwiesen, in der diese Ausblendung am Beispiel von Reinhard Bendix als eine bewusst getroffene Entscheidung nachgezeichnet wird.
[18] „Demgemäß wird es sich im Folgenden darum handeln: durch vergleichende Analyse des grundlegenden Forschungsmotivs von Weber und Marx die Gemeinsamkeit und den Unterschied in ihrer Idee vom Menschen als dem Fundament von Wirtschaft und Gesellschaft herauszustellen." (Löwith 1988: 325).

Diesseitigkeit", wie Löwith es ausdrückt. Das ist es, was er in seinen Auseinandersetzungen mit Roscher und Knies diesen vorwirft: dass sie über Begriffe wie „Lebenskraft" oder „Vorsehung" Anschluss suchen, an Erklärungen, die für Weber nunmehr ausgeschlossen sind. „Ineins mit der völlig diesseitig und »objektiv«-sinnlos gewordenen Wirklichkeit verwandelt sich auch die emanatistische Begrifflichkeit in eine idealtypische »Konstruktion« und verschwinden alle »substanzhaften« Definitionen der sozialen »Gebilde«." (ebd.: 343f.).

Nur noch dem Individuum steht für Weber die Rolle einer tatsächlichen Basiskategorie zu, wenn mit der radikalen Entzauberung Ernst gemacht werden will. Keine Klassen oder Nationen besitzen Realität; deshalb spricht Weber beispielsweise dann nur noch von Klassen als Gemeinsamkeit von Lebenschancen (und eben nicht: objektiven Lagen o.ä.). Mit den Begriffen von Rationalisierung bzw. Rationalität identifiziert Löwith die eigentliche Problematik unserer Wirklichkeit, der sich Weber in und mit seinem Werk zuwendet, „weil die ihm (dem Rationalisierungsprozess, Verf.) entspringende Rationalität etwas spezifisch »Irrationales« und Unverständliches ist" (ebd.: 346). Jedoch, und kaum jemand vor oder nach Löwith hat dies so auf den Punkt gebracht, stellt Rationalität für Weber gleichzeitig den Ort der Freiheit dar. Das berechenbare Handeln des Menschen ist das freie Handeln, nicht das unberechenbare: „einen durch letzte Werte oder Lebens-»Bedeutungen« vorgezeichneten Zweck in freier Erwägung der Mittel dazu zu verfolgen. In diesem zweckrationalen Handeln prägt sich die »Persönlichkeit« als ein konstantes Verhältnis des Menschen zu letzten Werten konkret aus." (ebd.: 352). Die radikal entzauberte Welt tritt uns unweigerlich als eine sinnlose Wirklichkeit gegenüber und in Webers ganzer Arbeit sieht Löwith einen groß angelegten Versuch in einer derartigen Welt trotzdem zu leben. Nicht eindeutige und allgemein verbindliche Bedeutungen sind es, die wir erzeugen, sondern: „In dieser Welt gegen sie eigene Zwecke durchsetzen, die nicht von dieser Welt und doch für sie berechnet sind, das ist der positive Sinn jener »Bewegungsfreiheit«, auf die es Weber ankam." (ebd.: 365). Das Gehäuse der Hörigkeit lässt sich nur noch vom Einzelnen für seine eigene Person durchbrechen; nicht mehr für und in Bezug auf soziale Gebilde wie Klassen oder Gruppen.

Wolfgang Mommsen – Max Weber als Universalhistoriker

Während sich Löwith Max Weber vor allem über den Rationalisierungsbegriff und das Phänomen des Kapitalismus näherte, erschloss sich Wolfgang Mommsen seinen Weber über das Thema: Politik und Herrschaft. Bereits 1959 präsentierte er mit „Max Weber und die deutsche Politik 1890-1920" eine umfassende Studie zu Webers Politikanalysen und seinem Politikverständnis. Mittlerweile in einer dritten verbesserten Auflage (2004) erschienen, zählt dieses Buch zu den zentralen Werken der Weberforschung und bildet gleichzeitig einen der profundesten Beiträge einer jahrzehntelangen Diskussion über die Einschätzung von Webers politischer Auffassung. Dieser Aspekt war und ist nach wie vor bei Weberanhängern und -gegnern unter der Frage des Verhältnisses von Max Weber zur parlamentarischen Demokratie heftig umstritten. In einem weiteren wichtigen Buch aus Mommsens Feder: „Max Weber. Gesellschaft, Politik und Geschichte" (1974) kommt er bezüglich der auf die Frage: War Max Weber ein Liberaler? zugespitzten Diskussion, zu der Einschätzung: „Er (Weber, Verf.) suchte nach Wegen und Möglichkeiten, liberale Ideale in eine nachbürgerliche gesellschaftliche Wirklichkeit zu übersetzen, die durch die Entwicklung des Hochkapitalismus und der Massendemokratie bestimmt war." (Mommsen 1974: 9).[19]

In den Diskussionen auf dem fünfzehnten deutschen Soziologentag (1964 in Frankfurt am Main), dessen thematischer Schwerpunkt die Soziologie Max Webers war, skizzierte Mommsen das, was hier etwas undeutlich als eine „Suche nach Wegen und Möglichkeiten" benannt ist, klarer und prägnanter: „Der Übergang zum Parlamentarismus war für Weber in erster Linie ein Mittel der Machtsteigerung des deutschen Staates. Das traditionelle Bestreben des kontinentalen Liberalismus, die ‚Herrschaft des Menschen über den Menschen' durch die ‚Herrschaft des Gesetzes' abzulösen oder doch wenigstens zu reduzieren, hielt er für eine komplette Illusion." (Mommsen in: Stammer 1965: 138). Das liest sich nunmehr kaum noch als Beschreibung einer liberalen Grundhaltung, sondern hier sieht man den „Entzauberer" Weber am Werk. Einer einhelligen Interpretation von Weber als einem Liberalen stand immer schon sein Konzept einer »plebiszitären Führerdemokratie« entgegen, von der Mommsen sagt, dass ihr eine „aristokratische Tendenz" (Mommsen 1974: 63) innewohnt. Mommsen versucht zumindest den Demokraten Weber dadurch zu retten, dass er dessen „cäsaristischer Variante der demokratischen Idee" (ebd.: 68) dadurch Legitimation verleiht, als er Weber eine spezifische Zeitdiagnose unterstellt: „Weber erwartete eine Gefahr für die Freiheit des europäischen Menschen nicht von »charismatischen Revolutionen«, sondern von der Erstarrung der sozialen Beziehungen und des politischen Betriebs im Gefolge der zunehmenden Rationalisierung und Bürokratisierung der Gesellschaft" (ebd.).

Es ist nicht verkehrt, wenn man die jahrzehntelangen Auseinandersetzungen um die politischen Auffassungen von Max Weber auch als Auseinandersetzungen um Sollensvorstellungen begreift. Wilhelm Hennis hatte einmal den Versuch unternommen systematisch zu fragen: was liberal sein bedeutet und inwiefern man unter einer entsprechenden Auffassung der letzten Werte, die sich hinter einer liberalen

---

[19] Auch im Nachwort zur Studienausgabe der Schriften von Weber: „Zur Russischen Revolution von 1905", kommt Mommsen (als Herausgeber) zu der Einschätzung: „Beide Abhandlungen können als indirekte, aber eindeutige Belege dafür gelten, daß Max Weber schon damals den Übergang zum parlamentarischen Regierungssystem als die einzig akzeptable Lösung der großen politischen Probleme des Deutschen Reiches angesehen hat." (1996: 343).

Haltung verbergen, Weber als Liberalen bezeichnen könnte. Dieser Versuch war sicherlich zutiefst weberianisch und führte in letzter Konsequenz dazu, dass Hennis deutlich machen konnte, dass Max Weber kein Liberaler war. Insbesondere diese Auseinandersetzungen – und nur deshalb wurden sie an dieser Stelle etwas vertiefend dargestellt – sind eben auch Belege, dass Weberforschung sich nicht immer und an allen Stellen weberianisch vollzieht.

In dem Buch von 1974 ist aber auch ein Text enthalten, in dem Mommsen – in diskutierender Auseinandersetzung mit dem oben aufgeführten Text von Karl Löwith – Webers Werk als Ganzes einer Einschätzung und Analyse unterzieht: „Universalgeschichtliches und politisches Denken" (Mommsen 1974: 97-143). Im Zentrum steht nunmehr das politische Denken in der „Verwurzelung in den universalhistorischen Grundanschauungen" (ebd.: 98) Webers. Mommsen zeichnet nach, wie Weber aus der Kritik sowohl am Historismus als auch an jeder positivistischen Geschichtsauffassung Geschichte letzten Endes in Geschichten auflöst, „nämlich in jeweils unter anderen Wertgesichtspunkten ausgewählte und nur im Hinblick auf diese sinnvolle »endliche Ausschnitte«" (ebd.: 106).

Damit rückte die Persönlichkeit ins Zentrum Weber'scher Auffassungen und nur über den Zusammenhang von Person und Geschichte lässt sich Entwicklung verstehen. Auch wenn Mommsen einen „Rest von Unklarheit" (ebd.: 112) in Webers letzten Absichten sieht, bietet uns Weber seiner Einschätzung nach zwei „Formen" der Einwirkung von Persönlichkeit auf Geschichte an: Religionen und das Charisma großer Persönlichkeiten.[20] Insbesondere der Begriff des Charismas wird von Mommsen in seinen definitorischen Gehalten und seinen Implikationen untersucht. In Bezug auf Webers Verwendung konstatiert Mommsen: „Das Charisma ist, in seiner weitesten Bedeutung, die eigentliche Einbruchstelle der Ideen in die Mannigfaltigkeit strukturell oder materiell bedingter Kausalitäten der empirischen Realität." (Mommsen 1974: 122). Diese Einbruchstelle ist, so Mommsens Lesart, für Weber immer an das Individuum geknüpft. Als den großen „Gegenspieler" dieses Charismas und damit dieser charismatischen Persönlichkeit sieht Mommsen die „Rationalisierung" an. Während das Charisma von innen her die Persönlichkeit prägt und formt, wirkt Rationalisierung von außen her auf das Verhalten von Menschen (vgl. ebd.: 125). Insofern ist die Schlussfolgerung der Weberdeutung von Mommsen konsequent, „daß das Charisma das *primum movens* der Geschichte ist" (ebd.: 127)[21]. Mommsen zeigt auf, inwiefern dies dann auch Konsequenzen für das Verständnis von Webers herrschaftssoziologischen Arbeiten hat: „in letzter Instanz legitimiert allein das Charisma" (ebd.: 128).

---

[20] Mommsen weist gleichzeitig darauf hin, dass auch Religionen in ihrem Kern die charismatische Persönlichkeit tragen.
[21] In einer neueren Publikation nennt Mommsen das Charisma etwas abgeschwächt: ein wesentliches Bauprinzip auch moderner Gesellschaften (Mommsen 2001: 310).

"Interessen (materielle und ideelle), nicht: Ideen, beherrschen unmittelbar das Handeln der Menschen. Aber: die »Weltbilder«, welche durch »Ideen« geschaffen wurden, haben sehr oft als Weichensteller die Bahnen bestimmt, in denen die Dynamik der Interessen das Handeln fortbewegte." (GARS I: 252).

Religionssoziologie

Vorbemerkung

Max Weber bezeichnete sich selber als „religiös unmusikalisch", also als jemand, dem die Fähigkeit zum Religiösen fehlte. Gleichzeitig jedoch nehmen diejenigen Schriften, die direkt oder indirekt als „religionssoziologisch" bezeichnet werden können, eine nicht unerhebliche Stellung in seinem Werk ein. Dies zudem nicht nur bezüglich des Umfangs der Schriften, sondern auch der immer vorhandenen Präsenz religionssoziologischer Fragen seit der Protestantismusstudie von 1904/05 bis zu seinem Tode 1920.

Im Einleitungskapitel wurde bereits auf die zeitdiagnostischen Anmerkungen von Weber in einer seiner letzten Reden verwiesen, wo er die Präsenz und die Wirkungsmöglichkeit „letzter und sublimster Werte" als mittlerweile sehr gering einschätzte und deren Rückzug in partikulare Nischen beschrieb. In den religionssoziologischen Schriften redet Weber nunmehr über genau diese „letzten und sublimsten Werte"; hier jedoch in ihrer ganzen Mächtigkeit und Fähigkeit zur Sinnstiftung für die Menschen. Religionen können eben in Webers Unterscheidung von Sinngebung und Stellungnahme auch verstanden werden als Sinnstiftungssysteme, die es den Menschen ermöglichen bewusst und in letzter Konsequenz: rational zur Welt Stellung zu nehmen und entsprechend dieser Stellungnahme zu handeln und zu leben. Was uns in diesem Kapitel vor allem interessiert, sind die Potenzen und die genauen Ausgestaltungen von religiöser Sinngebung, also eine Darstellung von Webers Untersuchungen der Weltreligionen, die seinen Fokus rekonstruiert, wonach Religionen auch und gerade Konsequenzen für die Ebene des praktischen Handeln und der ganzen Lebensführung entfalten.

Weber war kein Religionshistoriker und wollte ja auch keiner sein, sondern Soziologe, der in Religionen zuallererst einmal kulturelle Phänomene sah, die in ihrer Eigenart verstanden werden müssen. Es geht Weber also nicht darum, ein universelles (Kausal-)Modell des Einflusses von Religion (als Gattungsbegriff) auf beispielsweise wirtschaftliche Entwicklungen und Strukturen zu entwickeln; vielmehr liegt sein zentrales Interesse darin, die Spezifik von empirischen Prozessen und

Wirklichkeitsgestaltungen so zu erfassen, dass man die Eigenart des Phänomens besser beschreiben, verstehen und erklären kann.

Weber arbeitet hierbei mit der ganzen methodologischen und methodischen Fülle seiner Wirklichkeitswissenschaft. Zwei wichtige „Methodiken" sollen in diesem Kapitel herausgehoben und genauer erläutert werden: (1) der *Vergleich* und (2) der Begriff und die Methodik des *„Idealtypus"*. Einem besseren Verständnis des ersten dient der nachfolgende Durchgang durch Webers „Einleitung" zu seinen Studien zur „Wirtschaftsethik der Weltreligionen". Hier entfaltet Weber sein (so nicht zum Abschluss gelangtes) Projekt einer vergleichenden religionssoziologischen Untersuchung, die sich jedoch nicht in sich selber verliert, sondern gleichzeitig eingebettet ist in (s)ein Gesamtprojekt, dessen Konturen wir im Einleitungskapitel zu skizzieren versucht haben.

Im Anschluss an diesen ersten Zugang stellen wir das Konzept des Idealtypus in exkursartiger Form vor, dessen Ausformulierung insbesondere im „Objektivitätsaufsatz" zu finden ist und auf welches man in den Studien in zweifacher Weise trifft: Einerseits als Idealtypenkonstruktion der Religion(en) selbst und darüber hinaus als Vergleich von Idealtypen. Zentral für die dann stattfindende Diskussion der Studien selbst ist die Weber'sche Fragestellung: was die jeweilige Eigenart einer Weltreligion ist und vor allem: wie diese zustande gekommen ist. Also in Bezug auf die oben vorgenommene Unterscheidung geht es um die Darstellung von (1) Sinnentstehung, (2) Sinntransport und (3) Sinntransformation. Religionen stellen in dieser Hinsicht „großartige" Sinnsysteme dar, die das uns umgebende Chaos in je spezifische Ordnungen bringen, deren Ursprung meist in charismatischen Erzeugungen liegt und deren weitere Entwicklung eben auch als Entwicklung zunehmender Legitimität der jeweiligen Weltbeschreibung gelesen werden kann.

Dass in diesem Teil sehr wenig und vor allem nicht systematisch auf die „Protestantismusstudie" eingegangen wird, bedarf sicherlich einer Begründung. Die Studien zur „Protestantischen Ethik" enthalten unseres Erachtens eine weitere sehr wichtige Dimension: die Zeitdiagnose, und stellen insofern tatsächlich, wie Hennis dies formulierte, einen „Aufschlüsselungstext" für Webers Gesamtwerk dar. Aus diesem Grund steht eine entsprechend gesonderte Betrachtung und Analyse in der Mitte dieses Buches und bildet damit eine Brücke zwischen den ersten Kapiteln, die vor allem die beiden Dimensionen „Sinngebung" und „Stellungnahme" erhellen sollen und den hinteren Kapiteln, die darüber hinaus ihr Augenmerk auf das Moment der Zeitdiagnose legen.

Die Studien zur „Wirtschaftsethik der Weltreligionen"

Der erste Band des dreibändigen Werkes „Wirtschaftsethik der Weltreligionen" enthält neben der großen Studie zum chinesischen Konfuzianismus, eine Einleitung, in der Weber herausarbeitet, in welchen Kontext er die Studien insgesamt einordnen will, und die sogenannte „Zwischenbetrachtung", in welcher er in einer äußerst verdichteten Form den Gehalt seiner religionssoziologischen Studien in sein Programm der Soziologie als historischer Kulturwissenschaft diskutierend einbringt. Dieser Text, der in seiner ersten Fassung in die Studie zu »Religiösen Gemeinschaften« (ehemals »Wirtschaft und Gesellschaft«) Eingang fand und dessen zweite Fassung in den Gesammelten Aufsätzen zu finden ist, stellt einen der schwierigsten Texte Webers dar. Insofern bildet eine gesonderte Besprechung den Abschluss des Kapitels. Am Beginn soll jedoch eine kurze Einführung in Webers religionssoziologische Studien entlang seiner Einleitung in die „Wirtschaftsethik der Weltreligionen" stehen, in der er sowohl die zentralen Vergleichsdimensionen benennt, aber auch einige der wichtigsten Befunde vorstellt.

Einleitung

Weber beginnt mit einer Art von definitorischer Bestimmung dessen, was er als „Weltreligionen" versteht: „jene fünf religiösen oder religiös bedingten Systeme der Lebensreglementierung (...), welche besonders große Mengen von Bekennern um sich zu scharen gewusst haben: die konfuzianische, hinduistische, buddhistische, christliche, islamitische Ethik. Ihr tritt als sechste mitzubehandelnde Religion das Judentum hinzu, sowohl weil es für jedes Verständnis der beiden zuletzt genannten Weltreligionen entscheidende geschichtliche Voraussetzungen enthält, als wegen seiner teils wirklichen, teils angeblichen historischen Eigenbedeutung für die Entfaltung der modernen Wirtschaftsethik des Okzidents" (GARS I: 237f.) Das von Weber eigentlich anvisierte „Programm" konnte er nicht mehr vollständig bearbeiten, so dass wir nurmehr vier Studien besitzen (zum Konfuzianismus, Hinduismus, Buddhismus und zum Judentum)[22]; bezüglich des Christentum weist er jedoch an dieser Stelle darauf hin, dass für die (nicht veröffentlichte) Studie die Kenntnis seiner Aufsätze zur „Protestantischen Ethik" vorausgesetzt werden muss.

Gleichzeitig macht Weber hier deutlich, dass es ihm nicht um Religion als Religion geht, sondern – wie der Titel ja bereits aussagt – um die Wirtschaftsethik der jeweiligen Religion. Er führt dies im darauf folgenden Absatz aus und konstatiert, dass er hierunter nicht die „ethische Theorie theologischer Kompendien" versteht,

---

[22] Da es (meist brieflich fixierte) Angaben von Weber selbst zu entsprechenden Manuskripten zum Islam und zum okzidentalen Christentum gibt, diese jedoch von Weber nicht zur Veröffentlichung gegeben wurden, ist nicht ganz klar, und Schmidt-Glintzer weist im editorischen Bericht zur Konfuzianismus-Taoismus-Studie (MWG Bd. I/19; Seite 35, Anm. 18) darauf hin, ob diese Manuskripte verloren gegangen sind oder aber in den §12 des IV. Kapitels von »Wirtschaft und Gesellschaft« Eingang gefunden haben (jetzt als eigenständiger Band der Gesamtausgabe veröffentlicht; MWG I/22-2: „Religiöse Gemeinschaften").

„sondern die in den psychologischen und pragmatischen Zusammenhängen der Religionen gegründeten *praktischen Antriebe zum Handeln*" (ebd.: 238; Hervorhebung durch Verf.). Darüber hinaus ist seine These nicht, dass Religion der einzige und zentrale Faktor der Erzeugung einer spezifischen Wirtschaftsethik ist, aber: „Zu den Determinanten der Wirtschaftsethik gehört als eine (...) auch die religiöse Bestimmtheit der Lebensführung" (ebd.). Damit wird bereits deutlicher, wo Weber den eigentlichen „Mechanismus" des Einflusses von Religion sieht: in der Lebensführung. Ihm ist es jedoch auch nicht darum zu tun, die Lebensführung(en) kompletter Bevölkerungen zu untersuchen, sondern – und dies ist eine wichtige Analysestrategie von Weber bezüglich von historischen Prozessen insgesamt – er unternimmt den Versuch, „jeweils die richtunggebenden Elemente der Lebensführung derjenigen sozialen Schichten herauszuschälen, welche die praktische Ethik der betreffenden Religion am stärksten bestimmend beeinflußt und ihr die charakteristischen – d.h. hier: die sie von anderen unterscheidenden und zugleich für die Wirtschaftsethik wichtigen – Züge aufgeprägt haben" (ebd.: 239).

Ohne bereits Kenntnis über die Studien selbst zu haben, würde man an dieser Stelle ob der Realisierbarkeit eines solchen Projektes wahrscheinlich kopfschüttelnd stocken. Aber genau dieses Programm findet sich dort wieder. Fasst man dieses zusammen, so sind es drei zentrale Aspekte bzw. Entscheidungen, die Webers religionssoziologische Studien tragen: (1) Ihn interessieren diejenigen Religionen, die man aufgrund der Verbreitung und der Größe der Anhängerschaft als Weltreligionen bezeichnen kann; (2) die in und durch diese Weltreligionen (mit)erzeugte Wirtschaftsethik versteht Weber als praktische Ethik der Lebensreglementierung, der Lebensführung; (3) ihm geht es hierbei jedoch nicht um die durchschnittliche Lebensführung oder um die Präsentation eines Tableaus sämtlicher Lebensführungen, sondern um die praktischen Lebensführungskonsequenzen von „Trägerschichten". So liegt beispielsweise sein Augenmerk in der Analyse der asiatischen Religionen auf der Schicht der konfuzianischen Literaten, in der Analyse des okzidentalen Protestantismus auf den puritanischen Sekten und allgemeiner im Christentum auf dem städtischen Bürgertum.

Wogegen sich Weber bereits hier positioniert ist die Vorstellung, dass religiöse Ethik ausschließlich eine „Funktion" spezifischer Interessenlagen ist. Die beispielsweise bei Nietzsche ausformulierte Vorstellung einer „Erklärung" der Entstehung von Religionen rein aus dem Vorhandensein spezifischer Ressentiments heraus ist seines Erachtens verfehlt. Viel eher lässt sich sagen, dass die zweifelsohne vorhandene Einschätzung insbesondere von sozial wenig begünstigten Schichten, dass die „Welt ein Jammertal" ist und dass sie sich vor allem durch den Begriff des „Leidens" charakterisieren lässt, oftmals gepaart war mit einem „Glauben an eine ihnen anvertraute besondere »Mission«, (ebd.: 248). Das Leiden selbst wurde eingebettet in eine „Theodizee des Leidens" und damit zu einem Kernphänomen der Religion(en). Eine der damit einhergehenden Entwicklungsmöglichkeiten ist die Heilandsreligiosität, welche die „Erlösung vom Leiden" mit der Figur des Erlösers verknüpft. Für Weber spiegeln sich in diesen Prozessen auch Schichtspezifiken wider; jedoch: diese (hier eben auch: „der Gegensatz von herrschenden und beherrschten Schichten") können den tatsächlichen Verlauf und die Unterschiedlichkeit zwischen den Weltreligionen nicht verstehbar machen.

Der Einfluss der (Träger-)Schicht wurde hingegen sehr relevant, wenn es um die Art des zu erstrebenden höchsten Gutes ging und erzeugte – je nach Schichtcharakter – deutliche Unterschiede zwischen den religiösen Systemen. Immer jedoch ging es um eine spezifische Form der Erlösung. „Die Konzeption der Erlösungs-Idee war an sich uralt (...). Aber eine spezifische Bedeutung erlangte die Erlösung doch erst, wo sie Ausdruck eines systematisch-rationalisierten »Weltbildes« und der Stellungnahme dazu war." (ebd.: 252). Hier treffen wir auf die beiden Dimensionen, die in der Einleitung bereits in Ansätzen bestimmt wurden: Sinngebung und Stellungnahme. Das heißt erst in ihrer Einordnung bzw. in ihrer Ausgestaltung als Weltbild erlangt die je spezifische Erlösungsidee sinnstiftenden Charakter, zu welchem die Individuen in irgendeiner Form Stellung nehmen. Natürlich hat Weber nicht die Vorstellung, dass Weltbilder in einer direkten Weise das Denken und vor allem das Handeln der Menschen bestimmen oder gar determinieren. So konstatiert er in dem sehr bekannten und in unterschiedliche Richtungen verstandenen Zitat: „Interessen (materielle und ideelle), nicht: Ideen, beherrschen unmittelbar das Handeln der Menschen. Aber: die »Weltbilder«, welche durch »Ideen« geschaffen wurden, haben sehr oft als Weichensteller die Bahnen bestimmt, in denen die Dynamik der Interessen das Handeln fortbewegte." (ebd.). Im Fall der Religionen ist es ganz erheblich, wie Weber weiter ausführt, „»wovon« und »wozu« man »erlöst« sein wollte" (ebd.).

Insgesamt zeigt sich in diesem Zitat jedoch, dass man weder Interessen gegen Ideen in Stellung bringen kann, noch umgekehrt; vielmehr besitzen wir hier ein (weiteres) Plädoyer für die Notwendigkeit des Einbezugs beider Dimensionen: Sinngebung (und damit die Frage nach den Weltbildern und den sich hierin manifestierenden Ideen) und die Analyse der Interessen, welche die Handlungen der Menschen bestimmen und anleiten. Der Einzelne sieht sich einer Welt gegenüber, die auch durch ihre Ungerechtigkeit als sinnlos empfunden wird und die er (und hier vor allem die Intellektuellenschichten, wie Weber sagt) in einen sinnvollen Kosmos zu ordnen trachtet. Diese „Sehnsucht" nach Sinnhaftigkeit hat für Weber fast anthropologischen Charakter und stellt den eigentlichen Antrieb des religiösen Rationalismus dar. Die damit erzeugte Dynamik eines Rationalisierungsprozesses führte jedoch in der Folge für diejenigen Religionen, deren Träger vor allem Intellektuellenschichten waren, dazu, dass sie im Zuge zunehmender „Durchrationalisierung des Weltbildes und der Lebensführung (...) ihrerseits in das – vom Standpunkt einer intellektuellen Formung des Weltbildes aus gesehen: – Irrationale geschoben wurde" (ebd.: 253). Was dann in der letzten Konsequenz bleibt, ist die rein individuelle Heilssuche. „Diese mit fortschreitendem intellektualistischem Rationalismus sich in irgendeiner Form einstellenden Erscheinung trat irgendwie überall da auf, wo Menschen die Rationalisierung des Weltbildes als eines von unpersönlichen Regeln beherrschten Kosmos unternahmen." (ebd.: 254) Dies sieht Weber vor allem in allen asiatischen Religionen als gegeben. „Ganz anders, wo die für die Entwicklung einer Religion ausschlaggebenden Schichten praktisch handelnd im Leben standen, ritterliche Kriegshelden oder politische Beamte oder wirtschaftlich erwerbende Klassen waren, oder endlich, wo die Religion von einer organisierten Hierokratie beherrscht wurde." (ebd.) Die Ablehnung von Mystik allein jedoch ist nicht das entscheidende Element, sondern eine positive Neigung zu einem praktischen Rationalismus der Lebensführung. Und hier zeigt sich als eine der interessantesten Schichten die okzidentale bürgerliche (und immer auch stadtgebundene) Schicht.

Allerdings, und dies weist alle „materialistischen" Interpretationen sowohl des Prozesses als auch des Standpunktes von Weber hierzu zurück, zeigt sich eben nicht nur ein Einfluss der Interessen und Lebensführungen der herrschenden Schichten auf die Art der zu erstrebenden Heilsgüter, sondern: „so war umgekehrt auch die Richtung der ganzen Lebensführung, wo immer sie planmäßig rationalisiert wurde, auf das tiefgreifendste bestimmt durch die letzten Werte, an denen sich diese Rationalisierung orientierte." (ebd.: 259). Wie bereits im Einleitungskapitel angeführt, formuliert Weber eine Position, die den handelnden Menschen in seiner Eigenschaft oder zumindest Potenz als Kulturmensch in den Blick nimmt und dazu gehört die Fähigkeit (man könnte fast sagen: Notwendigkeit) sein Leben in einer kontinuierlichen und stabilen Orientierung an letzten Werten auszurichten.

„Gleich am Beginn aller Religionsgeschichte steht für uns die wichtige Erfahrungstatsache der ungleichen religiösen Qualifikation der Menschen, wie sie in schroffster rationalistischer Fassung der »Gnadenpartikularismus« der Prädestinationslehre der Calvinisten dogmatisierte." (ebd.). Neben dem Befund, dass religiöse Systeme von spezifischen Schichten getragen wurden, weist uns Weber auf einen zweiten und damit in Zusammenhang stehenden Befund hin: dass man in allen Religionen neben einer, mal mehr mal weniger ausgeprägten, Universalitätspotenz vor allem das Element selektiver Zugehörigkeit und Befähigung vorfindet. Das zentrale Element in der Frühphase jeder Religion stellt hierbei die charismatische Qualifikation der Person dar. Alle „intensive Religiosität", wie Weber dies nennt, tendiert zu entsprechenden ständischen Differenzierungen auf der Basis dieser charismatischen Qualifikationsunterschiede.

„Das Verhältnis der Virtuosen-Religiosität zum Alltag, der Stätte der Wirtschaft, war insbesondere je nach der Eigenart des von ihr erstrebten Heilsgutes sehr verschieden." (ebd.: 261). Es sind hierbei zwei Dimensionen, auf denen sich die Heilsgüter für Weber sortieren. Einerseits die Dimension „aktiv – kontemplativ" und andererseits die Entwicklungsdimension, deren eines Ende durch einen „magisch-sakramentalen Charakter" gebildet wird und deren anderes Ende von Weber mit dem Begriff des „Entzauberten" bezeichnet wird. Hieran knüpft er seine bereits in der „Protestantischen Ethik" angelegte und untersuchte These an: „*Voll erreicht wurde beides: Entzauberung der Welt und Verlegung des Weges von der kontemplativen »Weltflucht« hinweg in die aktiv asketische »Weltbearbeitung« (...) nur in den großen Kirchen- und Sektenbildungen des asketischen Protestantismus im Okzident.*" (ebd.: 263; Hervorhebung durch Verf.).

Weber ist der Überzeugung, und darauf deuten die bis zu diesem Punkt angeführten Kausalitäten und Wechselwirkungen bereits hin, dass Religionen Phänomene höchst komplexer Art sind, die in ihrer individuellen Eigenart untersucht werden müssen, also in seinen Worten: historische Individuen[23] sind. Ihn interessiert hierbei – dies ist sein leitender Gesichtspunkt – der Zusammenhang der religiösen Ethiken mit den je spezifischen Wirtschaftsgesinnungen. Er versteht jedoch seine Studien nicht als eine quasi standortlose Vergleichsanalyse, sondern er analysiert diese unter der Frage nach der „Art ihrer Beziehung zum ökonomischen Rationalismus und zwar (...) zum ökonomischen Rationalismus von demjenigen Typus, der den Okzident als eine Teilerscheinung der dort heimisch gewordenen Art der bürgerlichen Lebensorientierung seit dem 16. und 17. Jahrhundert zu beherrschen begann. Denn es ist hier vorweg noch einmal daran zu erinnern: daß »Rationalismus« etwas sehr verschiedenes bedeuten kann." (ebd.: 265). Der letzte Satz wird vor allem im Hinblick auf die weiter unten darzustellende und zu kommentierende „Zwischenbetrachtung" wieder wichtig werden; hier bleibt zuallererst einmal festzuhalten, dass es Weber im Kern um den okzidentalen ökonomischen Rationalismus geht, hier also sein Fokus und sein Interesse liegt.

In konsequenter Entwicklung und Anwendung seiner wissenschaftstheoretischen Auffassungen macht Weber deutlich, welches die „Auswahlkriterien" (die Gesichtspunkte) sind, die ihn in seiner Vergleichsanalyse von Weltreligionen leiten. „Es sind (...) diejenigen Züge im Gesamtbilde einer Religion unterstrichen, *welche für die Gestaltung der praktischen Lebensführung in ihren Unterschieden gegen andere Religionen die entscheidenden waren.*" (ebd.: 267; Hervorhebung durch Verf.). Das heißt, religiöse Lehren interessieren ihn nur unter dem Aspekt ihrer Wirkungen im praktischen Handeln und in der Erzeugung praktischer Ethiken. Das Handeln wiederum ist für Weber interessant im Hinblick auf seine Ausformung als Lebensführung und zwar insbesondere als systematische und rationale Lebensführung.

Diese Anmerkungen in der Einleitung zu den Studien stellen mithin eine Art von „rotem Faden" bzw. „analytischem Leseraster" zur Verfügung, welches es dem Leser ermöglichen soll, im tiefsten Dickicht des präsentierten Materials die zentrale Fragestellung und Absicht nicht aus dem Blick zu verlieren. Es dürfte deutlich geworden sein, welche grundsätzliche Idee Weber mit einer „Vergleichsanalyse" ver-

---

[23] Zum Konzept des „historischen Individuums" siehe S. 119ff.

folgt: eine Erhellung der Eigenarten der jeweiligen Weltreligion. Blickt man an dieser Stelle auf den Satz, mit dem die „Gesammelten Aufsätze zur Religionssoziologie" beginnen dann wird noch einmal deutlicher, was oben bereits in Bezug auf Webers eigenen Standort ausgesagt wurde. „Universalgeschichtliche Probleme wird der Sohn der modernen europäischen Kulturwelt unvermeidlicher- und berechtigterweise unter der Fragestellung behandeln: welche Verkettung von Umständen hat dazu geführt, daß gerade auf dem Boden des Okzident, und nur hier, Kulturerscheinungen auftraten, welche doch – wie wenigstens wir uns gerne vorstellen – in einer Entwicklungsrichtung von universeller Bedeutung und Gültigkeit lagen?" (ebd.: 1).

Hier ist der, wie Weber ausdrückt, „unvermeidliche" Standort, von dem aus er seine Analysen betreibt, skizziert. Der Vergleich der Religionen macht vor allem den eigenen Standort „heller". Das heißt gleichzeitig, dass es Weber nicht um eine ethnologisch-ethnographische Analyse anderer Weltreligionen zu tun ist, also um den Versuch die Welt religiös aus der Perspektive eines anderen zu betrachten, sondern darum, die von ihm als Besonderheiten des Okzident identifizierten Phänomene in ihrem „So-und-nicht-anders-Gewordensein" zu verstehen. Bei allem Materialreichtum, den uns Weber in den Studien präsentiert, weist er an vielen Stellen darauf hin, dass bestimmte Dinge ihn nicht interessieren. Dies sind jedoch keine Hinweise auf eine willkürliche Analyse, die uns Weber darlegt, sondern konsequente methodische Ausformulierungen einer Wirklichkeitswissenschaft, in deren Zentrum nicht die Vollständigkeit der Darstellung steht, sondern das Herauspräparieren und Verstehen von Eigenarten. Der Zugang zur Wirklichkeit kann immer nur über die Analyse von Idealtypen erfolgen und die Weltreligionen sind in ihrer Darstellung zuallererst einmal Idealtypen. Was Weber methodologisch und methodisch darunter versteht, soll im folgenden Abschnitt vertiefend dargelegt werden. Er stellt sich hier in eine Tradition der kulturhistorischen Arbeit, die ihre großartigste Ausformung im Werk von Jacob Burckhardt gefunden hat.

Religionen als Idealtypen

Am eindrücklichsten erläutert Weber sein Konzept von Idealtypen im sogenannten „Objektivitätsaufsatz", den wir in den „Gesammelten Aufsätzen zur Wissenschaftslehre" finden (WL: 146-215). Auch im Fall des „Idealtypus" findet sich keine „Definition" in der Weise: „Ein Idealtypus ist...", sondern Weber erläutert, wie man Idealtypen bildet, wovon die Bildung abhängt und wozu diese dienlich sind (und wie immer auch: wozu sie nicht dienlich sein können). Eine diesbezüglich zentrale Stelle im Objektivitätsaufsatz lautet: „Er (der Idealtypus, Verf.) wird gewonnen durch einseitige Steigerung eines oder einiger Gesichtspunkte und durch Zusammenschluß einer Fülle von diffus und diskret, hier mehr, dort weniger, stellenweise gar nicht, vorhandenen Einzelerscheinungen, die sich jenen einseitig herausgehobenen Gesichtspunkten fügen, zu einem in sich einheitlichen Gedankengebilde." (ebd.: 191). Weber fährt fort: „In seiner begrifflichen Reinheit ist dieses Gedankengebilde nirgends in der Wirklichkeit empirisch vorfindbar, es ist eine Utopie, und für die historische Arbeit erwächst die Aufgabe, in jedem einzelnen Falle festzustellen, wie nahe oder wie fern die Wirklichkeit jenem Idealbilde steht..." (ebd.). Nach den in der Einleitung formulierten Ausführungen zu Webers Wissenschaftsauffassung insgesamt, stellt diese Beschreibung sicherlich keine Überraschung dar, ist sie doch konsequent mit dieser kompatibel. Wirklichkeit ist nach Weber eben nicht „objektiv" und damit eindeutig wahrnehm- und beschreibbar, sondern benötigt in ihrer Erfahrung klare und formulierbare Zugangskriterien.

Idealtypen sind jedoch nicht einfach „Heuristiken" in unserem heutigen Sinne, also eine Art von Meta-Theorien, die einem die dann wiederum „objektiv gegebene" Wirklichkeit (und hier eben auch die Wirklichkeit der Theorien) zugänglicher machen. Der letzte Satz des Zitats könnte den Leser zwar auf diese Interpretationsspur bringen, einige Seiten später erläutert Weber jedoch genauer, wie er sich diesen Prozess des Vergleichs des Idealtypus mit der Wirklichkeit vorstellt. „Er ist ein Gedankengebilde, welches nicht die historische Wirklichkeit oder gar die »eigentliche« Wirklichkeit ist, welches noch viel weniger dazu da ist, als ein Schema zu dienen, in welches die Wirklichkeit als ein Exemplar eingeordnet werden sollte, sondern welches die Bedeutung eines rein idealen Grenzbegriffes hat, an welchem die Wirklichkeit zur Verdeutlichung bestimmter bedeutsamer Bestandteile ihres empirischen Gehaltes gemessen, mit dem sie verglichen wird. Solche Begriffe sind Gebilde, in welchen wir Zusammenhänge unter Verwendung der Kategorie der objektiven Möglichkeit konstruieren, die unsere, an der Wirklichkeit orientierte und geschulte Phantasie als adäquat beurteilt." (ebd.: 194). Hier ist noch einmal die ganze Weber'sche Soziologie methodologisch verdichtet präsent. Idealtypen sind das zentrale Element des empirischen Wirklichkeitszugangs; d.h. man kann nicht ohne das Instrument des Idealtypus weberianische Soziologie betreiben. Ein Idealtypus ist jedoch weder – wie oben bereits erwähnt – Theorie-Heuristik noch Modell, sondern viel eher eine Form von *„Gedankenexperiment mit empirischem Bezug und transparent zu machenden Kriterien"*. Das Konzept der Idealtypen trägt jedoch eindeutig nominalistischen Charakter: Idealtypen sind eben keine Realtypen, weil für Weber die Bedingungen der Möglichkeit von – wie dies Siegfried Landshut (1930) nennt – „Allgemeinverbindlichkeit" verschwunden ist. Die von Max Weber immer wieder betonte „Entzauberung" der Welt, die sich einerseits als Säkularisierung und andererseits als Desillusionierung beschreiben lässt, zwingt den Einzelnen dazu, den gegenständlichen Sinn erst zu erzeugen, weil er ihn nicht (mehr) aus allgemeinverbindlichen Normen und Werten beziehen kann. Den Dingen kommt, so könnte man mit Karl Löwith zusammenfassen (vgl. Löwith 1988: 344f.), keine selbständige, also vom Einzelnen unabhängige Bedeutung zu. Nicht dass es irgendwann anders war, sondern dass es auch nicht mehr als Schein aufrechterhalten werden kann. Gleichzeitig „verhindert" das Instrument der Idealtypenkonstruktion, dass wir aus diesem individuellen Beginn nicht mehr herauskommen; dass wir im Solipsismus gefangen bleiben. Denn nicht bei der individuellen Bedeutung soll man stehen bleiben, sondern – so die Aufgabe des Sozialwissenschaftlers – um Kulturbedeutung soll es gehen.

So wählt Weber in seinen religionssoziologischen Studien diejenigen religiösen Bewegungen aus, denen seiner Ansicht nach (und hier steht er nicht nur als Person: Max Weber, sondern auch als „Sohn der modernen europäischen Kulturwelt") Kulturbedeutung zukommt. Diese Bedeutung bezieht sich einerseits auf die Religionen selbst, d.h. auf die je spezifische Eigenart der Religion, andererseits auf das ihn eigentlich interessierende: die Wirkungen auf das praktische Handeln, auf die Lebensführung oder (in den Begrifflichkeiten die wir oben einführten): auf die Möglichkeiten zu Sinngebung und Stellungnahme.

Tritt man an dieser Stelle einen Schritt zurück und nimmt das vorliegende Buch über Max Weber in den Blick, dann stellt dieses auch eine idealtypische Konstruktion des Werkes dar. Nicht Vollständigkeit ist in dieser Hinsicht das Anvisierte, sondern eine Erhellung der Bedeutsamkeit des Werkes als kulturelle Erscheinung. *So kann und sollte man für die Interpretation auch nicht Endgültigkeit oder Richtigkeit als Kriterien in Anspruch nehmen, sondern das Ausmaß der adäquaten Möglichkeit.* Der von Weber immer wieder in Anschlag gebrachte Begriff der „Adäquanz" (adäquate Möglichkeit, adäquate Verursachung etc.) entspricht hierbei weitestgehend demjenigen innerhalb der Juristerei. Entsprechend lesen wir in der Wissenschaftslehre: „Und ebenso wie bei der Frage nach der ursächlichen Bedingtheit eines konkreten, eventuell strafrechtlich zu sühnenden oder zivilrechtlich zu ersetzenden schädigenden Erfolges, richtet sich auch das Kausalitätsproblem des Historikers stets auf die Zurechnung konkreter Erfolge zu konkreten Ursachen, nicht auf die Ergründung abstrakter »Gesetzlichkeiten«." (WL: 270). Ähnlich dem, was wir im Einleitungskapitel über die Stellung und Funktion von „alternativen Wertbeziehungen" für ein Verständnis auch der eigenen Wertbeziehung unter denen man ein „historisches Individuum" herauspräpariert, gesagt haben, dient der Vergleich, den wir in der Religionssoziologie dauernd sehen, einem vertiefenden Verständnis der Eigenart der jeweiligen Religion.

In den Studien wird jedoch sofort ein weiterer Aspekt von Idealtypen deutlich, den wir ebenso bereits im „Objektivitätsaufsatz" formuliert finden: *Idealtypen sind in diesem Fall Prozesse, nicht statische Zustände oder Dinge.* Bei Weber liest sich dies wie folgt: „Auch Entwicklungen lassen sich nämlich als Idealtypen konstruieren und diese Konstruktionen können ganz erheblichen heuristischen Wert haben (...). Der Vorgang bietet keinerlei methodologische Bedenken, so lange man sich stets gegenwärtig hält, daß idealtypische Entwicklungskonstruktionen und Geschichte zwei streng zu scheidende Dinge sind und daß die Konstruktion hier lediglich ein Mittel war, planvoll die gültige Zurechnung eines historischen Vorganges zu seinen wirklichen Ursachen aus dem Kreise der Lage unserer Erkenntnis möglichen zu vollziehen." (ebd.: 203f.). Diese „Erweiterung" der Idealtypenkonstruktion auf Entwicklungen ist für die Darlegung der religionssoziologischen Untersuchungen von Weber von erheblicher Bedeutung, sind es doch gerade Entwicklungen religiöser Bewegungen von ihren Anfängen bis zu ihren Institutionalisierungen als Weltreligionen, denen Webers Augenmerk gilt.

Eine weitere Dimension des Idealtypenbegriffs klang bereits in dem eingangs aufgeführten Zitat an: Idealtypen als Utopie. „Ein Idealtypus bestimmter gesellschaftlicher Zustände, welcher sich aus gewissen charakteristischen sozialen Erscheinungen einer Epoche extrahieren lässt, kann – und dies ist sogar recht häufig der Fall – den Zeitgenossen selbst als praktisch zu erstrebendes Ideal oder doch als Maxime für die Regelung bestimmter sozialer Beziehungen vorgeschwebt haben." (ebd.: 196). Dieser Aspekt ist in zweifacher Hinsicht von hohem Interesse: (1) es ist damit auch ein Zugang zu den handelnden Menschen geschaffen, d.h. zur idealtypischen Beschreibung der für sie (handlungs-)bedeutsamen (Kultur-)Wirklichkeit; (2) gleichzeitig wird damit verdeutlicht, welche hohe Verantwortung in der soziologischen Forschung selber liegt, deren Idealtypen eben auch – von wem und wozu auch immer – handlungsleitenden Charakter erhalten können.

„Nun aber tritt noch etwas Weiteres hinzu: Jene die Menschen einer Epoche beherrschenden, d.h. diffus in ihnen wirksamen »Ideen« selbst können wir, sobald es sich dabei um irgend komplizierte Gedankengebilde handelt, mit begrifflicher Schärfe wiederum nur in Gestalt eines Idealtypus erfassen..." (ebd.: 197). Dass es sich bei Religionen um „irgend komplizierte Gedankengebilde" handelt, dürfte keiner weiteren Erläuterung bedürfen. Dass es sich bei „Erlösungsideen", wie wir sie in der oben besprochenen Einleitung in Webers Studien kennen gelernt haben, um solche Gedankengebilde handelt, welche die Menschen einer Epoche beherrschen, scheint unseres Erachtens ebenfalls plausibel zu sein. D.h. mit anderen Worten: In Webers Religionssoziologie treffen wir auch auf „Synthesen" dieser Ideen, mithin auf Idealtypen, die ihre Konstruktion aus diesen Ideen der Menschen einer Epoche schöpfen.

Wie unschwer zu erkennen ist, bringt Weber den Begriff des „Idealtypus" für unterschiedliche Phänomene in Anschlag; für die Verwendung bzw. Anwendung innerhalb der Wissenschaften lassen sich vier Aspekte festhalten:

1. Idealtypen sind Gedankengebilde, welche einerseits dem Wirklichkeitszugang insgesamt dienen, die andererseits z.B. die Formulierung von Forschungshypothesen anleiten können.
2. Die Methodik des Idealtypus ist die einzige Weise des Wirklichkeitszugangs überhaupt, da wir Wirklichkeit immer unter spezifischen Gesichtspunkten betrachten (müssen).

3. Für die Konstruktion eines Idealtypus werden diejenigen Bestandteile der Wirklichkeit (des Phänomens oder des Prozesses) ausgewählt, die (a) bezüglich ihrer Relevanz für ein Verständnis oder eine Erklärung eine tatsächliche Plausibilität besitzen und (b) die der Forscher aus seinem Erkenntnisinteresse heraus als für das Phänomen wesentlich erachtet.
4. Ein Resultat jedes Forschungsprozesses ist – so muss man Weber wahrscheinlich verstehen – wiederum ein Idealtyp, der nunmehr durch einen dauernden Vergleich mit empirischer Wirklichkeit quasi „geschärft" ist.

Darüber hinaus, und auch dies findet sich bereits im „Objektivitätsaufsatz", bilden „Ideen" und auch „Ideale" das mögliche Material für Idealtypen, welche wiederum Eingang und Wahrnehmung in die Lebenswirklichkeit der Menschen finden.[24] Insofern kann den Aspekten ein weiterer hinzugefügt werden:

5. Auf Idealtypen treffen wir nicht nur im Forschungsprozess, sondern auch in der Alltagswirklichkeit, was allein schon deshalb wichtig ist, weil Menschen in ihrem Handeln auch im Hinblick auf das in Idealtypen niedergelegte Ideal hin orientiert sein können.

Insbesondere der letzte Punkt zeigt an, weshalb das dauernde Insistieren von Weber, dass wir uns als Sozialwissenschaftler Klarheit über die diesbezüglichen Orientierungen der handelnden Menschen verschaffen müssen, so angebracht ist. Die Arbeit am Idealtypus ist für Weber ein inhärenter Bestandteil wissenschaftlicher Arbeit und nicht etwas, was man quasi in den Vorhof der Wissenschaft verbannt, wie es beispielsweise in der scharfen Trennung des Bereiches der Genese von Theorie und deren Geltung erfolgt. Das entscheidende Kriterium für eine idealtypische Beschreibung ist letztlich: die Wirklichkeitsadäquatheit des Idealtypus, was kein statistisches, sondern ein Verstandeskriterium ist.

Die Studien als »Arbeit am Idealtypus«

Liest man die Studien zur »Wirtschaftsethik der Weltreligionen« als eine Arbeit am Idealtypus der jeweiligen Weltreligion (an ihrer Wirtschaftsethik), dann bekommt man erste Hinweise darauf, wie sich Idealtypenkonstruktion in der tatsächlichen Analysearbeit vollzieht. Mit den beiden Begriffen „Idealtypus" und „Vergleich" hatten wir bereits die unseres Erachtens zentralen methodologischen Konzeptionen

---

[24] Bei Anthony Giddens findet sich dieser Gedanke unter dem Begriff der „doppelten Hermeneutik" wieder (Giddens 1988).

Webers für dieses Kapitel benannt und auf dieser Grundlage lässt sich Webers Arbeit an und mit den Weltreligionen nunmehr als „Herauspräparierung idealtypischer Beschreibungen in und durch vergleichende Analyse" begreifen. In der Studie zum Konfuzianismus (die als einzige eine abschließende Überarbeitung durch Weber erfuhr) ist unter dem Titel „Resultat" eine solche Analyse explizit herausgehoben; in den anderen Studien findet dieser Vergleich und die Konturierung der relevanten Dimensionen über den Text verstreut statt.

Bevor in den folgenden Abschnitten detailliert auf die Studien eingegangen wird, wird nachstehend eine mögliche Systematisierung vorgenommen, um einige der zentralen Vergleichsgesichtspunkte anzuführen. Diese ersetzt natürlich nicht die Beschäftigung mit dem Material selbst; sie kann sie nur ergänzen. Hierbei wird jedoch nicht auf Webers Studie zum Judentum eingegangen. Diese unterscheidet sich, worauf unter anderem Kaesler (2003: 165) hinwies, von den anderen Studien (auch von der Studie zum Hinduismus) sowohl im Aufbau als auch im Stil; darüber hinaus interessierte sich Weber, wir haben oben bereits darauf verwiesen, auch und gerade für die direkten Zusammenhänge zwischen dem Judentum und dem okzidentalen Christentum.

Konfuzianismus – Puritanismus

Weber macht in Bezug auf den Konfuzianismus-Puritanismus-Vergleich deutlich, dass während der Puritanismus den Weg einer „radikalen Entzauberung" ging, im Konfuzianismus die Welt – zumindest auch – in ihrem Charakter eines „Zaubergartens" erhalten wurde. Radikale Entzauberung ging jedoch mit einer grundsätzlich weltverneinenden Haltung einher, also mit einer Letztorientierung, welche in und durch die Existenz in der Welt keinen Sinn erzeugen und erhalten konnte. Im radikalen Gegensatz hierzu steht die grundlegend weltbejahende Haltung, welche dem Konfuzianismus eigen ist. Konkreter zeigt sich diese Weltbejahung dann auch im Verhältnis zu den möglichen weltlichen Bezugsgruppen. Für den Puritaner ist Gemeinschaft jenseits eines extremen Individualismus (typisch hier: Bunyans Protagonist „Christian", der eben alle und alles verlässt) nur in Form von „Lebensführungsgemeinschaften" möglich, während der Konfuzianismus in keinem konfligierenden Verhältnis zu den Familien, Sippen oder anderen Bezugsgruppen steht, diese eher noch dadurch stärkt, als dass sie systematisch in die Religion integriert werden. Das Ziel einer konfuzianischen Lebensführung liegt für Weber in der „Fehlerlosigkeit", also in der perfekten Anpassung an vor allem verhaltensbezogene Anforderungen, während der Puritanismus „Erlösung zum ewigen Leben" als einziges Heilsziel kennt.

Hinduismus – Konfuzianismus und Puritanismus

In seiner Studie über den Hinduismus greift Weber an unterschiedlichen Stellen auf unterschiedliche Vergleichsdimensionen und -religionen zu. Er beginnt die Studie in direkter Abgrenzung vom Idealtypus des Konfuzianismus und arbeitet heraus, dass im Hinduismus, entgegen den konfuzianischen Entwicklungen eine deutliche Rationalisierung abgelesen werden kann. Hingegen markiert er „Traditionalismus" als wesentliches Moment des Konfuzianismus. Aus diesem Traditionalismus heraus hat sich in China eine Haltung ausgeprägt, die von Weber an mehreren Stellen als deutlich anti-asketisch bezeichnet wird, während er – in Abgrenzung hiervon – im Hinduismus die Askese bis in ihre radikalsten Konsequenzen ausgeprägt sieht. Zeigte sich im Puritanismus das in eine Lebensführungsgemeinschaft (eine Sekte) integrierte Individuum und im Konfuzianismus das in den traditionalen Bezügen verbleibende Mitglied als personale Konsequenz, so arbeitet Weber für den Hinduismus etwas Drittes heraus. Einerseits – dem Puritanismus entsprechend – ein für das eigene „Heil" voll verantwortliches Individuum, welches jedoch andererseits – hier eher Anklänge an die im Konfuzianismus vorhandene Präsenz und Bedeutung sozialer Strukturen – nur in und durch die Kastenzugehörigkeit personale Verortung in der Welt erlangen kann. Die Existenz dieser (sozialen) Strukturierung der Welt durch Kasten entzieht sich dem Eingriff und der Gestaltung durch den Einzelnen; was jedoch in seiner (Handlungs-)Verantwortung liegt, ist die (im Verlauf der Wiedergeburtszyklen) sich manifestierende Zugehörigkeit zu einer bestimmten Kaste als legitimes Ergebnis eigener Bemühungen. Insofern ist die Geburtszugehörigkeit zu einer bestimmten Kaste zwar von der „ethisch-asketischen Qualifizierung" zu unterscheiden, die dem Puritaner den Zugang zu einer Lebensführungsgemeinschaft ermöglicht, gleichzeitig jedoch findet sich in beiden Religionen ein in den individuellen Handlungen verankertes „Vorspiel" dieser Zugangsmöglichkeiten. Während jedoch im Puritanismus die Gnadenerlangung nicht durch Handlungen erfolgt und erfolgen kann, ist die Ausführung ritueller Pflichten, die mit der je spezifischen Kaste gegeben sind, der Kern hinduistischer Religionspraxis.

Buddhismus – Konfuzianismus und Puritanismus (Christentum)

Die konfuzianische Weltanpassung sieht Weber in scharfem Gegensatz zu der buddhistischen Weltflucht, die in ihrem Kern nicht Fehlerlosigkeit, sondern radikales Erlösungsstreben bedeutet. Im Gegensatz zum puritanischen bzw. christlichen Erlösungsstreben insgesamt, welches eine „Erlösung zum ewigen Leben" meint, ist die buddhistische Erlösung eine „Erlösung zu ewiger Todesruhe". Nicht Askese im Sinne des Puritanismus oder auch des Hinduismus manifestiert sich im Buddhismus, jedoch eine Form von radikaler Motivaufgabe. Keinerlei innerweltliches Wollen oder Streben soll der Anhänger ausbilden, sondern nach und nach jede Form von Handlungsmotiv, jenseits der Erlösungsorientierung, ablegen. Der Orden stellt die konsequente Sozialform dieser weltflüchtigen Religion dar und das Lehrer-Schüler-Verhältnis die hier gelebte Form der sozialen Beziehung.

Konfuzianismus und Taoismus

Die erste der Weltreligionen, der sich Weber zuwendet, ist der chinesische Konfuzianismus. Die ersten vier Kapitel in dieser Studie fungieren alle unter dem Titelstichwort: „Soziologische Grundlagen" und Weber bietet hierin eine Darstellung historischer und sozialstruktureller Aspekte der chinesischen Entwicklung. Man könnte sicherlich in kurzen Stichworten das zusammenfassen, was er uns hier sehr ausführlich dokumentiert und den Leser direkt zu seiner Einschätzung führen, dass für das Fehlen einer Entwicklung wie im Okzident „gesinnungsmäßige Grundlagen" hätten vorhanden sein müssen, die man jedoch in China vermisst (GARS I: 395). Es dürfte jedoch bis zu diesem Punkt deutlich geworden sein, dass eine Auseinandersetzung mit dem Werk Max Webers es eben auch bedingt, dass man sich mit der Arbeitsweise von Weber beschäftigt. Insofern ist es nicht unerheblich etwas genauer nachzuzeichnen, wie Weber zu dieser Schlussfolgerung gelangt, und damit einen vertiefenden Einblick in seine Soziologie und seine soziologische Arbeitsweise zu bekommen. Würde man mit der skizzierten Zusammenfassung beginnen, dann hätte man eine Vorgehensweise, die unseres Erachtens dem „Geist" der Weber'schen Soziologie widersprechen würde.

Unter der Kapitelüberschrift „Stadt, Fürst und Gott" beginnt Weber seine Studie zum chinesischen Konfuzianismus mit einer Darstellung der Städte und der Stadtentwicklung in China. „China war (…) schon seit einer für uns vorhistorischen Zeit ein Land der großen ummauerten Städte." (ebd.: 276). Dieser Beginn kommt insofern nicht unerwartet, als wir bereits aus der Einleitung zu den Studien wissen, dass gerade die Entwicklung der Städte und die Entwicklung innerhalb der Städte eine zentrale Rolle zumindest im Okzident besaß.

Trotz des Vorhandenseins dieser „ummauerten Städte" war China, auch zu Webers Zeit, ein überwiegend agrarisch geprägtes Land. Gleichzeitig zeigt sich die chinesische Volkswirtschaft als eine vornehmlich auf den Binnenhandel konzentrierte, in der jedoch, aufgrund der Dominanz der Produktion agrarischer Güter, die Geldwirtschaft keine besondere Stellung besaß. Die Versuche der chinesischen Zentralregierungen eine derartige Form von Geldwirtschaft und damit auch Preiskontrolle zu entwickeln und durchsetzen, waren von eher geringem Erfolg. Selbst als sich durch die Vermehrung von Edelmetallbesitz die Entwicklung in Richtung Geldwirtschaft verstärkte, zeigte sich mit dieser Veränderung, so Weber, „daß sie aber nicht mit einer Durchbrechung, sondern mit einer unverkennbaren Steigerung des Traditionalismus Hand in Hand ging, kapitalistische Erscheinungen aber, soviel ersichtlich, in keinem irgendwie greifbaren Maß herbeigeführt hat" (ebd.: 290). Gleichzeitig kommt es zwar zu einem massiven Bevölkerungswachstum; jedoch führt auch dieses nicht, wie man annehmen könnte, zu einer Entwicklung in Richtung kapitalistischer Wirtschaftsstrukturen.

Man sieht also einerseits Entwicklungen und Veränderungen, die denjenigen im Okzident nicht unähnlich sind, andererseits sind – in Bezug auf die Wirtschaftsentwicklung – abweichende bzw. andersartige Pfade der Entwicklung feststellbar.

„Der Grundgegensatz der chinesischen (…) Städtebildung gegen den Okzident war aber das Fehlen des politischen Sondercharakters der Stadt. Sie war keine »Polis« im antiken Sinne und kannte kein »Stadtrecht« wie das Mittelalter." (ebd.: 291). Wenn es, so führt Weber aus, in den Städten in China zu Revolten oder Aufständen kam, waren diese, im Gegensatz zu manchen okzidentalen Entsprechungen, immer sehr konkret in ihren Zielen und es ging nicht um eine Veränderung grundsätzlicher Strukturen. Während sich im Okzident Städte auch und gerade im Hinblick auf ihre rechtliche Stellung als diejenigen herausstellten, die den ländlichen Siedlungen an „Freiheit" überlegen waren, zeigte sich in China, wo Städte vor allem „kaiserliche Festungen" darstellten, eine weit geringere Ausprägung von Selbstverwaltungskompetenzen als auf dem Land und in den Dörfern. Weber bringt hierfür einerseits historisch-geographische Gründe in Anschlag, die in der Verknüpfung mit wirtschaftlichen Gesichtspunkten zeigen, dass die okzidentale Stadt (hier eben auch und gerade die antike Stadt) insbesondere als Seehandelsstadt entstanden ist (man denke hier nur an Venedig, aber eben auch Athen u.a.), während chinesische Städte eingebettet sind in eine deutlich auf Binnenhandel orientierte Wirtschaft. Andererseits führte die Stellung als Fürstenfestung in den Städten Chinas zu einer deutlichen Präsenz und Kontrolldominanz der kaiserlichen Verwaltung. Ganz anders im Okzident: „Unsere okzidentale Bureaukratie ist jung und teilweise geschult erst an den Erfahrungen der autonomen Stadtstaaten." (ebd.: 294).

Die kaiserliche Verwaltung war zwar die zentrale und dominierende Form der Stadt- und Landverwaltung; gleichzeitig war ihr jedoch eine geringe Verwaltungsintensität zu eigen, was in den Städten zu einer – im Vergleich – „unbedingten Abhängigkeit des einzelnen von der Gilde und Zunft" (ebd.: 295) führte. Die „de facto" Abhängigkeit war jedoch – auch hier wieder in deutlichem Gegensatz zur okzidentalen Entwicklung – rechtlich nicht gerahmt; vielmehr entwickelte sich ein System gegenseitiger Hilfe zwischen den Zünften und Gilden.

Als Grund für eine solche Leerstelle nennt uns Weber vor allem das „Fehlen einer eigenen politisch-militärischen Macht der Städte und Gilden, und diese Tatsache wiederum findet ihre Erklärung in der frühen Entwicklung der Beamten- (und: Offiziers-)Organisation in Heer und Verwaltung" (ebd.: 298). An diese Stelle fügt sich Webers fast brachiale Einführung der Religionsthematik an, indem er formuliert: „Es fragt sich, inwieweit diese Verhältnisse Konsequenzen nicht nur (…) politischer, sondern auch religiöser Natur gehabt haben." (ebd.). Eine Erklärung rein aus ökonomischen Begründungen heraus, hält Weber jedoch für nicht plausibel. Zwar lässt sich die Entstehung einer Gotteskonzeption „als eines Himmelskönigs, der die Welt und Menschen aus dem Nichts »geschaffen« hat und nun als überweltlicher ethischer Herrscher von der Kreatur die Leistung ihrer Pflicht und Schuldigkeit verlangt" (ebd.: 299), sicherlich aus der Spezifik der ökonomisch-geographischen Situation Chinas „herleiten"; nicht jedoch die auffallende und durchgehende Stabilität dieser Gotteskonzeption.

Entscheidend für die entsprechende Kulturentwicklung ist, so Weber: „die Frage, ob das militärische Charisma des Kriegsfürsten und das pazifistische Charisma des (...) Zauberers beide in einer Hand lagen oder nicht. Im ersten Fall (...) aber: welches von beiden primär die Grundlage der Entwicklung der Fürstenmacht wurde." (ebd.: 310). In China lagen beide in der Hand des Kaisers, dessen charismatische Qualitäten sich auf der Grundlage einer „magischen Religiosität" entfalteten. Das hierbei relevante Kriterium der Beurteilung seiner charismatischen Qualifikation war, ob es dem Volk gut ging oder nicht. Charismatische Qualifikation war jedoch nicht nur für den Kaiser das zentrale Bestandskriterium, sondern auch für die kaiserliche Verwaltung, das heißt für die Beamtenschaft: „jede Unruhe oder Unordnung sozialer oder kosmologisch-meteorologischer Art in ihrem Sprengel bewies: daß sie nicht die Gnade der Geister hatten" (ebd.: 313).

In einem zweiten Teil, welcher den Titel „Feudaler und präbendaler Staat" trägt, wendet sich Weber nunmehr diesem staatlichen Gebilde zu, welches, und dies stellt seines Erachtens ein zentrales Merkmal der chinesischen Entwicklung dar, nicht ohne Einbezug der Kenntnis über die Rolle und Stellung des Erbcharismas der Sippe verstanden werden kann. Der Unterschied zur okzidentalen Entwicklung war hierbei weniger ein äußerlicher als ein innerlicher: nicht konkrete Lehen wurden vererbt, sondern die Erblichkeit manifestierte sich im Anspruch auf ein Lehen eines spezifischen Ranges. Die Einheit des Reiches als solches repräsentierte sich, so Weber, durch letztlich drei zentrale Elemente: „1. Die Einheit der ständischen Rittersitte, 2. Die religiöse, das hieß: rituelle Einheit und 3. Die Einheit der Literatenklasse" (ebd.: 321).

Zentral für die Entwicklung und dominant als Träger einer kulturellen Einheit wurden letztendlich: die Literaten, „d.h. die Schriftkundigen, deren sich die Fürsten im Interesse der Rationalisierung ihrer Verwaltung im Machtinteresse in ähnlicher Art bedienten, wie die indischen Fürsten der Brahmanen und die okzidentalen Fürsten der christlichen Kleriker" (ebd.: 322). Die Kultureinheit selbst war gleichzeitig eine Schöpfung dieser Klasse. D.h. was sich hier zeigt, entspricht der oben aufgeführten Weise, wie sich Idealtypen in der untersuchten Wirklichkeit eben auch manifestieren: als Beschreibungen der Wirklichkeit im Sinne einer Utopie (eines gesollten Zustandes), der dann wiederum Konsequenzen auf der Handlungs- und Lebensführungsebene erzeugt.

Entscheidend, damals wie heute, ist nunmehr die Frage: welche Kriterien des Zuganges zu einer solchen (Literaten-)Klasse tatsächlich wirksam sind? Da die Verwaltung eines derart riesigen Reiches die tatsächliche Kontrollmacht der zentralen Regierungsinstanzen unweigerlich in begrenztem Raume hält, ist mit der Antwort auf die Frage eben auch der Versuch verbunden „feudal-ständische Emanzipationen" zu verhindern bzw. zu begrenzen. Eine „Verleihung der Aemter nach Bildungsqualifikationen, statt nach Geburt und ererbtem Rang" (ebd.: 335), sollte hierauf die Antwort sein, zeigte jedoch, so Weber, dem Geiste nach deutliche Unterschiede zur entsprechenden Entwicklung im Okzident.

Was sich empirisch finden lässt und was für Weber das eigentliche *Zentralproblem* seiner Untersuchung ist, formuliert er nach einer entsprechenden Nachzeichnung der Entwicklungen folgendermaßen: „*daß trotz dieser erstaunlichen Entwicklung der Volkszahl und ihres materiellen Befindens nicht nur die geistige Eigenart Chinas in eben dieser Zeit gänzlich stabil blieb, sondern auch auf ökonomischem Gebiet, trotz jener scheinbar so überaus günstigen Bedingungen, nicht der geringste Ansatz zu einer modern-kapitalistischen Entwicklung sich findet*" (ebd.: 341; Hervorhebung durch Verf.). Weber benennt mit „ökonomischen" und „geistigen" Ursachen die gesamte Breite des möglichen Ursachenraums und weist damit jede einseitige Erklärung derartiger Phänomene von sich. Eine solche Entwicklung lässt sich weder einseitig ökonomisch (materialistisch), noch einseitig geistig (idealistisch oder wie Weber meist sagt: spiritualistisch) hinreichend verstehen und erklären. Die „restlichen" ca. 200 Seiten der Konfuzianismusstudie sind nunmehr genau diesen beiden Ursachenkomplexen gewidmet.

Weber ist nicht der Auffassung, und die empirischen Befunde würden eine solche auch ad absurdum führen, dass es in China zu keinem „Erwerbstrieb" gekommen wäre bzw. ein solcher nicht vorhanden sei. Wäre ein solcher allein die Ursache für eine modern-kapitalistische Entwicklung, dann müsste man eine solche insbesondere in China erwarten dürfen. „Die am meisten auffallende und im schroffsten Gegensatz gegen den Okzident stehende Erscheinung in der Entwicklung Chinas ist: daß nicht, wie in England, eine (relative) Abnahme, sondern eine ungeheure Zunahme der ländlichen, bäuerlichen Bevölkerung die Epoche seit Beginn des 18. Jahrhunderts kennzeichnet" (ebd.: 350). Darüber hinaus kam es in China nicht, im Gegensatz etwa zum deutschen Osten, zu landwirtschaftlichen Großbetrieben und auch nicht zu einer Umstellung auf Viehwirtschaft. *Der Grund hierfür liegt in der durchgehenden Dominanz der Sippe als diejenige zentrale Bezugseinheit, sowohl der bäuerlichen Organisation als auch – damit in Zusammenhang stehend – der Steuerpolitik.* So war nicht das Dorf, sondern die Familie, die Sippe die steuerliche Basiseinheit und gleichzeitig die entsprechende Haftungseinheit. Einerseits forcierte eine derartige Steuerpolitik die Entstehung von Klein- und Kleinstbetrieben, andererseits stärkte sie nachgerade „das Zusammenhalten der altbäuerlichen Sippen als Träger des Bodeneigentums" (ebd.: 359).

Beschreibbar ist das, was sich hier in China abspielte, als ein Kampf dreier Akteursgruppen, die mit je eigenen Interessen und sicherlich unterschiedlichen Machtpotentialen die besondere Entwicklungsrichtung und -ausgestaltung bestimmten. Die „Geldmacht von Bodenaufkäufern" geriet in Konflikt mit der „alten Sippengebundenheit" und die patrimonialpolitische Macht versuchte – aus fiskalischen Interessen, wie Weber sagt – hier „temperierend" zu wirken. Was sich in diesem Spannungsfeld jedoch nicht herausbildete bzw. was in der damit einhergehenden Entwicklung fehlte, war „die feudale Zwischenschicht des mittelalterlichen Okzident" (ebd.: 373).

Viel stärker hingegen war die Stellung des Dorfes auch und gerade als wehrhafter Verband und eben nicht die Stadt. Hierauf aufbauend beschreibt Weber die (Dorf-)Sippe als denjenigen Verband, der einer Entwicklung wie im Okzident entgegenstand. Neben einer derart starken verbandlichen Struktur etablierte sich selbstredend keine andere Form von Interessenorganisation. Gleichzeitig war die Sippe ein „wehrhafter" Verband auch und gerade wenn es um die Bearbeitung von Ungerechtigkeit bzw. Benachteiligung ging: „Wie ein Mann stand die Sippe des sich benachteiligt Fühlenden zu ihrem Sippengenossen und ihr geschlossener Widerstand wirkte ungleich nachhaltiger als etwa bei uns ein Streik einer frei gebildeten Gewerkschaft. Schon dadurch wurde jede »Arbeitsdisziplin« und freie Marktauslese der Arbeiterschaft, wie sie modernen Großbetrieben eignet, ebenso durchkreuzt wie jede rationale Verwaltung okzidentaler Art." (ebd.: 385).

Die patrimoniale Staatsstruktur und Verwaltung stand, so Weber, aufgrund der damit einhergehenden bzw. diese konstituierende Mischung aus „heiliger Tradition" und „Willkür" jeder Entwicklung in Richtung eines gewerblichen Kapitalismus, der auf eine rational kalkulierende Verwaltung und eine ebensolches Rechtssystem angewiesen ist, entgegen. Es ging hierbei im Kern nicht um Formalisierung, sondern im Zentrum dieser Staatsstruktur und im Zentrum der Verwaltung stand etwas, was Weber „materiale Gerechtigkeit" nennt. „Die ganze kaiserliche Verwaltung stand (…) unter dem Einfluß einer dem Wesen nach theokratischen, etwa einer Kongregation der päpstlichen Kurie entsprechenden Literatenbehörde." (ebd.: 392f.) Jenseits der fehlenden formalrechtlichen Grundlagen sind es eben auch „gesinnungsmäßige Grundlagen der Beamten- und Anwärterschicht", deren Nichtvorhandensein die Herausbildung eines rationalen Betriebskapitalismus hemmten (vgl. ebd.: 394f.). Dieser Schicht wendet sich Weber in der Folge zu und versucht die Grundlagen der Lebensführung zu bestimmen und zu erklären.

Wie oben bereits aufgeführt ist es vor allem „literarische Bildung", welche als Zugangskriterium zu einer spezifischen Gruppe: den *Literaten* gelten kann, aber welche auch als Statuskriterium insgesamt verwendet wurde. Zentral für ein Verständnis der chinesischen Entwicklung ist, so Weber, dass diese Literatenschicht keine Kleriker- oder Priester oder gar eine Brahmanenschicht (Indien) war, „(s)ondern daß sie herausgewachsen ist zwar aus ritueller Schulung, doch aber aus einer vornehmen Laienbildung" (ebd.: 396). Einerseits schloss dies eine Erblichkeit prinzipiell aus, andererseits galt ihr vornehmliches Interesse der „richtigen Staatsverwaltung", wobei die Kriterien der Richtigkeit in hohem Maße aus den (verschriftlichten) Traditionen abgleitet wurde. Der primäre Bezug dieser Literaten war der jeweilige Fürst, in dessen Dienst sie standen. Die „Reichsgründung" bedeutet in dieser Hinsicht, dass es nunmehr nur noch einen Fürsten (den Kaiser) gab, in dessen Dienst die Literaten zu kommen trachteten: „und es konnte nicht ausbleiben, daß dies die Entwicklung einer einheitlichen, dieser Situation angepassten, orthodoxen Doktrin zur Folge hatte. Sie wurde: der *Konfuzianismus*." (ebd.: 401; Hervorhebung durch Verf.). Mit der Reichsgründung einer ging eine Entwicklung zum inneren Pazifismus, welche das „Charisma des Kriegers" gegen die „Traditionsorientierung der Literaten" vertauschte. Jegliche Form von „Heldengesinnung" wird ersetzt durch ethisch-moralische Bezüge. „Der Mandarinenstand, aus deren Mitte sich alle Klassen der chinesischen Zivilbeamten rekrutierten, war in der Zeit der Einheitsmonarchie ein Schicht diplomierter Pfründenanwärter geworden, deren Amtsqualifikation und Rang nach der Zahl der bestandenen Prüfungen sich richtete." (ebd.: 404). Das sich dahinter verbergende System der Erziehung ist natürlich keines, welches der „Erweckung von Charisma" gilt, sondern der „Vermittlung spezialistischer Fachschulung". Wie Weber festhält, kann jedoch Charisma nicht gelehrt sondern nur geweckt werden. Hingegen ist das Ziel einer „Facherziehung": „einen Menschen von bestimmter innerer und äußerer Lebensführung, erziehen" (ebd.: 409).

Spezifisch für die chinesische Entwicklung war nunmehr, dass – nicht zuletzt aufgrund der Eigentümlichkeiten der chinesischen Schrift – sich eine Kultur der Schriftlichkeit und nicht der Mündlichkeit dahingehend herausbildete, dass der volle Reichtum von Kultur und Sprache nur in und durch das Schreiben ausgedrückt werden konnte. Weber fasst zusammen: „Die chinesische Bildung diente Pfründeninteressen und war schriftgebunden, dabei aber reine Laienbildung teils rituell-zeremonialen, teils traditionalistisch-ethischen Gepräges." (ebd.: 415) Zentrale Tugenden dieser (Schrift-)Kultur und dieses Literatenstandes waren: Offenheit und vor allem Loyalität. Der Berufsalltag der Beamten war durch den Geist von Prüfungen geprägt (Weber nennt dies: den Scholarengeist). Jenseits dieser Schicht, dieses Standes von Bildungsträgern mit ihrem sehr eigentümlichen „Geist", fehlte hingegen jede Entsprechung zu der sich im Okzident herausbildenden „bürgerlichen Schicht", die auch und gerade im Hinblick auf politische Fragen von einem erheblichen Selbstbewusstsein beseelt war. Für Weber ist die entscheidende Frage, die gleichzeitig die nachfolgende Analyse begründet: „Welches war nun der materiale Gehalt der orthodoxen Ethik dieses für den Geist der Staatsverwaltung und der herrschenden Schichten maßgebenden Standes?" (ebd.: 430).

Mit der Betitelung des sechsten Kapitels („die konfuzianische Lebensorientierung") weist Weber darauf hin, dass es nicht um situationale Motivlagen und auch nicht um eine universelle Handlungstheorie, sondern um *die Eigenart der Lebensfüh-*

rung aus dem Geiste des Konfuzianismus geht. Weder eine Hierokratie noch Forderungen durch Propheten prägen den Konfuzianismus. Keine mächtige Priesterschaft taucht als Hüter religiöser Dogmen auf und „Religion" als Begriff bleibt der chinesischen Sprache unbekannt. „Es fehlte dem Konfuzianismus aus diesen Gründen auch notwendig die Erfahrung von der (…) ungleichen (religiösen) Qualifikation der Menschen und daher jeder Gedanke religiöser Differenzierung eines »Gnadenstandes«. (…) Prinzipiell nur die Lebenslage differenzierte den Menschen." (ebd.: 434f.).

Das Fehlen spezifisch kapitalistischer Interessen, sowie das Nichtvorhandensein eines eigeninteressierten Juristenstandes verhinderte eine Entwicklung der Formalisierung und Rationalisierung des Rechts und der Gerechtigkeit. „Die Rechtspflege behielt also im allgemeinen denjenigen Charakter, welcher der theokratischen Wohlfahrtsjustiz zu eigen pflegt." (ebd.: 438f.). Beim Konfuzianismus handelt es sich insofern nicht um eine Religion, sondern um eine reine Ethik, deren Zentrum – auch und gerade im Gegensatz zu vielen anderen Religionen – eine Diesseitsbezogenheit anhaftet, welche Weber mit dem Begriff der „Weltzugewandtheit" auszeichnet. In seinen Worten war der Konfuzianismus vor allem: „Anpassung an die Welt, ihre Ordnungen und Konventionen, ja letztlich eigentlich nur ein ungeheurer Kodex von politischen Maximen und gesellschaftlichen Anstandsregeln für gebildete Weltmänner" (ebd.: 441).

Nicht „Sünde" war der relevante Begriff für Verfehlungen, wie es beispielsweise im Judentum oder Christentum sich zeigt, sondern die Entsprechung hierzu war: der *Fehler*, den man aufgrund ungenügender Bildung machte. Insofern gab es eben auch kein Konzept einer Erlösung, da weder Sünde noch „das Böse" Konzepte waren, mit denen der Konfuzianismus etwas anzufangen wusste. Es ging vielmehr um Anpassung, um Einfügung in die Welt und der größte Fehler, den man hierbei begehen konnte war die „Verletzung der Pietät" (vgl. ebd.: 445). Pietät stellt die Kardinaltugend dar, wie Weber anführt, und eine Einhaltung dieser Tugend verlangte vor allem „unbedingte Disziplin". Aus einer solchen Standesethik heraus ist Arbeit und Erwerb genau deshalb ein Problem, weil es mit unbestimmbaren Risiken (eben auch des Misserfolgs) behaftet ist. Eine derartige Unbestimmtheit und Unbestimmbarkeit verstieß in starkem Maße gegen das Selbstverständnis des konfuzianischen „Gentleman". Ordnung und Pazifismus waren die Kennzeichen einer derartigen Orientierung und was fehlte war, so Weber: „die zentrale methodisch lebensorientierende Macht einer Erlösungsreligion" (ebd.: 458).

Der Konfuzianismus – und dies ist für eine vergleichende Sortierung von ungeheurem Interesse – stellt diejenige „Weltanschauung" (Weltreligion) dar, die dem Traditionalismus als Legitimitätsgrundlage zur absoluten Geltung verhalf. Formen der mystischen oder asketischen Heilssuche, wie sie, so führt Weber an, in der indischen Religiosität gebräuchlich waren, finden sich im chinesischen Beamtenrationalismus nicht. „Der Konfuzianismus hatte alle ekstatischen und orgiastischen Reste aus dem Kult beseitigt und lehnte sie (…) als würdelos ab. Aber die magische Praxis hatte Ekstase und Orgiastik hier wie überall gekannt." (ebd.: 466). Die Gesamtheit der Magier verstand sich nicht als in der Tradition des Konfuzius stehend, sondern sah sich in der Nachfolge von Laotse und bezeichnete sich selbst als: Taoisten. Dies bricht den Konnex der Orthodoxie und führt das Element der Heterodoxie in die chinesische Entwicklung ein. Der Taoismus bringt nicht das Element der Weltzugewandtheit, jedoch eine deutliche Individualisierung des Heilsbegriffes, was gleichzeitig eine Abwendung vom konfuzianischen Lebensideal bedeutete, für welches die Anpassung an die Welt und die Gesellschaft der zentrale Maßstab war.

Entwickeln konnte sich der Taoismus und die sich darin sammelnden Magier vor allem deshalb, weil, so Weber, der „siegreiche" Konfuzianismus niemals den Versuch unternahm hiergegen vorzugehen. Im Kern handelt(e) es sich beim Taoismus jedoch um eine Art der Lebensorientierung, die nicht auf einem Ethos beruhte: „Zauber, nicht Lebensführung, entschieden über das Schicksal" (ebd.: 485).

„Hinlänglich starke Motive für eine religiös orientierte, etwa puritanische, Lebensmethodik des einzelnen konnte die chinesische Religiosität also weder in ihrer offiziellen staatskultischen noch in ihrer taoistischen Wendung aus sich heraus setzen. Es fehlte bei beiden Formen jede Spur einer satanischen Macht des Bösen, mit welcher der im chinesischen Sinn fromme Mensch – er sei orthodox oder heterodox – um sein Heil zu ringen hätte." (ebd.: 490).

Systematischer Vergleich zwischen Konfuzianismus und Puritanismus

Die Studie zur chinesischen Religiosität schließt mit einem „Resultat", in welchem Weber seine zentralen Befunde in direkte Kontrastierung mit denjenigen zum (okzidentalen) Puritanismus bringt. Einerseits stellt dieser Abschnitt damit einen interessanten Anwendungsfall dessen dar, was man bei Weber unter dem Begriff des „Vergleichs" antrifft und andererseits unterstreicht er damit noch einmal den eigenen Ort, von dem aus er seine historisch-soziologische Untersuchung aufbaut: dem Okzident.

Der Puritanismus war diejenige religiöse Bewegung, so Weber, welche die „Entzauberung der Welt", also eine Ausmerzung jeder magischen Weltmanipulation bis zur letzten Konsequenz betrieb. „Die Erhaltung dieses Zaubergartens aber gehörte zu den intimsten Tendenzen der konfuzianischen Ethik" (ebd.: 513). Diese Ethik vermochte gleichzeitig das „Spannungsverhältnis" zur vorhandenen Welt auf ein absolutes Minimum zu reduzieren und wird von Weber dementsprechend als „weltbejahend" und „weltangepasst" systematisiert. Die puritanische Entwicklung hingegen zeigte völlig andere Konsequenzen. „Eine echte Prophetie schafft eine systematische Orientierung der Lebensführung an einem Wertmaßstab von innen heraus, der gegenüber die »Welt« als das nach der Norm ethisch zu formende Material gilt." (ebd.: 521). Nicht Weltoptimismus – wie im Konfuzianismus – sondern eine sehr grundlegende „pessimistische Spannung zwischen Welt und überweltlicher

Bestimmtheit des einzelnen" (ebd.: 522) war die Folge. Weber hatte in seiner Studie die durchgehende Dominanz der Sippe (der Familie) im Konfuzianismus dargelegt. Hingegen: „Die große Leistung der ethischen Religionen, vor allem der ethischen und asketischen Sekten des Protestantismus, war die Durchbrechung des Sippenverbandes, die Konstituierung der Ueberlegenheit der Glaubens- und ethischen Lebensführungsgemeinschaft gegenüber der Blutsgemeinschaft, in starkem Maße selbst gegenüber der Familie." (ebd.: 523). Der konfuzianisch geprägte Staat konnte auf dieser Basis nurmehr „Wirtschaftspolitik" betreiben und tat dies auch. *„Aber mit Wirtschaftspolitik schafft man keine Wirtschaftsgesinnung."* (ebd.: 524; Hervorhebung durch Verf.) Für eine solche zeigt sich die absolute Notwendigkeit, so Weber, einer bürgerlichen Lebensmethodik, welche zwar im Christentum nicht jedoch im Konfuzianismus sich ausbilden konnte.

Die asketische Weltablehnung der puritanischen Sekten im Okzident führte jedoch, und dies stellt die zentrale Stelle dar, nicht zu einer Weltflucht, sondern vielmehr zu einer aktiven Weltgestaltung und dies vor allem in Form einer Weltbeherrschung. „Der Anpassung an die Welt dort stand also hier die Aufgabe ihrer rationalen Umgestaltung gegenüber." (ebd.: 527). Hier beginnen die Unterschiede relevant zu werden; nicht eine auch in China vorhandene „Schätzung des Reichtums" und auch nicht das Vorhandensein eines „utilitarischen Rationalismus" sind die hinreichenden Bedingungen der Herausbildung eines modernen Kapitalismus. Vielmehr führte die „Selbstkontrolle" des Puritaners zu einer „systematischen Meisterung der eigenen, als sündenverderbt geltenden inneren Natur" (ebd.: 531). Es ging hier also nicht um äußere Gesten, sondern um innere Gesinnung. Ein überweltlicher Gott ließ sich durch Gesten oder auch Handlungen nicht beeindrucken, sondern nur durch eine entsprechende und auf Dauer gestellte Gesinnung.

Weber präsentiert hier eine erste Systematik des Vergleichs von Weltreligionen, wofür er die Dimension „Weltablehnung" vs. „Weltanpassung" nutzt und dies anhand des Konfuzianismus und des okzidentalen Puritanismus (als Kontrastfälle) vorführt. Den Bezugspunkt hierbei bildet die Frage nach den Konsequenzen im Hinblick auf die daraus entstehenden Formen von Lebensführung (äußerer aber vor allem: innerer) und deren Auswirkung auf die Möglichkeiten der Herausbildung moderner kapitalistischer Wirtschaftsweisen. In der darauf folgenden »Zwischenbetrachtung« schließt Weber auf einem darüber hinaus führenden Niveau an diese Überlegungen und Schlussfolgerungen an (siehe unten).

Hinduismus und Buddhismus

Die Studien Webers zu Hinduismus und Buddhismus liegen uns ebenso wie seine Arbeiten zum antiken Judentum in einer nicht überarbeiteten Fassung vor, während die Studie zum Konfuzianismus, wie auch die Protestantische Ethik eine derartige erfuhren. Insbesondere die Letztere deutet jedoch darauf hin, dass man von einer derartigen „Überarbeitung" nicht hätte erwarten müssen, dass Weber substantielle Veränderungen am Gehalt der Studien vorgenommen hätte. Liest man diese, so verstärkt sich dieser Eindruck, da es keinen systematischen Widerspruch mit Webers sonstigen Auffassungen gibt.

Er „steuert" gleich zu Beginn der Studie über den Hinduismus auf sein Untersuchungsphänomen zu: „Moderner Kapitalismus ist innerhalb des Indertums aber weder früher noch in den Jahrhunderten englischer Herrschaft entstanden, sondern erst Importprodukt." (GARS II: 4) Weber interessiert sich in der Folge, wie auch in den anderen Studien, für den spezifischen Beitrag, welcher der Religion in der Erklärung dieser Entwicklung zukommt. Jede Analyse der indischen Religiosität wird relativ schnell mit dem Phänomen der *Kaste* konfrontiert und Weber widmet sich im gesamten ersten Teil der Studie einer Erhellung und Erläuterung dieses Phänomens.

Hierfür nutzt er (als Abgrenzungsbegriffe) die in seiner Protestantismusstudie ausgeführten Begriffe von „Sekte" und „Kirche"[25] und macht deutlich, inwiefern sich der Hinduismus und das Kastenwesen von beiden Konzepten unterscheiden. Als eindeutige Geburtsreligion ist es im Hinduismus praktisch unmöglich spätere Aufnahme zu finden, was die Kaste von der prinzipiell universalistischen Konzeption der (christlich-abendländischen) Kirche unterscheidet. Die an die Geburt geknüpfte Zugehörigkeit trennt diese Form der Religiosität jedoch deutlich von den protestantischen (Virtuosen-)Sekten, die als Zugehörigkeit eine entsprechende ethisch-asketische Qualifizierung verlangen, nichtsdestotrotz die Möglichkeit des Zugangs für jedermann besitzen. Die einzig gangbare Form des Zugangs zum Hinduismus stellt die quasi nachträgliche Feststellung einer immer schon vorhandenen bzw. vorhanden gewesenen Zugehörigkeit dar.

Am Vorhandensein und Umgang mit sogenannten Gastvölkern zeichnet Weber nach, „daß die Grenzen des Hinduismus nach außen ziemlich flüssig sind" (ebd.: 15). Relevant für jedwede Form der „Aufnahme" oder auch der „Abgrenzung" ist nunmehr, dass niemals der Einzelne verortet wird, sondern Menschen immer nur als Glieder von Gemeinschaften wahrgenommen und adressiert werden können. „Und stets geht sie (die Aufnahme in die Kastenordnung, Verf.) so vor sich, daß nach vollzogener Rezeption die Fiktion besteht: der betreffende Verband sei von jeher eine Kaste gewesen..." (ebd.).

Religionen lassen sich oftmals in den Aspekten: Lehre (Dogma) und rituelle Pflicht (Ritus/Ethik) beschreiben, so Weber, und deutlich wird beim Hinduismus, dass man hier auf praktisch keinerlei Dogma trifft. Dies ermöglicht auf der einen Seite eine hohe Toleranz gegenüber anderen (und dann meist dogmatischen) Religi-

---

[25] Vgl. hierzu S. 117ff.

onen, verlagert andererseits die eigentliche Grenzziehung in den Bereich der „rituellen Handlung".

Die Zentralität der Ritualpflicht („der Hinduismus ist primär Ritualismus") und deren feste Verknüpfung mit der Herkunftskaste macht deutlich, dass eine Loslösung von der je eigenen Kaste Ausdruck der Ketzerei ist. Neben der Kaste führt Weber die für ihn zweite zentrale Institution des Hinduismus ein: die Brahmanen. Deren Rolle und Stellung kann jedoch nur in und durch das System der Kasten verstanden werden. *Kaste und Brahmanen sind die Grundinstitutionen des Hinduismus.* Dies manifestiert sich darin, dass die eigentliche Stellung einer Kaste immer durch die Art der Beziehung zum Brahmanen bestimmt wird und bestimmbar ist. D.h. die Gruppe der Brahmanen (bzw. der jeweils relevante Brahman) fungiert eben auch als Zentrum eines relationalen Kräftefeldes. Nicht einfache vertikale Sortierung ist das, was sich in der Kastenordnung ausdrückt (dies sicherlich auch und vor allem), sondern ein komplexes Beziehungsgeflecht, in welchem die Position des einzelnen Hindu durch (mindestens) drei Bezüge bestimmt werden muss: (1) durch die Position innerhalb der eigenen Kaste; (2) durch die Beziehung dieser Kaste zu den Brahmanen; (3) durch die Beziehung der Kaste zu anderen Kasten, deren Rang wiederum in und durch ihre Bezüge zu den Brahmanen bestimmt wird.

Weber unterscheidet Kasten von *Stämmen*, insofern ein Stamm sich auch und gerade durch eine spezifische räumliche Verortbarkeit definiert. D.h. zu einem Stamm gehört meist ein Stammesgebiet. Gleichzeitig stellen Stämme eine Form der segmentären Arbeitsteilung (wie Durkheim dies nennt) dar, während Kasten – zumindest die Hauptkasten – in sich andere Formen der Arbeitsteilung ausbilden. Verliert der Stamm sein Gebiet, dann kann es zu einer Annäherung an die Kaste kommen. Auch im Vergleich mit *Gilden* oder *Zünften* zeigen sich sowohl Gemeinsamkeiten, aber auch Unterschiede; jenseits mancher Ähnlichkeit hält Weber jedoch fest: „*Dies Kastensystem aber ist seinem »Geist« nach etwas ganz andres als ein System von Gilden und Zünften.*" (ebd.: 36; Hervorhebung durch Verf.). In Zünften finden sich ebenso faktische Schranken eines Konnubium (Ehe) zwischen Berufen, was aber fehlt und die Kaste markiert, sind die rituellen Schranken. Darüber hinaus ist die Kaste (auch hier wiederum im Gegensatz zum Grundprinzip der Zünfte und Gilden) erblich.

Die zentrale Institution des okzidentalen Mittelalters (was die Entwicklung und die Potentiale anbelangt): die Stadt, beruht, so Weber, auf einer Verbrüderung der erwerbstätigen Bürger. Derartige Verbrüderungen sind im hinduistischen Kastensystem gänzlich ausgeschlossen, da Verbrüderung Speisegemeinschaft voraussetzt, die an rituelle Schranken stößt. Solches war jedoch im Okzident religiös gestützt: „ohne gemeinsames Abendmahl, war eine Eidbrüderschaft und ein mittelalterliches Stadtbürgertum gar nicht möglich" (ebd.: 40).

Stände zeichnen sich, im Gegensatz zu *Klassen*, für Weber durch eine spezifisch ständische Lebensführung aus. Wichtig in diesem Zusammenhang: „Nie ist der

»Beruf« sondern stets die »Lebensführung« das Entscheidende." (ebd.: 42, Anm. 1). Der Okzident, so Weber, kannte in Bezug auf Stände eine rechtliche Schließung insofern, als das Konnubium mit Ungenossen fehlte. „Aber in aller Regel nur insoweit, daß eine dennoch eingegangene Ehe eine »Mißehe« mit der Folge war, daß die Kinder der »ärgeren Hand« folgten." (ebd.: 42). In ähnlicher Weise auch bezüglich der Kommensalität (Speisegemeinschaft), insofern ein Stand keinen gesellschaftlichen Verkehr mit niedriger stehenden pflegte. „Die »Kaste« bedeutet, vom »Stand« her gesehen, die Steigerung und Transponierung dieser sozialen Abschließung ins Religiöse oder vielmehr ins Magische." (ebd.: 44).

Was hingegen sehr eng mit der Herausbildung und Tradierung des Kastensystems einherging war, so Weber: die *Sippe*. Hier verankert sich eine Form von Charisma, die er als „*Gentilcharisma*" bezeichnet. Nicht der Einzelne ist damit als alleiniger Träger eines je spezifischen Charisma (einer religiösen Qualifikation) ausgezeichnet, sondern die Sippe ist Erzeuger und Träger eines für die Mitglieder relevanten Charismas. „Der Gentilcharismatismus ergriff besonders früh die Träger der hierokratischen Macht." (ebd.: 56). Aus dieser Trägerschicht heraus konstituierte sich dann nach und nach die Kaste der Brahmanen. Seinen historischen Ausgang nimmt das sich differenzierende Kastensystem bei den „vier alten Kasten", die zwar, so Weber, einerseits durchaus als eine Art von „literarischem Produkt" gesehen wurden, die jedoch gleichzeitig einen normativen Fluchtpunkt der aktuellen Kasten(ordnung) bilden, insoweit, als dass diese immer den Versuch unternehmen einer dieser Kasten zugeordnet zu werden. Was Weber uns hier beschreibt ist das Wirken eines Idealtypus in der Gestalt eines „Ideals", welches auf der Ebene des Handelns entsprechende Wirkung erzielt.

Insgesamt wirkte das Kastensystem auf die Wirtschaft vor allem traditionalistisch und anti-rational. Weber führt hier Marx' Erklärungsversuche an, weist jedoch spezifische Einzelschwierigkeiten als unzureichend für eine Erklärung zurück und kommt zu der Einschätzung, dass die eigentliche Hemmung im Geist des Systems liegt. „Ein Ritualgesetz, bei welchem jeder Berufswechsel, jeder Wechsel der Arbeitstechnik rituelle Degradation zur Folge haben konnte, war sicherlich nicht geeignet, aus sich ökonomische und technische Umwälzungen zu gebären..." (ebd.: 111).

Wie entsteht und stabilisiert sich nunmehr ein solches System/eine solche Lehre? Zwei zentrale Elemente einer Hindulehre identifiziert Weber: (1) die *Seelenwanderung* und (2) die *Vergeltungslehre*. „Dem Rationalismus der Brahmanen ist aber zweierlei eigentümlich, was erst die höchst penetrante Bedeutung der so gewendeten Lehre bedingt: 1. Die Durchführung des Gedankens, daß jede einzelne ethisch relevante Handlung unabwendbar ihre Wirkung auf das Schicksal des Täters übt, daß also keine solche Wirkung verloren gehen kann: die Lehre vom »Karman«; – 2. Die Verknüpfung mit dem sozialen Schicksal des Einzelnen innerhalb der gesellschaftlichen Organisation und dadurch mit der Kastenordnung." (ebd.: 118). Das meint nunmehr, dass das gesamte Lebensschicksal des Menschen eigene Tat ist und dadurch auch in seine jeweilige Verantwortung fällt. In Bezug auf die Kastenordnung heißt das: die Zugehörigkeit zu einer bestimmte Kaste ist nicht von ungefähr, sondern Ergebnis des Handelns der Person in einem früheren Leben. „Umsturzgedanken oder das Streben nach Fortschritt waren auf diesem Boden undenkbar, so lange und so weit die Karman-Lehre unerschüttert blieb." Und weiter: „Auf dem Boden dieses an der Karman-Lehre verankerten Kasten-Ritualismus war eine Brechung des Traditionalismus durch Rationalisierung der Wirtschaft eine Unmöglichkeit." (ebd.: 122).

Zentral für die Erzeugung und Aufrechterhaltung dieses System ist das Brahmanentum: „Die in ihrer Art geniale Verknüpfung der Kastenlegitimität mit der Karmanlehre und also mit der spezifisch brahmanischen Theodizee ist schlechterdings nur ein Produkt rational ethischen Denkens, nicht irgendwelcher ökonomischer »Bedingungen«" (ebd.: 131).

Die Brahmanen zeichnen sich gegenüber den althellenischen Intellektuellen unter anderem dadurch aus, dass sie kraft ihrer Stellung an Magie und Ritual gebunden waren und blieben. Weber markiert für Indien einen deutlichen Unterschied zwischen dem weltlichen Fürstentum und dem religiösen Brahmanentum, was gleichzeitig in deutlicher Differenz zur chinesischen Entwicklung steht. Das Fürstentum ist „ersichtlich aus der rein weltlichen Politik, aus den Kriegszügen charismatischer Kriegshäuptlinge, herausgewachsen, in China dagegen, wie wir sahen, aus dem Oberpriestertum" (ebd.: 139). Hierfür wiederum eine Ursache zu suchen wäre müßig und insgesamt zeigt sich an solchen Stellen, so Weber, eher die Zufälligkeit der Umstände, welche die Eigenart mancher historischer Phänomene erzeugt.

Letztlich liegt die Begründung für eine parallele Entwicklung auch in dem Umstand, dass das Brahmanentum zu der Zeit, als es zu entsprechend mächtigen Monarchien kam, bereits gefestigt war. Weber vergleicht in der Folge die indische Entwicklung systematisch mit den Befunden, die er für China zusammen getragen hat. Dort entwickelte sich eine rein utilitarische Sozialethik, wobei die Familie im Zentrum der sozialen Schichtung verblieb. Anders hingegen im Hinduismus: „Es gab keine universell gültige, sondern durchaus nur eine ständisch besondere private und Sozialethik (...). Die Konsequenzen waren sehr weitreichend. (...) Die Menschen waren nicht (...) prinzipiell gleich, sondern wurden zu allen Zeiten ungleich geboren (...). Allerdings hatten sie alle die gleichen Chancen vor sich." (ebd.: 142f.) Weder die Konzeption eines „radikal Bösen", wie etwa im Christentum, noch die Idee einer „natürlichen Ordnung der Dinge" existierte in der indischen Religiosität, so dass es in der Konsequenz zu keinerlei Spekulationen und Abstraktionen im sozialkritischen oder naturrechtlichen Sinne kam und ebenso zu keiner Konzeption von „Menschenrechten". Zentral war und blieb der „Dharma-Begriff", also ein Begriff, der über Pflichten redet.

Jenseits dieser rituellen Pflichten konnte sich keine Ethik (sei es eine politische oder anderweitige) entwickeln. Die Ewigkeit der Kastenordnung verhinderte jedwede metaphysische Spekulation und stellte allein das individuelle Erlösungsstreben ins Zentrum aller Philosophie. „Eine religiöse Eschatologie der Welt war hier sowenig möglich wie im Konfuzianismus. Sondern nur eine (praktische) Eschatologie des Einzel-Individuums, welches jenem Mechanismus und dem »Rade« der Wiedergeburt zu entrinnen trachten wollte." (ebd.: 147).

Während im konfuzianischen China die Askese fast völlig abstarb, wie Weber sagt, zeigt sich mit der indischen Askese die wohl rationalste und technisch am weitesten entwickelte der Welt. „Der Asket weiß sich im Besitz von Macht über die Götter. Er kann sie zwingen, sie fürchten ihn und müssen seinen Willen tun." (ebd.: 149). Die indischen Intellektuellen (die Literaten) rationalisierten hierbei eine, wie fast überall, aus ekstatischen Ursprüngen stammende Askese und entwickelten hieraus eine für den Brahmanen dann notwendige Form der Lebensführung. Diese Lebensführung war nunmehr asketisch reglementiert. „Neben jenen relativ »asketischen« Zügen der geregelten Alltagslebensführung des Brahmanen steht nun die rationale Methodik zur Erringung der außeralltäglichen heiligen Zuständlichkeiten." (ebd.: 153). Dies fand statt in Form einer Rationalisierung und Sublimierung ursprünglich magischer Heilszuständlichkeiten.

Im Kern geht es um die individuelle Seele und die indische Philosophie ist dementsprechend um eine Theorie der metaphysischen Struktur der Seele bemüht. In dieser Richtung und aus dieser Quelle schöpfend entwickelt die indische Religiosität die Fähigkeit: „das virtuosenhafte intellektualistisch bewußte Erleben eigener seelischer Vorgänge, vor allem: Gefühlslagen" (ebd.: 177). Hierin gleichen die Brahmanen, wie Weber anführt, den christlichen Mystikern und in manchen Punkten, den pietistischen Protestanten.

Aber auch die Wege zur Überwindung der Vergänglichkeit waren pluraler Natur und eben nicht eindeutig: „und wenn überhaupt eine *Stellungnahme* hervortritt, so ist es ungefähr die: daß eben mehrere Wege und auch mehrere Ziele der Heilssuche gegeben sind" (ebd.: 181). Jedoch handelt es sich bei allen Lehrsystemen nicht um Auswüchse einer Gefühlskultur, sondern um rationale Konzeptionen „stolzer und in ihrer Art konsequenter Denker" (ebd.: 184). Weber weist an solchen Stellen immer wieder darauf hin, dass es ihm nicht um die Lehre als Lehre geht, sondern ausschließlich um die Frage der praktischen Konsequenzen derartiger Lehren für das Handeln der Menschen. Er will eben keine vergleichende Religionswissenschaft betreiben, sondern Soziologie (in seinem Sinne).

Nicht nur steht die individuelle Seele im Zentrum indischer Religiosität; auch der Weg zur Erlösung dieser individuellen Seele vom Leiden der Vergänglichkeit ist nur durch die Leistungen des Einzelnen möglich und kann nicht (wie im Katholizismus) durch Anstaltsgnade erreicht werden. Weber betont, dass die indische Religiosität in ihrem Kern eine Glaubensreligiosität ist, die innerweltliches Handeln genau dann nicht als heilsschädlich ansieht, wenn es in absoluter Weltindifferenz vollzogen wird.

Neben dem Jainismus als einer Sektenentwicklung aus dem Hinduismus heraus, benennt Weber den Buddhismus als die zweite große Alternative. Im Zentrum steht hier die „Seligkeit des weltentronnenen Lebens", die bereits im Diesseits gesucht wird. Aus diesem und anderen Gründen wurde hier die asketische Lebensweise gänzlich ausgemerzt. „Der alte Buddhismus ist in fast allen praktisch entscheidenden Punkten der charakteristische Gegenpol des Konfuzianismus sowohl wie des Islam." (ebd.: 220). Diese, wie Weber sagt, denkbar radikalste Form des Erlösungsstrebens konnte auf keinen Gott hoffen und auf keine religiöse Gnade, sondern war in allen Belangen dem Streben des Einzelnen anheim gestellt. Das Erlösungsziel war jedoch nicht ewiges Leben, wie im Christentum, sondern die ewige Todesruhe (vgl. ebd.: 222). „Nicht das »Böse«, sondern das vergängliche Leben als solches: die schlechthin sinnlose Unrast alles geformten Daseins überhaupt ist es, wovon Erlösung gesucht wird." (ebd.). Weder Hass noch Liebe konnten sich auf dieser Grundlage ausbilden; jedwede Form der Leidenschaft sollte zum Erliegen kommen.

Die Erleuchtung (Erlösung) wird nicht auf dem Weg einer methodisch-asketischen Lebensführung erreicht, sondern durch einen plötzlichen Sprung „in die Zuständlichkeiten der Stufen der Erleuchtung" (ebd.: 238). Acht Stufen sind es, die der Gläubige absolvieren muss: (1) rechte Einsicht, (2) rechtes Wollen, (3) rechte Rede, (4) rechte Lebensführung, (5) nicht mehr verlierbare Heiligkeit des Lebens, (6) rechte Willensmacht, (7) anderen als heiligen Gedanken nicht mehr zugänglich sein und (8) rechte Konzentration.

Die wesentliche Eigenart dieses Buddhismus liegt für Weber in: „der gänzlichen Ausrottung jeder Art von innerweltlicher Motivation im Handeln, sei sie nun irrationaler, leidenschaftlicher oder rationaler, zweckbewußter Art" (ebd.: 240). Im Gegensatz zum Jainismus fehlt es im Buddhismus an jeglicher planmäßigen Beeinflussung der Lebensführung der Laien. Im Kern steht das Strukturelement des Lehrer-Schüler-Verhältnisses, welches eingebettet ist in eine deutliche Ordensreligion. Ebenfalls im Gegensatz zum Jainismus fehlt eine Konfrontation mit dem Brahmanentum, jedoch kam es zu einer enormen Ausbreitung und missionarischen Erfolgsgeschichte der buddhistischen Lehre.

In seinem abschließenden Kapitel („die asiatischen Sekten und Heilandsreligiosität") verfolgt Weber sowohl die vornehmliche Ausbreitung des Buddhismus in Asien, als auch die Umgestaltungen und Transformationen des Hinduismus innerhalb Indiens. Am Ende der Studie steht dann der systematische Vergleich und die nochmalige verdichtete Herauspräparierung der zentralen Elemente asiatischer Religiosität in ihren Spezifika aber auch in ihren Entsprechungen zur okzidentalen Entwicklung. Hierin gehört auch eine Analyse der Konsequenzen für die ökonomische Entwicklung bzw. Entwicklungsmöglichkeit sowie die Erklärung (immer aus der Perspektive okzidentaler Entwicklung und entsprechender Gesichtspunkte) einer ganz andersartigen Gemengelage. Auf diese abschließenden Analysen Webers wollen wir uns im Folgenden konzentrieren, weil Weber hier aufzeigt, wie die entstehende Adressierung des Brahmanen als Guru den vorhandenen Bedürfnissen einer Massenreligiosität entgegenkommt: „Die Laien (...) verlangte nach Kult und also auch nach festen Trägern eines solchen." (ebd.: 317). Dies stärkte unter anderem die Position der Brahmanen, die es vermochten, ehemals orgiastisch-ekstatische Kulte ihrer diesbezüglichen Elemente zu entkleiden und zu rituellen Tempelhandlungen umzugestalten.

Diese Weiterentwicklung von Lehren und Praktiken zu einer Art von neuorthodoxem Brahmanentum stärkte die Position des Brahmanen selbst und ermöglichte auch die Selbst- und Fremdwahrnehmung als Guru. Weber hält hierzu fest: „Nicht die neuen Lehren sondern die Universalität der Guru-Autorität war also das Kennzeichen des restaurierten Hinduismus." (ebd.: 351). Die Stellung als Guru wurde zur typischen Stellung der Brahmanen, der gleichzeitig zum „lebenden Heiland" wurde. Ganz im Gegensatz zum Papsttum des Okzident bildet sich in Indien ein Guruwesen heraus, welches nicht mit dem Element der rationalen Verwaltung arbeitet, sondern immer durch das persönliche Charisma des jeweiligen Gurus.

Für die „asiatische" Entwicklung hält Weber insgesamt fest, dass es wenig über praktische Interessen hinausgehendes Denken gibt, dessen Quelle nicht in Indien zu suchen ist. „Asien war und blieb, im Prinzip, das Land der freien Konkurrenz der Religionen" (ebd.: 363). Zentral für alle diese Religionen ist: „daß Wissen, sei es literarisches Wissen oder mystische Gnosis, letztlich der eine absolute Weg zum höchsten Heil im Diesseits und Jenseits sei." (ebd.: 364f.). Immer jedoch entwickelt sich Religion mit dem Element des Heilsaristokratismus und besitzt asozialen und apolitischen Charakter. Insofern ist es von Weber nur konsequent, den Konfuzianismus eben nicht als Religion in diesem Sinne zu begreifen. Auf dem Boden eines gnostischen bzw. mystischen Charakters der Religion konnte sich keine methodisch rationale innerweltliche Lebensführung entwickeln. Nicht das Wunder, wie etwa im Judentum oder auch Christentum, stand im Zentrum, sondern der Zauber. Zauber bedingt jedoch eine Welt magischer Potenzen, die letztlich irrationalen Charakter behält.

Der Okzident bildete hingegen im Rahmen der Stadt, die es so nirgends in Asien gab, eine Trägerschicht (das Bürgertum) heraus, „ohne die weder das Judentum noch das Christentum noch die Entwicklung des hellenischen Denkens vorstellbar sind" (ebd.: 372).

Dies letzte scheint ein in seiner Bedeutung überhaupt nicht überschätzbarer Aspekt der unterschiedlichen Entwicklungen zu sein, was gleichzeitig nahelegt, die diesbezüglichen Anmerkungen von Weber im Rahmen einer religionssoziologischen Betrachtung zu beachten.

Das antike Judentum

Webers Beschäftigung mit dem antiken Judentum findet (neben einigen Anmerkungen in der »Protestantischen Ethik«) seinen ersten Niederschlag in einem Manuskript, welches unter dem Titel „Ethik und Mystik/rituelle Absonderung" mittlerweile im 1. Halbband des MWG Bandes I/21 veröffentlicht ist. Dieses Manuskript selbst ist, worauf die Herausgeber des MWG Bandes hinweisen[26], ein Fragment geblieben, während Weber in den Jahren 1916 bis 1919 intensiv an der Ausarbeitung der Studie zum „antiken Judentum" arbeitet, die uns nunmehr als Bestandteil der „Wirtschaftsethik der Weltreligionen" vorliegt.

Gleich der erste Satz dieser Studie bietet eine Begründung der Aufeinanderfolge der Studien: „Das eigentümliche religionsgeschichtlich-soziologische Problem des Judentums läßt sich weitaus am besten aus der Vergleichung mit der indischen Kastenordnung verstehen." (GARS III: 1f.). Dieser Bezug auf die vorangestellte Studie zum Hinduismus zielt insbesondere auf die dann folgende Beschreibung/Bezeichnung des jüdischen Volkes als eines „Pariavolkes" ab. Weber macht deutlich, dass ein derartiger Status vor allem zur Herausbildung eines Dualismus von Binnen- und Außenmoral führt. Einerseits findet sich im Judentum eine deutliche Orientierung auf eine zukünftige, gottgewollte politische und Sozialrevolution; gleichzeitig jedoch „stand eine in hohem Grade rationale, das heißt von Magie sowie von allen Formen irrationaler Heilssuche freie religiöse Ethik des innerweltlichen Handelns" (ebd.: 6) als Kernelement jüdischen Glaubens.

Weber macht deutlich, dass er die Bedeutung des Judentums für die okzidentale Entwicklung als sehr hoch einschätzt: Einerseits stellt das Judentum Anreger und Vorbild für die islamische Entwicklung dar, andererseits schätzt Weber die Wirkungen auf die Entwicklungen der Neuzeit als erheblich ein. „An geschichtlicher Bedeutung kann ihm nur die Entwicklung der hellenischen Geisteskultur und, für Westeuropa, des römischen Rechts und der auf dem römischen Amtsbegriff fußenden römischen Kirche, dann weiterhin der mittelalterlich-ständischen Ordnung und schließlich der sie sprengenden, aber ihre Institutionen fortbildenden Einflüsse, auf religiösem Gebiet, also des Protestantismus, gleichgeordnet werden." (ebd.: 7).

Eine Kernfrage, der sich Weber in der dann folgenden Studie zuwendet, heißt: „wie sind die Juden zu einem Pariavolk mit dieser höchst spezifischen Eigenart geworden?" (ebd.: 8). Hier liegt also auch wieder Webers Fokus auf der Eigenart eines, in dieser Hinsicht, historischen Individuums. Was dann folgt, ist eine materialgesättigte historisch-vergleichende Untersuchung der Herausbildung dessen, was man ab einem bestimmten Punkt als Judentum bezeichnen kann.

---

[26] Vgl. den „Editorischen Bericht".

Wie bereits in den anderen beiden Studien beginnt er mit der Darstellung und Analyse der Unterschiede und des Verhältnisses von Stadt und Land. In Letzterem finden sich in Palästina auf den ersten Blick die Beduinen als vorherrschend. Weber macht jedoch deutlich, dass nicht nur in den Städten, sondern auch in den ländlichen Gebieten die eigentliche Macht eindeutig „bei den stadtsässigen Sippen" (ebd.: 32) liegt. In der historischen Entwicklung lässt sich nunmehr ein kontinuierlicher Druck hin zu zunehmender Stadtansässigkeit erkennen. Ausgehend von eher beduinenartiger Lebensweise, über halbnomadische Existenz bis hin zu zunehmender Sesshaftigkeit lässt sich ein Prozess beobachten, der, so Weber, tiefgreifende Wandlungen in der politischen und militärischen Organisation mit sich bringt (vgl. ebd.: S. 49). In der Beduinentraditon stellte der Krieg einen reinen Gefolgschaftskrieg dar: „In der Tat hatten fast alle Kämpfe der israelitischen Richterzeit diesen Charakter." (ebd.: 52). Die Entwicklung und die benannten Kategorien von Bauern, Kleinviehzüchtern, Stadtpatriziat etc. besitzen Wichtigkeit für die Interpretation der Bezüge jüdischer sozialethischer Vorschriften. Zentral hierfür ist jedoch, so Weber, nicht eine ökonomische Deutung einzelner sozialethischer Institutionen, sondern die Auffassung, „welche die volkstümliche Tradition der Königszeit von den Kleinviehzüchtern hatte und welche in ihrer Auffassung der Erzväter zum Ausdruck kommt" (ebd.: 57). Diese Dominanzverlagerung findet eine wichtige Manifestierung in den Rechtssammlungen: „Mehr in einzelnen Symptomen und in dem »Geist« der Art der Stellungnahme zu den typischen Gegensätzen, äußert sich die soziale Umwelt, als in der formellen Eigenart und dem Inhalt der Sammlungen." (ebd.: 66). Hierbei vor allem das Prozess-, Sklaven- und Metökenrecht (Beisassenrecht), wobei sich einerseits Bezüge zum babylonischen Recht finden, es jedoch an zentralen Stellen zu systematischen Eigenheiten kommt: „das in der Paränese enthaltene sehr folgenreiche Verbot, beim Leihen an einen armen Volksgenossen diesen zu Schaden zu bringen und Zins (neschech) zu nehmen..." (ebd.: 69). Dieses stellt die Quelle der Scheidung von Binnen- und Außenmoral dar, so Weber, und entstammt „primär der alten Brüderlichkeitsethik des Nachbarschaftsverbandes mit seiner Pflicht zinsloser Nothilfe" (ebd.).

„Dem Gesamteindruck nach bedeutet die Abfolge dieser Rechtssammlungen eine steigende Theologisierung des Rechts." (ebd.: 81). Äußerlich vollzog sich diese Entwicklung als Theokratisierung der israelischen Sozialordnung, deren Eigentümlichkeit bereits durch den Begriff des *Bundesbuches* deutlich wird. Worum es hier geht ist eine Form des Vertrages, der vor allem durch das Element des Eides sich konstituiert, der die Grundlage der rechtlichen und sittlichen Beziehungen bildet. „Vor allem war Israel selbst als politisches Gemeinwesen eine Eidgenossenschaft." (ebd.: 82). So wie nunmehr der Bund das Zentralelement in den Beziehungen der Volksgenossen untereinander spielt, ist die Beziehung zum Gott Jahwe ebenfalls als Bund benannt. „Diese sehr wichtige Konzeption hat die Entwicklung der israelitischen Religiosität überaus stark beeinflusst." (ebd.: 86). Hierbei handelt es sich um gegen-

Das antike Judentum

seitige Pflichten und Zusagen, die sich durch alle entsprechenden Bundschließungen ziehen: „in dem Bunde mit Noah, dem mit Abraham, Isaak, Jakob und schließlich dem Sinaibund" (ebd.: 87).

Die dadurch ausgezeichnete stadtadels- und königsfeindliche Tradition beruft sich immer auf den alten Bund, „den einst Jahwe durch Mose mit Israel im Gegensatz zu allen anderen Völkern geschlossen habe…" (ebd.: 126). Durch diesen Bund wurde Jahwe der Gott der Verheißung und dies stellt „die unentbehrliche gedankliche Grundlage für die nirgendwo sonst erreichte Prophetie und der Heilsweissagungen (dar)" (ebd.: 127). In der Folge trat nunmehr das alte Recht des Bundes und die damit einhergehende Bedeutung der Einhaltung von Jahwes Geboten mit großer Gewalt, wie Weber sagt, hervor und prägte die Zukunftshoffnungen. „(D)ie Bundesvorstellung wurde so, in einer Art wie bei keinem anderen Volk, die spezifische Dynamik der ethischen Konzeptionen der Priesterlehre und Prophetie" (ebd.: 129). Die Vernichtung des ägyptischen Heeres, beim Auszug der Israeliten aus dem Exil, stellt eine Art von „Gründungsmythos" und Prestigequelle des Gottes Jahwe dar. Hieraus in Konsequenz entwickelt sich eine deutliche Form der Verheißung: „sowohl Erlösung und Verheißung betrafen aktuelle politische, nicht innerliche, Dinge(…). Gerade dieser primitive ungebrochene Naturalismus und gerade jene auf primitive materielle und soziale Kulturverhältnisse zurückgehende rituelle Eigenart wurden das Wichtigste." (ebd.: 136).

Jenseits des zweifellos vorhandenen „dämonischen" Charakters Jahwes (der zornige und strafende Gott) wurde er gleichzeitig ein sozialer Verbandsgott. Jahwe war ein Wahlgott des Volkes und entsprechend wurde ein Bund gegenseitiger Verpflichtungen geschaffen. „Alle Verletzungen der heiligen Satzungen waren also nicht nur Verstöße gegen Ordnungen, die er garantiert, wie dies andere Götter auch tun, sondern Verletzungen der feierlichsten Vertragsverpflichtungen gegen ihn selbst." (ebd.: 140). Am Beginn stand jedoch, so Weber, eher eine universalistische Konzeption, die erst später durch Lokalisierungen (etwa im Jerusalemer Tempel) partikularen Charakter annahm.

Palästina war, so Weber, zu keiner Zeit ein von irgendwelchen Bildungsschichten entblößtes Gebiet; vielmehr muss man sich den vorexilischen israelischen Plebejer, anfangs wirklich (als er noch der freie Bauer war), später in der Orientierung (im Zuge der Stadtansässigkeit), als einen Eidgenossen vorstellen. Natürlich war es nicht der Plebejer, der die rationalen Konzeptionen der alttestamentarischen Schriften zu erzeugen vermochte. „Aber für die meisten von ihnen war er aufnahmefähig. Und gerade in dem Aufeinanderwirken einer begeisterten Intellektuellenschicht mit diesem Publikum von Schichten, welche durch die Entwicklung der Königszeit entmilitarisiert und sozial deklassiert waren, liegt eines der Geheimnisse der Entfaltung des Jahwismus." (ebd.: 220).

Weber sieht den Entstehungsort und die Entstehungsbedingungen für den Jahwismus als typisch für die Entstehung neuer religiöser Konzeptionen an. Niemals findet sich derartiges in den Zentren existierender rationaler Kulturen, sondern quasi in der Peripherie, die jedoch nicht unbeeinflusst durch die Zentren ist. „Der Grund ist überall ein und derselbe: um neue Konzeptionen religiöser Art zu ermöglichen, darf der Mensch noch nicht verlernt haben, mit eigenen Fragen den Geschehnissen der Welt gegenüberzutreten." (ebd.). Und Weber weiter: „Die Fähigkeit des Erstaunens über den Gang der Welt ist Voraussetzung der Möglichkeit des Fragens nach ihrem Sinn." (ebd.: 221). Dies scheinen zentrale und wichtige Stellen für eine Gesamtinterpretation der Weber'schen Studien zur „Wirtschaftsethik der Weltreligionen" zu sein. Hier geht es um die zentrale Begründung der Entstehung von Religion, die Weber in der Suche nach Sinn (*Sinngebung*) meint gefunden zu haben. Einiges ist bis zu diesem Punkt zusammen gekommen: Zusammenbruch des Nordreichs, Bedrohung durch Großmächte, jahwistische Geschichtslegende. „Die ganz großen Fragen der *Theodizee* aber warf erst der drohende Zusammenbruch des Reiches auf." (ebd.: 221; Hervorhebung durch Verf.).

Im Gegensatz zu einer Bekämpfung des Übels durch den Zauber, findet sich in Israel das „Wunder", welches, so Weber, das eindeutig rationalere Gebilde ist. Dies passt auch eher zu einem Gott, der im letzten Grund rational und planmäßig ist, dem jedoch so Weber zweierlei eigentümlich war:

„(E)r war (...) ein Gott von Plebejern." (ebd.: 238). „Das Besondersartige aber war dabei: daß hier und nur hier plebejische Schichten Träger einer rationalen religiösen Ethik wurden. (...) Jahwe blieb ein Gott der Geschichte, und zwar insbesondere: der politisch-militärischen Geschichte." (ebd.: 239).

Spekulationen über den Sinn der Welt waren auf einem derartigen Boden, so Weber, schlicht unmöglich. Neben der Ausschaltung magischer Elemente wurden auch der Mythologisierung enge Grenzen gesetzt. Was man diesbezüglich als typisch für eine Bearbeitung und Verarbeitung von Mythen durch theologischen Rationalismus ansehen kann, ist die Schöpfungserzählung in der Genesis, welche „eine typische Priesterleistung (darstellt), entstanden in der Exilzeit im bewußten Gegensatz gegen die babylonische Umwelt." (ebd.: 241).

Jahwe war immer ein Gott der „sozialen Ordnung" und nicht, wie man dies in anderen Religionen oftmals findet, ein zuallererst auf die Natur wirkender Gott. Ein wichtiger Aspekt bzw. eine Eigenart des jahwistischen Glaubens in Abgrenzung etwa von der ägyptischen Religion ist das Fehlen einer Bürokratie, die sich zwischen Gott und die Massen schiebt.

Im zweiten Teil der Studie, unter dem Titel „Die Entstehung des jüdischen Pariavolkes" widmet sich Weber einer Erscheinung, die er selbst als die folgenschwerste, für die Entwicklung der israelitischen Religiosität bezeichnet: *der Prophetie*. Die vorexilischen Propheten, so Weber, waren vor allem „politische Demagogen" (ebd.: 282) und vor allem: Sprechende und nicht Schreibende. Es ging in dieser Zeit um die nationale Einheit bzw. schlicht: um die Existenz Israels, welches von aggressiven Großmächten (Assyrien, Ägypten etc.) umgeben war. Das heißt:

Das antike Judentum

„Partei mußte ergriffen werden und niemand, der öffentlich wirkte, kam um die Frage herum: für wen?" (ebd.: 287).

Ihnen ging es jedoch nicht um den Staat um seiner selbst willen, wie Weber sagt, ihre Frage war vielmehr „ganz und gar religiös, an der Erfüllung von Jahwes Geboten, orientiert" (ebd.: 289). Ihrer sozialen Herkunft nach, die sehr heterogen war, ging ihnen bezüglich sozialer Problemlagen jedes homogene Interesse ab. Die Propheten waren keine Vertreter „demokratischer Ideale" (ebd.: 292), noch predigten sie irgendeine Form von „religiösem Naturrecht" oder „Revolutionsrecht" (ebd.).

Nach und nach findet die Ansicht verstärkte Verbreitung, dass die Geltungsansprüche Israels nicht durch militärische Mittel, sondern ausschließlich durch ein Gotteswunder durchgesetzt werden könnten. Denn, wie oben bereits angeführt, der Gott der Israeliten war ein Gott der gerechten Vergeltung. Dies ist ein deutliches Signal gegen jedwede Form von tatsächlicher „*Weltflucht*". Wer waren jedoch diese Propheten und wodurch zeichnen sie und ihre Prophetie sich aus? Weber führt an: (1) Psychologisch waren sie Ekstatiker, die (2) ein Leben als Sonderlinge führten (Lebensführung). Auch in anderen Gegenden kennt man natürlich, so Weber, derartige ekstatische Orakelprophetie. „Nirgends aber ist eine freie Demagogie von weissagenden Ekstatikern von der Art der israelitischen Propheten überliefert." (ebd.: 302). Bezüglich der Propheten geht es Weber zunächst einmal um – wie er es nennt – den emotionalen Charakter der prophetischen Ekstase:

1. Gott *spricht* zu ihnen, was eine klare Ablösung der alten leibhaftigen Epiphanie (Gotteserscheinung) ist.
2. Die Propheten *deuten* die außeralltäglichen Zustände, Gesichte etc. selbst *sinnhaft*.

Insbesondere der zweite Aspekt ist von weit reichender Bedeutung; erst wenn der Prophet die Deutung selbst vollzogen hat, dann, so Weber: spricht er. Genau in diesem Aspekt sieht Weber auch den Realgrund der Ekstase, welche keinen psychopathischen Zuständen entspringt, „sondern aus der stürmischen Gewißheit der gelungenen Erfassung des Sinnes dessen, was der Prophet erlebt hatte" (ebd.: 305). Weber fasst dies in eine sehr dichte und prosaische Beschreibung, die gleichzeitig die Besonderheit dieser Propheten herausstellt: die *Einsamkeit*. „Aus einsamem Ringen mit seinen Gesichten kommt der Unheilsprophet, und in die Einsamkeit seines Hauses kehrt, mit grausen und Furcht betrachtet, immer ungeliebt, oft verhöhnt, verspottet, bedroht, bespien, ins Gesicht geschlagen, wieder zurück." (ebd.: 308).

Die Ekstase ist somit nur ein Mittel; der eigentliche Zweck, und damit eben auch der Grund des Glaubens an das Prophetenwort ist die Deutung dessen, was dieser gesagt bekommen hat. Und immer geht es um ein Anhalten zu Sittlichkeit und ein Androhen von Unheil. Dieses angedrohte Unheil ist jedoch, hier wiederum eine wichtige Besonderheit der israelitischen Religion: diesseitiges Unheil. Diesem Unheil kann nur durch sittlich richtiges Handeln begegnet werden. Diese Einhaltung der Gebote ist dem Propheten ebenso auferlegt, der ja eben gerade kein Virtuose in diesem Sinne ist. „Kein Prophet hat nach seiner Selbstbeurteilung etwas Eigenes an Heilsbesitz, er ist stets nur Mittel der Verkündigung göttlicher Gebote. Immer bleibt er nur Werkzeug und Knecht seines jeweiligen Auftrags. *Nie sonst ist der Typus der »Sendungsprophetie« so rein ausgeprägt gewesen.*" (ebd.: 313; Hervorhebung durch Verf.).

Wichtig, vor allem im Hinblick auf die Gemeinschaftsfolgen derartiger Prophetie und derartiger Propheten ist, dass diese rein ethisch und nicht kultisch interessiert waren. Es kam entsprechend nicht zur Gemeindebildung um den jeweiligen Propheten, sondern die Einflussebene lag in der Wirkung auf ethische Aspekte. Diese „ethische Wendung" ging einher, so Weber, „mit der universalistischen Steigerung der Gotteskonzeption" (ebd.: 316). Entscheidend für die inhaltliche Verankerung der (ethisch gerahmten) Prophetie war der vorherrschende Monismus, der neben Gott keine eigene und quasi-autonome Quelle des Übels/Bösen in der Welt sah. Der israelitische Gott war eben auch ein Rachegott und insbesondere ein handelnder Gott und kein Gott der ewigen Ordnung. „Aus dieser Qualität folgte der entscheidende Charakter der religiösen Beziehung." (ebd.: 326).

In einer Welt, die geprägt ist von Krieg und Übel, spricht und handelt der Gott der Israeliten und dies ist die Welt, in welche die Propheten gestellt sind. Das Reden und Handeln dieses Gottes ist jedoch menschlich verständlich, was eben verhindert, dass es zur Ausprägung eines mystischen Charakters der Religiosität kommt. Es geht jedoch nicht um den „Sinn der Welt", nicht um die Frage, was dem Leben in dieser Welt Sinn verleiht: „nie und nirgends ist es das Bedürfnis nach Rettung, Erlösung, Vollendung der eigenen Seele aus und gegenüber dieser unvollkommenen Welt, was den Propheten oder sein Publikum zu Gott treibt." (ebd.: 328). Die Welt in ihrem Dasein besaß grundlegend rationalen Charakter, konnte entsprechend verstanden werden. Die Ratschlüsse Gottes waren zumindest prinzipiell für die Menschen verstehbar. Der empirischen Welt gegenüber manifestiert sich die Prophetie dann nicht in Erlösung, sondern (rein diesseitig) in Verheißung und diese gewinnt ihre Bedeutung und ihren Bezug aus dem Bundesschluss mit Gott und nicht, wie im Christentum, aus der Erbsünde. „Ganz konkret und positiv, rein diesseitig, waren Jahwes Gebote, ebenso konkret und ebenso rein diesseitig seine alten Verheißungen." (ebd.: 332).

Nicht nur für die israelitische Religion gilt dann die Ausführung Webers: „Ihre spezifische Eigenart empfängt eine Ethik nun nicht durch die Besonderheit ihrer Gebote – die israelitische Alltagsethik war derjenigen anderer Völker nicht unähnlich –, sondern durch die zentrale religiöse Gesinnung, welche hinter ihr steht." (ebd.: 333). Im Fall der israelitischen Propheten war die zentrale (ethische) Forderung: der Glaube, der das bedingungslose Vertrauen auf die Ernsthaftigkeit der Gottesworte beinhaltet und ausdrückt. „Gehorsam und vor allem Demut sind die daraus folgenden Tugenden..." (ebd.). Eine derartige Eigenart kann, so Weber, „nur in der Nachbarschaft von Weltmonarchien, nicht in Freistaaten die Herrschaft gewinnen" (ebd.: 334).

Ähnlich wie im mittelalterlichen Christentum ist die utopische Weltindifferenz der Propheten nur durch die Aktualität der Enderwartung erklärbar. Nur weil davon ausgegangen wurde, dass die Erfüllung der Verheißungen direkt bevorstand, konnte sich ein Verhalten manifestieren, welches den Weltgeschehnissen so unbeteiligt gegenüber stand. Die Entwicklung einer derartigen Konzeption ist die Folge der Zusammenarbeit der Propheten „mit der allmählichen Rationalisierung der levitischen Thora und dem Denken frommer gebildeter Laienkreise" (ebd.: 348). Die politisch zertrümmerte Gemeinschaft wurde durch die aufrechterhaltene Aktualität der Verheißungserwartung zusammengehalten, so dass jeder davon ausgehen konnte, dass er persönlich noch die Zeit der Rache und Vergeltung erleben konnte.

Gleichzeitig erzeugte diese eine deutliche und sehr scharfe Trennung der Gemeinschaft nach außen. Im scharfen Gegensatz etwa zum protestantischen Puritanismus, der ein einheitliches Verhalten gegenüber allen forderte, unterteilte sich dies im Judentum sehr deutlich entlang dieser Grenze. „Der »Nächste« ist immer der Volks- oder jetzt der Konfessionsgenosse." (ebd.: 357). Dies wirkte entsprechend im Bereich des ökonomischen Verhaltens. „Niemals konnte, in dem Sinne, wie im Puritanismus, die auf dem Boden der formalen Legalität stehende rationale Erwerbswirtschaft religiös positiv bewertet werden, und das ist auch tatsächlich nicht geschehen." (ebd.: 358). Die Folge hiervon war: *„daß jener spezifische Gedanke der religiösen »Bewährung« durch rationale »innerweltliche Askese« fortfiel, der dem Puritanismus eignet."* (ebd.; Hervorhebung durch Verf.). Es fehlte jede religiöse Prämie auf Wirtschaftshandeln im Sinne des puritanischen Prinzips: „honesty is the best policy".

Gehalt und Bedeutung der Studien

Nach diesem Versuch, das in den Studien aufgeführte historische und thematische Material in verdichteter Form zu präsentieren, steht nunmehr die Frage an: (1) was der bleibende Gehalt dieser religionssoziologischen Arbeiten von Weber und – wiederum in Anlehnung an die in der Einleitung aufgeführten Zugänge – (2) was das Thema dieser Studien ist? In einem der wichtigeren Texte der neueren Weberforschung widmet sich Friedrich Tenbruck unter dem Titel „Das Werk Max Webers" (zuerst erschienen 1975) diesen beiden Fragen. Liest man diesen Text ca. 30 Jahre nach seinem Erscheinen, dann zeigt sich, dass Tenbrucks Anmerkungen ihre Spuren in der Weberforschung hinterlassen haben, dass jedoch sein starkes Plädoyer für eine Zentralität der Religionssoziologie im Gesamtwerk Webers zumindest an der breiteren Weberwahrnehmung fast spurlos vorbeigegangen ist.

Die Konzentration auf „Wirtschaft und Gesellschaft" als Fragment eines eigentlichen Hauptwerkes führte, so Tenbruck, zu einer massiven Vernachlässigung der Studien zur „Wirtschaftsethik der Weltreligionen". Tenbruck ist im Gegensatz zu dieser nach wie vor gebräuchlichen (man kann sicherlich sagen: herrschenden) Wahrnehmung der Ansicht, dass uns mit der Religionssoziologie (also mit den Aufsätzen zur „Protestantischen Ethik" (PE) und den Studien zu den Weltreligionen (WEWR), zusammengebunden in den „Gesammelten Aufsätzen zur Religionssoziologie" (GARS)) das eigentliche Zentrum Weber'schen Schaffens gegeben ist. „So umspannen die GARS die gesamte Schaffenszeit Webers von der PE bis zu seinem Tod; sie, und nicht WG (Wirtschaft und Gesellschaft, Verf.) waren das Werk, das ihn beharrlich beschäftigt hat. (...) (D)ie WEWR (...) dokumentiert den Prozeß, in dem er seine Probleme in ihrem ganzen Umfang auf ihre oberste Fragestellung brachte, nämlich zuerst durch die Materialstudien zu den Sachkapiteln und schließlich durch die theoretische Summierung in »Einleitung« und »Zwischenbetrachtung«." (Tenbruck 1999: 73). Tenbruck sieht in der Religionssoziologie das Zentrum eines Projektes, in dessen Kern der Begriff des Rationalisierungsprozesses steht. Darum war es Tenbrucks Ansicht nach Weber gegangen: „wie sich Rationalität im Zusammenspiel von Ideen und Interessen auswirkt und produziert" (ebd.).

Tenbruck verweist hierfür auf die oben bereits angeführte Stelle in der Einleitung zu WEWR, in der Weber über den Zusammenhang und das Zusammenspiel von Ideen und Interessen spricht: „...Weber gebraucht den Begriff (Ideen, Verf.) im herkömmlichen Sinn des vorigen Jahrhunderts. Ideen sind jene zu überpersönlicher Geltung gelangten Auffassungen, in denen grundlegende Aspekte des menschlichen Verhältnisses zur Welt artikuliert werden. Im weiteren Sinn also sind sie »Weltbilder«, im engeren besonders solche, die sich dem Bedürfnis und der Anstrengung einer kohärenten Weltauslegung verdanken und also vor allem von Religionsstiftern, Propheten, Intellektuellen geschaffen worden sind." (ebd.: 81). Anders formuliert zielt Tenbruck hier auf etwas ganz Ähnliches ab, was wir oben mit dem Begriff der „Sinngebung" bezeichnet haben. D.h. Religionen sind – verstanden als Weltbilder und damit im Weber'schen Sinn: Ideen – Versuche der „Weltauslegung", mithin: Versuche der Welt Sinn zu verleihen.

Dass Tenbruck in diesem Zusammenhang von einer „List der Ideen" als quasi hegelianische Beschreibung der Entwicklungsprozesse spricht, ist insofern konsequent, als er versucht der Entwicklung von Weltbildern in diesem Sinne eine eigenlogische Dynamik zuzuschreiben. Ihr Fundament besitzt diese Dynamik, so Tenbruck, in der von Weber in der „Einleitung" dargelegten „anthropologischen Theorie". Kernstück dieser Anthropologie ist das, was wir oben unter den Begriffen „Theodizee des Glücks" und „Theodizee des Leids" eingeführt haben. Tenbruck hierzu: „Die Erlebnisse von Glück und Leid sprengen die rein zweckrationalen

Kategorien des pragmatischen Umgangs mit den Sachen, d.h. deren Verbreitung kann sich nicht in technischen Kunstfragen, wie man es besser machen können, erschöpfen." (ebd.: 82). In dieser Perspektive dreht sich also die Entwicklung um: am (chronologischen) Beginn steht eine rein zweckrationale Weltwahrnehmung (als idealtypische Beschreibung), die dadurch „überwunden" wird, dass die Sachen in einen Zusammenhang gebracht werden, der die Kategorie des Sinns und davon ausgehend: der Sinnlosigkeit erst zu ihrer Wirkmacht verhilft. Das Alltägliche wird somit in seiner Sinnlosigkeit erst zu Bewusstsein gebracht und damit gleichzeitig das Interesse an einer „Überwindung" oder zumindest „Bearbeitung" dieser Sinnlosigkeit erzeugt.

An dieser Stelle kommt mit dem Konzept des Charismas dasjenige Element ins Spiel, welches sinnerzeugend wirkt. Diese Sinnerzeugung „funktioniert" nach Tenbruck in und durch Erklärungen und dies ist der Grund für die rationalisierende Macht von – in diesem Fall – religiösen Sinnstiftungen. Während die unzusammenhängende, punktuelle und rein zweckrationale Wahrnehmung sich in der Sinnlosigkeit der je konkreten Situation verliert, wird durch die außeralltägliche Macht des Charisma sowohl Sinn erzeugt als auch die konkrete Situation in größere Zusammenhänge eingestellt. Am Beginn steht also die charismatische Sinnerzeugung, die jedem Rationalisierungsprozess zugrunde liegt. „Eine umfassende Rationalisierung der Wirklichkeit, wie sie die europäische Neuzeit gebracht hat, konnte nur aus einer Disziplinierung der Interessen im Sinne einer rational methodischen Lebensführung entstehen. Nun haben zwar alle Religionen eine methodische Lebensführung auf ihre Weise zu liefern versucht, nur blieb diese teils im Dienst innerweltlicher Interessen, ließ ihnen jedenfalls Raum, oder zielte an der Wirklichkeit vorbei auf rein überweltliche Erlösung. Nur die innerweltliche Askese schuf jene rational geordnete Lebensführung, welche sich als Bewährung in einer von Magie gereinigten Welt verstand." (ebd.: 85f.).

Die Religion als sinnstiftende Macht fordert vom Einzelnen eine letzte Stellungnahme zur Welt und ihren Ordnungen. Diese Forderung führt nunmehr zu Spannungen mit den Ordnungen der Welt. Weber war dies natürlich klar und seine entsprechenden Ausführungen in den religionssoziologischen Schriften (»Vorbemerkung«, »Einleitung«, »Zwischenbetrachtung«) stellen zwar einerseits Systematisierungen dieser Problematik vor, weisen jedoch andererseits bereits über die Religionssoziologie hinaus. Tenbruck merkt hierzu an: „Dort hat Weber die Summe seiner Forschungen über Rationalisierungsvorgänge gezogen und, soweit möglich, nachträglich den GARS aufgedrückt." (ebd.: 77).[27] Wir wollen anhand der »Zwi-

---

[27] Natürlich macht diese Vorgehensweise eine Beschäftigung mit den religionssoziologischen Teilen von „Wirtschaft und Gesellschaft" nicht überflüssig; jedoch erscheinen Tenbrucks Argumente in Bezug auf die Stellung und Bedeutung der „Zwischenbetrachtung" plausibel zu sein, so dass dieser Text als Basis für eine systematisierende Zusammenfassung genutzt wird.

schenbetrachtung« Webers Überlegungen nachzeichnen und damit der Frage nachgehen, *welche Konsequenzen die Sinnerzeugung von Religionen mit sich brachte.*

Die Zwischenbetrachtung

Im Zentrum der Zwischenbetrachtung steht die Frage nach dem »Sinn« von Entstehung und Entwicklung religiöser Ethiken. Ausgehend von dieser Frage unternimmt Weber einen ersten Versuch der Schematisierung von religiösen Ethiken, den diesen zugrunde liegenden Motiven sowie den diese tragenden Gesinnungen. Weber geht hierfür „idealtypisch" vor, d.h. er präsentiert Typen religiöser Ethik (allgemeiner: Wertsphären) „in einer rationalen Geschlossenheit (…), wie sie in der Realität selten auftreten, aber allerdings: auftreten können und in historisch wichtiger Art aufgetreten sind" (GARS I: 537). Zuallererst einmal geht es, auch wenn Weber sehr allgemein von „Wertsphären" spricht, um religiöse Ethiken, also um das, was er in den GARS in den Blick nimmt. Gleichzeitig weist er darauf hin, dass dieser „religionssoziologische Versuch" „zugleich ein Beitrag zur Typologie und Soziologie des Rationalismus" (ebd.) sein will. Das heißt, worum es Weber in der Analyse religiöser Entwicklungen geht, ist vor allem: ein Verständnis einer Bewegung zu erlangen, die ausgehend von einer charismatischen Erzeugung einen Rationalisierungsprozess durchläuft.

Wolfgang Schluchter unterzieht in seinem zweibändigen Werk zu »Religion und Lebensführung« die Zwischenbetrachtung einer systematisierenden und weiterführenden Analyse. Als den hier formulierten Kerngedanken sieht Schluchter neben der Verdeutlichung objektiv möglicher religiöser Weltablehnungsmotive eine Klärung, „welche Spannungen ja Konflikte bei religiös motivierter Weltablehnung zwischen den Ansprüchen der Religion und denen anderer Wertsphären und Lebensordnungen, zwischen religiöser Lehre oder Ethik und den »Lehren« oder »Ethiken« der »Welt« objektiv möglich sind" (Schluchter 1991, Bd. 2: 69). Zu derartigen Spannungen kommt es bei religiösen Ethiken, die gleichzeitig „weltabgewandt" sind bzw. dies als Erlösungsweg von ihren Anhängern fordern. Der Konfuzianismus, dessen Darstellung direkt vor der »Zwischenbetrachtung« zu finden ist, ist hingegen eine weltzugewandte Religion, deren Postulate, Vorschriften und ethischen Zumutungen insofern keine derart ausgeprägten Konfliktlinien eröffneten. Der Hinduismus, mit dessen Darstellung Weber nach der »Zwischenbetrachtung« ansetzt, zeigt sich ihm dagegen als diejenige religiöse Ethik, in welcher „strengste Weltablehnung" gepaart wurde mit „organischer Sozialethik", „Kontemplation" und „innerweltlicher Berufsethik". Weber führt also den Hinduismus als deutlichen Kontrast gegen die konfuzianische Ethik ein und die »Zwischenbetrachtung« dient ihm als der Ort, an dem er den Versuch einer vorläufigen Systematik der Kontrastdimensionen vornimmt.

Was Weber in den folgenden Abschnitten präsentiert lässt sich in einem ersten Schritt zu spezifischen Begriffspaaren sortieren: (1) Askese – Mystik (2) innerweltlich – weltflüchtig. In der Kombination zu »innerweltlicher Askese« und »weltflüchtiger Mystik« wird der denkbar radikalste Gegensatz benannt, mit »weltflüchtiger Askese« und »innerweltlicher Mystik« ein gemilderter Gegensatz, so Weber, was wiederum heißt, dass es sich hierbei um komplementäre Dimensionen handelt. Beides ist in der Welt zu sehen: Askese und Mystik und entscheidend für die Ausgeprägtheit von Gegensätzlichkeit ist die Frage: welche Konstellationen von Innerweltlichkeit/Weltflüchtigkeit und Askese/Mystik prägend sind.

Weber spricht dann über einen Unterschied, der wiederum etwas anders gelagert zu sein scheint. Der echte Mystiker bewährt sich, so lesen wir, „gegen die Welt, gegen sein Handeln in ihr. Während die innerweltliche Askese sich gerade umgekehrt durch Handeln bewährt." (ebd.: 539). In ihren konsequentesten Formen kann es dann auch zu keinem „Verständnis" der jeweils anderen Lebensführung kommen. Während für den Einen Handeln bzw. ein bestimmtes Handeln prämiert wird, ist Handeln für den Anderen gerade das zu vermeidende. Die sich darin verbergende Dimension: Handeln vs. Kontemplation scheint jedoch nicht deckungsgleich mit den beiden ersten Gegensatzpaaren zu sein.[28]

Nach diesen wenigen Anmerkungen zu einer möglichen Typologie religiöser Ethiken und religiöser Lebensführungen wendet sich Weber derjenigen Thematik zu, deren skizzenhafte Ausarbeitung das eigentliche Thema der Zwischenbetrachtung bildet: *die Spannungsverhältnisse zwischen Welt und Religion*. Liest man den ersten Satz des entsprechenden Kapitels aus den »Religiösen Gemeinschaften« (ehemals: »Wirtschaft und Gesellschaft«), wird deutlich was Weber hier zuallererst im Blick hat. „Die Erlösungsreligiosität bedeutet, je systematischer und „gesinnungsethisch" verinnerlichter sie geartet ist, eine desto tiefere Spannung gegenüber den Realitäten der Welt." (RG: 119f.). Das heißt zuerst einmal geht es um ein Spannungsverhältnis, in welches das Individuum durch eine spezifisch gefärbte und entwickelte Religiosität gelangt. Gesinnungsreligiosität ist nur in und durch den Gesinnungsträger Realität; die daraus resultierende Spannung ist somit eine Spannung, die im und durch das Individuum erfahren wird.

Als »ersten« Konflikt benennt Weber das Spannungsverhältnis zwischen der religiösen Gemeinschaft einer Erlösungsreligion und der *Sippengemeinschaft*. Die religiöse Gemeinschaft als eine neue soziale Gemeinschaft fordert den Einzelnen in Gänze; lässt also eigentlich keinen Raum für alternative Gemeinschaften. Die religiöse Brüderlichkeitsethik entwickelt sich zu einer Alternative einer auf Verwandt-

---

[28] Die diesbezüglichen Ausführungen von Weber sind hier zwar nicht eindeutig: so spricht er vom aktiven Asketen, macht jedoch gleichzeitig deutlich, dass das Handeln sich insbesondere als Bewährung beim „innerweltlichen Asketen" findet. Eine weitergehende Interpretation müsste insbesondere den Weber'schen Handlungsbegriff systematisch einbeziehen.

schaftlichkeit oder Nachbarschaftlichkeit basierenden Ethik. „Immer stieß diese religiöse Brüderlichkeit, je mehr sie in ihren Konsequenzen durchgeführt wurde, desto härter mit den Ordnungen und Werten der Welt zusammen." (GARS I: 544). Weber sieht im Verhältnis zur *Wirtschaft* den offensichtlichsten Konflikt; ähnlich zur *Politik*, wo sich das Spannungsverhältnis im Falle des Krieges radikal steigert und in Form der Kriegerethik ein massives Gegenmodell zur religiösen Brüderlichkeitsethik sichtbar wird. Wirtschaft und Politik stellen für Weber Wertsphären dar, die in ihrer idealtypischen Beschreibung durch zweckrationale Orientierungen geformt sind. Hingegen findet der Konflikt zur *ästhetischen* und *erotischen* Wertsphäre auf einer etwas anderen Ebene statt. So beschreibt Weber die »geschlechtliche Liebe« als die größte irrationale Lebensmacht, die in ihrer Irrationalität in äußersten Konflikt mit religiösen Ethiken gelangt. Als letztes nennt Weber, und dies wird uns in einem späteren Kapitel noch ausführlicher beschäftigen, ein weiteres Spannungsverhältnis: „am größten und prinzipiellsten wird schließlich die bewußte Spannung der Religiosität gerade zum Reich des denkenden Erkennens." (ebd.: 564). Hier geht es also um einen grundlegenden und prinzipiellen Konflikt zwischen Religiosität und *Wissenschaftlichkeit*, den Weber folgendermaßen ausführt: „*Wo immer aber rational empirisches Erkennen die Entzauberung der Welt und deren Verwandlung in einen kausalen Mechanismus konsequent vollzogen hat, tritt die Spannung gegen die Ansprüche des ethischen Postulats: daß die Welt ein gottgeordneter, also irgendwie ethisch sinnvoll orientierter Kosmos sei, endgültig hervor.*" (ebd.; Hervorhebung durch Verf.). Wissenschaft ist für Max Weber die größte der »Entzauberungsmächte«; während Religion auf einer letzten Stellungnahme zur Welt basiert, beruft sich Wissenschaft auf intellektuelles Wissen über die Welt (des Faktischen). Der Sinn der Welt wird in der Religion, so Weber, „kraft des Charisma einer Erleuchtung" (ebd.: 566) erlangt und nicht, wie es die Wissenschaft betreibt, kraft der Durchdringung mittels des Verstandes.

Liest man diese Passagen, so wird der oben skizzierte Vorschlag von Tenbruck: dass bereits in der charismatischen Sinnsetzung ein Verstandeselement in und durch Begründungen vorhanden sei, welches dann wiederum Begründung für Rationalisierungsprozesse wäre, fraglich. Zwar hätte man damit eine konsistente Beschreibung des bei Weber notierten Prozesses, welcher ausgehend von charismatischen Sinnerzeugungen je spezifische Rationalisierungen kennt und benennt; in Bezug auf die Religionssoziologie lautete die Frage jedoch zugespitzt: *Trägt die Religionssetzung bereits das Element der eigenen Entzauberung in sich?* Folgt man an dieser Stelle Wolfgang Mommsen, dann handelt es sich bei Charisma (Sinnsetzung) und Rationalisierung (Sinntransformation) um zwei gegensätzliche und nicht aufeinander zurückführbare „Kräfte". Letztlich muss diese Frage an dieser Stelle (noch) offen bleiben; erst durch den Einbezug einer zeitdiagnostischen Ebene lässt sich nachvollziehen, welche Position Weber hier vertreten hat.

Was wir zusammenfassend im Zentrum der Weber'schen Religionssoziologie (und wahrscheinlich nicht nur hier) finden, ist: Konflikt. Keine funktionalistische

Harmonisierung und auch keine die Wertsphären überwölbende Metaebene, sondern Rationalisierungsprozesse, die einerseits unverträglich miteinander sind und die andererseits in und durch die Menschen im Status eines Dauerkonflikts verweilen. Eine Entscheidung für oder wider das Eine oder Andere lässt sich jedoch nicht wiederum begründen, so die Ansicht von Weber, wie sie von Karl Löwith in einem Beitrag zu »Max Webers Stellung zur Wissenschaft« (1964) herausgearbeitet wurde.

Man kann der Einschätzung von Schluchter folgen, dass Weber uns mit der »Zwischenbetrachtung« das Kernstück einer Art von „Weltanschauungssoziologie" bzw. „Weltanschauungspsychologie" präsentiert. Insgesamt zeigt uns Weber in seiner Religionssoziologie ein vergleichend angelegtes und an Idealtypen arbeitendes Programm, welches sich im Kern mit Sinngebungsprozessen beschäftigt und hierbei vor allem die komplexen Wechselwirkungsverhältnisse nachzeichnet, die zur Entstehung von Religionen und zu ihrer Verankerung in spezifischen Lebensführungen geführt haben. Die Umgestaltungskraft und Veränderungsmacht, welche den Weltreligionen innewohnt(e), entfaltete sich vor allem in und durch ihre Verinnerlichung bei den jeweiligen Anhängern. Die Religionen unterscheiden sich, und diese Analyse wird durch die entsprechenden Anmerkungen von Weber in der Zwischenbetrachtung ermöglicht, durch ihre Charakterisierung (ihr Profil) als weltzugewandt oder weltabgewandt, als innerweltliches Handeln fordernd oder weltflüchtige Kontemplation, als den Einzelnen zu asketischer Disziplinierung und Selbstkontrolle zwingend oder diesen in eine eher mystische Haltung versetzend. Der Konfuzianismus fällt insgesamt aus dieser Charakterisierungsmöglichkeit heraus, da er – entgegen allen Erlösungsreligionen – eine konsequent weltzugewandte Haltung erzeugte. So fehlen hier diejenigen Spannungsverhältnisse, welche prägend für das Verhältnis der Religion zur Welt bei allen Erlösungsreligionen waren und sind, was jedoch eine ungeheure und in ihren Konsequenzen von Weber beschriebene Dynamik erzeugte. Ihre ausgeprägteste Form erreichte diese Dynamik im okzidentalen Protestantismus.

Weiterführende Literaturhinweise

Für eine vertiefende Beschäftigung mit Webers Religionssoziologie und hier vor allem mit den in diesem Kapitel dargestellten Studien zur »Wirtschaftsethik der Weltreligionen« bietet sich dem Interessierten eine unüberschaubare Fülle an möglichen Anknüpfungen. Erwartungsgemäß wird über diese Studien nicht nur, und vor Tenbrucks paradigmatischem Beitrag 1975 praktisch kaum, innerhalb der Soziologie diskutiert, sondern darüber hinaus in den Religionswissenschaften, der Theologie und der Geschichte. Einen ersten Überblick über die entsprechende Auffächerung der diesbezüglichen Diskussionsschwerpunkte bieten die von *Wolfgang Schluchter* herausgegebenen Bände zu „Interpretation und Kritik" der jeweiligen Studien

(Schluchter 1981, 1983, 1985). In diesen Bänden wurde der Versuch unternommen die Weber'schen Studien sowohl als Teile eines Werkes einzuordnen; darüber hinaus diese unter Einbezug des jeweiligen Forschungstands unterschiedlicher Fachdisziplinen kritisch zu beleuchten. Sicherlich muss einschränkend angeführt werden, dass insbesondere der letzte Aspekt unter Verweis auf das Erscheinungsdatum der Bände deutlich macht, dass man darüber hinaus auch neuere Literatur konsultieren sollte, wenn man über den jeweiligen Diskussionstand informiert sein will.

Ein entsprechend neuerer Sammelband zu Webers religionssoziologischen Studien (*Lehmann/Ouédraogo* 2003) geht auf eine deutsch-französische Tagung zurück, die gleichzeitig dem Versuch gewidmet war, eine bisher (so die Diagnose der Herausgeber) eher marginale französische Weberforschung zu verbreiten. Die ebenfalls von Fachvertretern unterschiedlicher Disziplinen hier vorgelegten Beiträge schließen sehr gut an die Bände von Schluchter an und ermöglichen damit einen entsprechenden Anschluss an den aktuellen Forschungstand.

Nicht unerwähnt sollten in diesem Zusammenhang die in den entsprechenden Bänden der »Max Weber Gesamtausgabe« (MWG) vorfindlichen Einführungstexte (in den Studienausgaben (MWS) dann als Nachworte eingestellt) bleiben (MWG I/19, I/20 sowie I/21,1 und I/21,2). Zu Webers Studien zum antiken Judentum ist darüber hinaus vom Herausgeber der entsprechenden MWG Bände (I/21) *Eckart Otto* eine Monographie „Max Webers Studien des Antiken Judentums" (Otto 2002) vorgelegt worden, die zwar sicherlich keinen Einführungstext darstellt, jedoch unter anderem in Bezug auf die dort verarbeiteten Quellen sicherlich als der diesbezüglich derzeitige Stand gelten darf.

Insgesamt wird in all diesen Beiträgen (sowohl in den etwas älteren als auch den jüngsten Veröffentlichungen) deutlich, dass es einen sehr divergenten Umgang mit den Weber'schen Studien zu den Weltreligionen gibt. Neben einer Fülle an Kritik, die sich auf den Stand neuerer Exegese stützt, wird Webers Beitrag aus den unterschiedlichen Fachdisziplinen sehr unterschiedlich gewürdigt. So schreibt etwa *Helwig Schmidt-Glintzer*, Sinologe und gleichzeitig Herausgeber der MWG Bände I/19 und I/20, zu Webers Konfuzianismusstudie (in Lehmann/Ouédraogo 2003: 99): „In dem Maße, in dem sich unser Bild der chinesischen Geschichte verändert, differenziert und gelegentlich gänzlich neu eingefärbt hat, ist auch Max Webers Analyse als ‚überholt' zu betrachten. Doch seine Fragestellungen sind in modifizierter Form und unter Berücksichtigung neuerer Erkenntnisse weiterhin immer noch auch unsere Fragestellungen." Eckart Ottos zusammenfassende Darstellung am Schluss seiner Monographie liest sich nicht ganz unähnlich, wenn er einerseits die erst jetzt erkannte Bedeutung von Webers Studie zum „Antiken Judentum" herausstellt, andererseits jedoch von der Einsicht in die „zeitbedingten Grenzen" auf Grundlage des „heutigen Forschungsstandes" spricht (Otto 2002: 245).

Auch wenn sich Max Weber in seiner Studie zum Hinduismus nur äußerst knapp mit Korea (GARS II: 294f.) und etwas ausführlicher mit Japan (ebd.: 295 –

308) beschäftigt, findet in diesen Ländern seit Jahren eine intensive Auseinandersetzung mit Webers Werk statt und dies nicht zuletzt bezüglich seiner religionssoziologischen Thesen. Natürlich finden – eingedenk der wirtschaftlichen Entwicklungen in den ostasiatischen Ländern – vor allem Webers Thesen aus der Protestantischen Ethik in Verbindung mit seinen Ausführungen zum Konfuzianismus einen deutlichen Widerhall. Eine diesbezüglich sehr interessante und die südkoreanischen Diskussionen kritisch reflektierende Darstellung unter Bezug auf derzeitige Debatten zum Neo-Konfuzianismus findet sich bei *Seong Hwan Cha* (2003).

Der britische Soziologie *Peter Ghosh* legte jüngst mit seinem Beitrag „The place of Judaism in Max Weber's Protestant Ethic" einen Beitrag vor, der Webers Beschäftigung mit dem Judentum in einem systematischen Zusammenhang mit dessen Protestantismusstudie stellt. So beginnt er seinen Beitrag mit der richtunggebenden Bemerkung: „One of the most striking and yet neglected strands in Max Weber's Protestant Ethic is the evident interest it displays in the affinity between puritanism and Judaism." (Ghosh 2006: 208). Auch wenn ein derartiger Text kaum einführenden Charakter besitzt, findet er hier deshalb Erwähnung, weil Ghosh eine Diskussionslinie eröffnet, die sowohl interessant zu sein scheint und von der möglicherweise in Zukunft auch noch einiges zu erwarten ist.[29]

Auch bezüglich des Zusammenspiels von Judentum und okzidentaler Entwicklung ist das auf seine Heidelberger Max-Weber-Vorlesungen zurückgehende Buch von *Hans Kippenberg* zu nennen (Kippenberg 1991), in welchem insbesondere der städtische Charakter der Entwicklungen ins Zentrum gerückt ist. Die Trägerschichten der von Weber fokussierten Erlösungsreligionen waren in einer sehr systematischen Weise, wir haben oben darauf hingewiesen, mit der Entwicklung und der Position von Städten im Herrschaftsverband verknüpft. Kippenberg fungiert gleichzeitig als Herausgeber des aus dem Korpus von „Wirtschaft und Gesellschaft" herausgenommenen Teilbandes der MWG mit dem Titel: „Religiöse Gemeinschaften" (MWG I/22), einem, in seiner Stellung innerhalb der Weber'schen Religionssoziologie, wiederum umstrittenen Textes.

---

[29] Ghosh arbeitet daneben an einer Neuübersetzung der „Protestantischen Ethik" (ins Englische), welche die vorhandene Übersetzung von Talcott Parsons ablösen soll. Stephen Kalberg legte jedoch bereits 2002 eine Neuübersetzung vor.

„Denn nicht auszuscheiden ist aus allem Kulturleben der Kampf." (WL: 517)

„‚Herrschaft' in ihrem allgemeinsten, auf keinen konkreten Inhalt bezogenen Begriff ist eines der wichtigsten Elemente des Gemeinschaftshandelns." (WuG: 541)

Konflikt, Macht und Herrschaft

Max Webers Wertepluralismus

Wie im letzten Kapitel deutlich geworden ist, interessiert sich Max Weber für die Entwicklung der Weltreligionen nicht, oder jedenfalls nicht primär, in ideengeschichtlicher Hinsicht. Ihm kommt es nicht so sehr darauf an, die Entstehung und Transformation religiöser Glaubenssysteme in ihrer inneren Logik z.B. hermeneutisch oder dogmengeschichtlich zu rekonstruieren. Vielmehr konzentriert er sich, wie oben schon diskutiert, auf „diejenigen Züge im Gesamtbilde einer Religion ..., welche für die Gestaltung der praktischen Lebensführung in ihren Unterschieden gegen andere Religionen die entscheidenden waren." (GARS I: 267). Diese Forschungsstrategie ist natürlich ganz wesentlich in seiner Fragestellung, in seinen Erkenntnisinteressen begründet. Darüber hinaus reflektiert sie jedoch auch Webers grundsätzliche Haltung gegenüber historischen und kulturellen Entwicklungen.

Wenn Weber, wie es in der Sekundärliteratur gelegentlich zu finden ist, dem Lager der „Idealisten" zugerechnet wird, ist dies insoweit berechtigt, als es seinen Abstand zu materialistischen Geschichtsphilosophien wie dem Historischen Materialismus markiert. Weber ist zwar durchaus der Ansicht, dass ökonomische Faktoren einen großen Einfluss auf alle Bereiche der sozialen Wirklichkeit haben, und dass „materielle Interessenlagen" starke Antriebskräfte für soziales Handeln entfalten können. Er wendet sich aber gegen einen materialistischen Standpunkt, der die „eindeutige Bedingtheit der ‚historischen' Vorgänge durch die jeweilige Art der Beschaffung und Verwendung ‚materieller', d.h. ökonomischer, Güter und insbesondere auch die eindeutige Determiniertheit des ‚historischen' Handelns der Menschen durch ‚materielle', d.h. ökonomische Interessen, behauptet[...]." (WL: 314). Historische Erscheinungen und Prozesse können, davon ist Weber überzeugt, nicht mit einem unhistorisch gefassten (d.h. für alle historischen Epochen gleichermaßen gelten sollenden) Gesetz erklärt werden, das alles gesellschaftliche Bewusstsein und Handeln kausal aus den ökonomischen Seinsbedingungen ableitet.[30]

Als heuristisches Modell, als *Idealtypus* erscheinen die in der marxistischen Geschichts- und Gesellschaftsanalyse entwickelten Klassenkampf-Konstellationen durchaus nützlich; die Probleme fangen laut Weber dann an, wenn man die marxistischen Kategorien nicht mehr „zur *Vergleichung* der Wirklichkeit mit ihnen benutzt", sondern „sie als empirisch geltend oder gar als *reale* (d.h. in Wahrheit: metaphysische) »wirkende *Kräfte*«, »Tendenzen« usw. vorgestellt werden..." (WL: 205). Mit anderen Worten: Wenn man sich für den Einfluss der Klassenlage auf soziales Handeln, auf politische Konflikte, oder auch auf die Entwicklung religiöser Glaubensgemeinschaften interessiert, kann man mit Hilfe der marxistischen Theorie fruchtbare Idealtypen entwickeln, um mit deren Hilfe die in Frage stehenden Phänomene zu analysieren. Man kann aber keinesfalls davon ausgehen, die idealtypische Konstruktion „rein" in der Wirklichkeit wiederzufinden, und die Aufgabe soziologischer Forschung besteht genau darin, die Abweichungen vom Idealtyp zu registrieren und zu erklären, warum z.B. die Geschichte nicht nur – oder nicht immer – eine Geschichte der Klassenkämpfe ist.

Diese Kritik an materialistischen Ansätzen bedeutet aber keineswegs, dass Weber darauf abzielt, nun seinerseits Marx „von den Füßen auf den Kopf zu stellen" und eine Geschichtsphilosophie zu begründen, welche die Geschichte als einen evolutionären Prozess begreift, in dem die kulturelle Sphäre eine Eigendynamik entwickelt und aufgrund immanenter Entwicklungsgesetze den Fortschritt der menschlichen Gattung bestimmt. Obwohl Weber in der Regel dem (politischen) Lager der Liberalen zugerechnet wird, steht er doch einigen liberalen Grundprinzipien eher skeptisch gegenüber. Hennis befasst sich in seiner Diskussion von *Max Webers Fragestellung* (1987: 196ff.) ausführlicher mit der Frage, in welcher Hinsicht man Weber als Liberalen einordnen könne und entwickelt in diesem Zusammenhang einen *Idealtypus* der liberalen Weltanschauung. Sie ist gekennzeichnet durch

1. das Streben nach Abschaffung unnötiger Restriktionen;
2. den Glauben daran, dass die Zeit gleichsam der Freund des Menschen sei: Ihr Vergehen bzw. Fortschreiten bringt immer größeres Glück für immer mehr Menschen;
3. das Vertrauen auf einen Werte-Universalismus.

---

[30] Diese Überzeugung ist allerdings nicht allein dadurch begründet, dass Weber den materiellen Bedingungen nicht so viel Einfluss auf menschliches Bewusstsein und Handeln einräumen will wie Marx das tut, sondern hat auch etwas mit Webers Auffassung von Ziel und Sinn sozialwissenschaftlicher Erklärung zu tun. Darauf werden wir im letzten Kapitel ausführlich eingehen.

Hennis argumentiert nun sehr überzeugend dafür, dass Weber zumindest die letzten beiden liberalen Grundannahmen nicht umstandslos teilt.

Der liberale Glaube an geschichtlichen Fortschritt wird von evolutionstheoretischen Vorstellungen getragen, die Weber grundsätzlich ablehnt. Die Vorstellung, Kulturen überwänden in ihrer Entwicklung vom Zustand der Primitivität zu dem der Zivilisation eine feste Abfolge von Stufen kann, wie das Modell des *Klassenkampfes*, durchaus als heuristisches Mittel gebraucht werden. Aber *Kulturstufen* können für die wissenschaftliche Forschung nur Hilfsmittel sein, sie sind nichts, was irgendwie „wirklich" existiert und uns als Grundlage für Schlussverfahren dienen kann (GASW: 513 ff.). Geschichte geschieht, in Webers klassischer Formulierung, als „Verkettung von Umständen" (GARS I: I), d.h. letztendlich kontingent: Sie folgt keinem Entwicklungsplan. Hennis diagnostiziert zusammenfassend: „Webers Denken steht in äußerster Distanz zu allen mit Kategorien einer ‚Entwicklungslogik' operierenden Gemeinplätzen seiner und unserer Zeit." (Hennis 1987: 205). Diese Einschätzung ist durchaus umstritten, wie Hennis selber anmerkt. So unterschiedliche Autoren wie Schluchter, Tenbruck und Habermas meinen zumindest in einzelnen Bestandteilen von Webers Werk eine evolutionstheoretische Perspektive zu entdecken. Aber diese Interpretationen übersehen, dass die Prozesse, die Weber analysiert, in seinen Augen nicht zwangsläufig, nicht historisch *notwendig* so verliefen, wie sie verliefen, und dass ihre Resultate – vor allem der spezifisch okzidentale Rationalisierungspfad – von ihm sehr ambivalent bewertet werden.[31]

Dies zeigt sich auch in seiner Haltung gegenüber dem dritten von Hennis identifizierten Merkmal der liberalen Weltanschauung, nämlich der sukzessiven Ausdehnung des Akzeptanzbereichs universaler Werte, die nicht zuletzt vom wissenschaftlichen Fortschritt angetrieben wird. Weber argumentiert dafür, den Fortschrittsbegriff in Bezug auf wissenschaftliche Entwicklungen zurückhaltend zu verwenden. In seinem Werturteilsaufsatz vertritt er die Position, dass man ihn allenfalls nutzen kann, um das „Fortschreiten" isoliert betrachteter, konkreter Prozesse zu beschreiben (WL: 518), oder um den jeweiligen Stand „technischer" Rationalität zu beurteilen: Wie effektiv sind die Mittel, mit denen ein genau umschriebenes Ziel erreicht werden soll (WL: 526)? Über diese relativ eng begrenzten Anwendungsbereiche hinaus ist „Fortschritt" kein objektives Beschreibungs- und Beurteilungskriterium, da das Urteil darüber, ob etwas einen Fortschritt darstellt, immer auch von den Werthaltungen des Urteilenden abhängt. Und diese „Werthaltungen" bzw. „Wertfragen" sind nicht objektiv oder wissenschaftlich zu entscheiden, ihre grundsätzliche Heteronomie lässt sich nicht durch rationalen Diskurs auflösen. Die Wahl eines Wertstandpunktes ist letztlich immer ein dezisionistischer Akt; sie kann zwar

---

[31] Dies wird besonders bei Webers zeitdiagnostischen Arbeiten deutlich, welche Gegenstand der letzten beiden Kapitel sind.

rational *analysiert*, aber nicht rational *begründet* werden und beruht letztlich auf einer individuellen Willensentscheidung.

Die scharfe Trennung von theoretischen und praktischen Urteilen, die hier impliziert ist, erhält ihre besondere Brisanz dadurch, dass sie bei Weber mit einem sehr grundlegenden Zweifel an ethischen Systemen verbunden ist, welche konsistente, harmonische Regeln für *alle* Bereiche des Lebens zu liefern vorgeben. Dies kommt sehr klar in seinem Vortrag über *Wissenschaft als Beruf* aus dem Jahre 1919 zum Ausdruck. Hier begründet er noch einmal, warum die Wissenschaft keine praktischen Stellungnahmen, also moralische oder ethische Urteile, begründen kann. Nachdem er eine Reihe eher pragmatischer Argumente angeführt hat, die gegen eine Vermischung von theoretischem und praktischem Urteil, von Seins- und Sollenssätzen sprechen, kommt er zum Kern der Sache: „Die Unmöglichkeit »wissenschaftlicher« Vertretung von praktischen Stellungnahmen – außer im Falle der Erörterung der Mittel für einen als fest *gegeben* vorausgesetzten Zweck – folgt aus weit tiefer liegenden Gründen. Sie ist prinzipiell deshalb sinnlos, weil die verschiedenen Wertordnungen der Welt in unlöslichem Kampf untereinander stehen." (WL: 603). Wie ist diese sehr radikale Aussage zu verstehen? Weber vergleicht die Situation seiner Zeit mit der „alten, noch nicht von ihren Göttern und Dämonen entzauberten Welt (...): wie der Hellene einmal der Aphrodite opferte und dann dem Apollon und vor allem jeder den Göttern seiner Stadt, so ist es, entzaubert und entkleidet der mythischen, aber innerlich wahren Plastik jenes Verhaltens, noch heute. Und über diesen Göttern und ihrem Kampf waltet das Schicksal, aber ganz gewiß keine «Wissenschaft»." (WL: 604). Das heißt, Weber sieht auch die „entwickelten", modernen Gesellschaften zu Beginn des 20. Jahrhunderts keineswegs von universalistischen Wertsystemen angeleitet, die unterschiedliche Wertsphären in ein harmonisches oder zumindest widerspruchsfreies Verhältnis zueinander setzen, und die weitgehend von partikularistischen Werten und Normen (den „Göttern der eigenen Stadt") gereinigt sind. Die großen monotheistischen Religionen hatten zwar den Anspruch, den Polytheismus zu überwinden und durch eine rationale, ethischmethodische Lebensführung im Namen des *Einen* Gottes zu ersetzen. Aber im Laufe ihrer Entwicklung haben sie sich, wie im letzten Kapitel gezeigt wurde, angesichts der „Realitäten des äußeren und inneren Lebens, (...) zu jenen Kompromissen und Relativierungen genötigt gesehen, die wir alle aus der Geschichte des Christentums kennen. Heute aber ist es religiöser »Alltag«. Die alten vielen Götter, entzaubert und daher in Gestalt unpersönlicher Mächte, entsteigen ihren Gräbern, streben nach Gewalt über unser Leben und beginnen untereinander wieder ihren ewigen Kampf." (WL: 605). Und was dies bedeuten kann, macht Weber anhand eines Beispiels klar, welches wir wegen seiner Prägnanz etwas ausführlicher zitieren wollen:

"Welcher Mensch wird sich vermessen, die Ethik der Bergpredigt, etwa den Satz: »Widerstehe nicht dem Uebel« oder das Bild von der einen und der anderen Backe, »wissenschaftlich widerlegen« zu wollen? Und doch ist klar: es ist, innerweltlich gesehen, eine Ethik der Würdelosigkeit, die hier gepredigt wird: man hat zu wählen zwischen der religiösen Würde, die diese Ethik bringt, und der Manneswürde, die etwas ganz anderes predigt: »Widerstehe dem Uebel – sonst bist du für seine Uebergewalt mitverantwortlich«. Je nach der letzten Stellungnahme ist für den Einzelnen das eine der Teufel und das andere der Gott, und der Einzelne hat sich zu entscheiden, welches *für ihn* der Gott und welches der Teufel ist. Und so geht es durch alle Ordnungen des Lebens hindurch." (WL: 604).

So ist es um den Menschen bestellt, dies ist – in Webers Augen – die *conditio humana*. Wir bewegen uns in einem Horizont heteronomer, widerstreitender Werte, die immer wieder unsere Stellungnahme herausfordern. Webers Zitat ist natürlich nicht als empirische Beschreibung in dem Sinne zu verstehen, dass wir permanent in ethische Entscheidungsfindungsprozesse verwickelt seien. Weber weiß nur zu gut – und weist auch immer wieder darauf hin – dass menschliches Handeln in weiten Bereichen routinisiert (in seiner Terminologie, auf die wir weiter unten zu sprechen kommen: *traditional*) verläuft. Aber die Möglichkeit stark divergierender Stellungnahmen zu Werten, die Geltung, ja Gefolgschaft verlangen, ist ständig gegeben, und kann uns jederzeit in möglicherweise sehr folgenreiche Konflikte verwickeln – in Konflikte mit uns selbst, aber auch mit anderen, die unsere Stellungnahmen nicht teilen, oder sogar aktiv bekämpfen. Dies ist der Ursprung von Webers zu Beginn dieses Kapitels angeführtem Diktum, dass *Kampf* ein zentrales Moment allen Kulturlebens darstelle. Kampf, d.h. empirisch oft: Konflikt aufgrund differierender handlungsleitender Ideen, ist nicht nur ein ubiquitäres Moment sozialer Zusammenhänge jeglicher Art, sondern auch eine wesentliche Quelle kultureller und sozialer Entwicklung.

Im letzten Kapitel haben wir exemplarisch nachgezeichnet, wie konflikthaft die Entwicklung der Weltreligionen verlaufen ist. Viele der Rationalisierungsprozesse, die bei oberflächlicher Betrachtung einer endogenen Eigenlogik zu folgen schienen, vollzogen sich tatsächlich als Konsequenz intensiver Auseinandersetzungen zwischen unterschiedlichen Trägerschichten, die unterschiedliche Ressourcen, Interessen und Interpretationen dessen, „worum es geht", in die keineswegs nur auf Diskursebene stattfindenden Kämpfe um die „richtige Lehre" einbrachten. Wenn nun schon die religiöse Entwicklung in Webers Augen vor allem durch Konflikte unterschiedlicher „Interessengruppen" vorangetrieben wurde, ist zu vermuten, dass es sich mit den Entwicklungen in anderen kulturellen und sozialen Sphären nicht anders verhält. Die immense Bedeutung, die Weber dem sozialen Konflikt nicht nur als Triebfeder menschlichen Handelns, sondern auch als Quelle sozialen Wandels zumaß, wurde (und wird) in der deutschen Sekundärliteratur häufig unterschätzt. Das mag u.a. daran liegen, dass Weber lange Zeit vor allem als Rationalisierungs-

und Modernisierungstheoretiker gelesen wurde, der sich vor allem mit der zunehmenden formalen oder instrumentellen Rationalisierung der westlichen Welt beschäftigte: Wenn soziales Handeln primär an der Leitvorstellung der Zweckrationalität orientiert ist, werden Konflikte in der Tat minimiert, oder reduzieren sich zumindest von Auseinandersetzungen über grundsätzliche Fragen der Zielsetzung zu Diskussionen über den „richtigen" Mitteleinsatz. Doch dies greift, wie wir zu zeigen versuchten, zu kurz. Webers soziologische Arbeiten sind in starkem Maße davon geprägt, dass er eben nicht davon ausgeht, dass Gesellschaften „wertintegriert" sind (wie sich das z.B. Parsons vorstellt). Daher stellt sich ihm die Frage, *wie soziale Ordnung möglich ist*, mit besonderer Dringlichkeit. Wie lässt es sich unter der Voraussetzung heteronomer Wertsphären und eines letztlich voluntaristischen Menschenbildes[32] erklären, dass die Menschen nicht permanent in Auseinandersetzungen miteinander verstrickt sind, der Mensch nicht „des Menschen Wolf" ist, wie Hobbes das für den Naturzustand unterstellte? Wie kommt es unter diesen Rahmenbedingungen zu dauerhafter Handlungskoordination, zur Ausbildung stabiler sozialer Institutionen?

Soziales Handeln und soziale Ordnung

Um sich einen ersten Überblick darüber zu verschaffen, wie Weber bei der Analyse sozialer Strukturen vorgeht, ist ein Blick in seine *soziologischen Grundbegriffe* hilfreich, die die Einleitung zu *Wirtschaft und Gesellschaft* bilden. Weber liefert hier, wie er in der Vorbemerkung ausführt, „einleitende (...), nicht gut zu entbehrende (...), aber unvermeidlich abstrakt und wirklichkeitsfremd wirkende (...) Begriffsdefinitionen", die keinerlei innovativen Gehalt beanspruchen, sondern lediglich in zweckmäßiger Formulierung das ausdrücken sollen, „was *jede empirische Soziologie* (Hervorhebung d. Verf.) tatsächlich meint, wenn sie von den gleichen Dingen spricht." (WuG: 1).[33] Mit anderen Worten: Die Grundbegriffe bilden in Webers eigenem Verständnis noch keinen Bestandteil seiner theoretischen Anstrengungen, sondern stellen lediglich das Werkzeug dar, mit dem er die theoretische Arbeit angeht. Dennoch werfen sie durchaus ein erhellendes Licht nicht nur auf Webers Verständnis der Soziologie

---

[32] Webers Soziologie entfaltet sich getragen von einem ganz spezifischen Menschenbild: dem „... Bild des essentiell freien Menschen, der zwischen jeweils unterschiedlichen Anforderungen, Zwängen und Möglichkeiten steht, in denen er zwar typischerweise ein ganz bestimmtes Handeln an den Tag legt, wenngleich er prinzipiell auch anders entscheiden kann." (Kreckel 1975: 139).
[33] Der Abschnitt über die *soziologischen Grundbegriffe* in WuG weist große inhaltliche Überschneidungen mit dem Aufsatz *Ueber einige Kategorien der verstehenden Soziologie* (WL: 427ff.) aus dem Jahre 1913 auf. Weber zielte bei seiner Ausarbeitung der *Grundbegriffe* laut eigener Aussage darauf ab, die Terminologie im Vergleich zu der früheren Schrift zu vereinfachen, „um möglichst leicht verständlich zu sein" (WuG: 1). Darüber, wie gut ihm dies gelungen ist, kann man durchaus geteilter Meinung sein.

als empirischer Wissenschaft, sondern auch auf die Erkenntnisinteressen, die er als Soziologe verfolgt. Dies wird u.a. dann deutlich, wenn wir uns daran erinnern, dass es für Weber keine objektive Realität in dem Sinne gibt, dass sie uns potentielle Untersuchungsgegenstände unmittelbar vorgibt.[34] Kultur ist ein *von uns* „mit Sinn und Bedeutung bedachter endlicher Ausschnitt aus der sinnlosen Unendlichkeit des Weltgeschehens." (WL: 180). Und daraus folgt für Weber: „Alle Erkenntnis der Kulturwirklichkeit ist, wie sich daraus ergibt, stets eine Erkenntnis unter spezifisch *besonderten Gesichtspunkten*." (WL: 181). Wenn nun Weber mit seinen soziologischen Grundbegriffen nicht *neue*, sondern *zweckmäßigere* Begriffsdefinitionen liefern will, so ist wohl zu ergänzen: *zweckmäßiger* für seine Art, Soziologie zu betreiben, *zweckmäßiger* für die Bearbeitung der Fragestellungen, die ihn interessieren. Wie bestückt er nun also seinen analytischen Werkzeugkasten?

Die *Grundbegriffe* beginnen mit der mittlerweile klassisch gewordenen Definition der sich damals ja gerade erst etablierenden Wissenschaft Soziologie, der sich ein Abschnitt über „methodische Grundlagen" und ein Abschnitt über den „Begriff des sozialen Handelns" anschließen.

Weber definiert Soziologie, verstanden als eine empirische Kulturwissenschaft, als

> „eine Wissenschaft, welche soziales Handeln deutend verstehen und dadurch in seinem Ablauf und seinen Wirkungen ursächlich erklären will. ‚Handeln' soll dabei ein menschliches Verhalten (einerlei ob äußeres oder innerliches Tun, Unterlassen oder Dulden) heißen, wenn und insofern als der oder die Handelnden mit ihm einen subjektiven Sinn verbinden. ‚Soziales' Handeln aber soll ein solches Handeln heißen, welches seinem von dem oder den Handelnden gemeinten Sinn nach auf das Verhalten *anderer* bezogen wird und daran in seinem Ablauf orientiert ist." (WuG: 1).

Der Erkenntnisgegenstand der Soziologie ist für Weber also das soziale *Handeln*, nicht etwa soziale Institutionen, soziale Regelmäßigkeiten, oder soziale Strukturen. Während Webers Zeitgenosse Émile Durkheim, eine weitere große Gründerfigur der Soziologie als akademischer Disziplin, soziale Institutionen in den Mittelpunkt seines Erkenntnisinteresses rückt, weil er davon ausgeht, dass sie menschliches Handeln relativ unabhängig davon beeinflussen, wie sie von den betroffenen Individuen wahrgenommen werden (z.B. Durkheim 1984: 105ff.), stellt Weber die subjektive Wahrnehmung sozialer Realität in den Mittelpunkt. Die Natur, vom Menschen geschaffene Artefakte, Normen, Werte, Regeln, Institutionen im weiteren Sinne beeinflussen menschliches Handeln zwar in mannigfaltiger Weise, aber die Soziologie kann sie nur dann auch zur *ursächlichen* Erklärung des Handelns heranziehen, wenn sie vom Handelnden nicht nur (sensorisch) wahrgenommen werden,

---

[34] Siehe dazu auch die Diskussion des *Idealtypus* im vorigen Kapitel.

sondern er sein Handeln auf sie bezieht, indem er sie entweder als Mittel nutzt oder seine Handlungsziele aus ihnen gewinnt bzw. an ihnen orientiert. Das „Ob und Wie" dieser Wahrnehmungs- und Orientierungsleistung darf der Soziologe nicht einfach als gegeben unterstellen oder theoretisch ableiten, sondern muss es in jedem Fall durch das Nachvollziehen des *subjektiv gemeinten Sinns* zu rekonstruieren versuchen.

Dieses Grundprinzip des Weberianischen Wirklichkeitszugangs haben wir im vorigen Kapitel anhand seiner Schriften zur Religionssoziologie schon kennen gelernt: Wenn sich Weber für die Wirkungen der Ethik der Weltreligionen auf das Wirtschaftshandeln der Menschen interessiert, geht er nicht einfach von den kodifizierten, in den heiligen Schriften niedergelegten religiösen Prinzipien aus und setzt diese mit dem empirisch vorfindlichen Handeln der Religionsangehörigen in Beziehung. Vielmehr untersucht er zunächst, welche Gruppen oder „Trägerschichten" wann von welchen religiösen Schriften oder Strömungen Kenntnis erlangten, auf welche Bestandteile dieser Offenbarungen oder Überlieferungen sie sich vor allem bezogen, wie sie sie in ihren Sinnhorizont integrierten, mit welchen schon vorhandenen Ideen und Interessen sie harmonierten oder in Konflikt gerieten. Erst nachdem er so die Dimension des *subjektiv gemeinten Sinns* der ethischen Vorschriften ausgelotet hat, analysiert er, in welcher Art und Weise sie individuelles soziales Handeln beeinflussten. Die Suche nach der ursächlichen Erklärung beginnt mit dem Bemühen um das Verstehen. Die Konzentration auf den subjektiv gemeinten Sinn sozialen Handelns ist nach Weber das Charakteristikum, welches die empirischen Sozialwissenschaften, also z.B. die Soziologie und die Geschichte, von den dogmatischen Sozialwissenschaften wie Rechtswissenschaften und Ethik unterscheidet, welche „an ihren Objekten den ‚richtigen', ‚gültigen' Sinn erforschen wollen" (WuG: 2).

Mit seiner Setzung, dass es in der Soziologie um die Erforschung des sozialen Handelns gehe, schließt Weber zwei Gruppen von menschlichen Aktivitäten aus dem Gegenstandsbereich der Soziologie aus. Zum einen rein instinktives, reaktives, unbewusstes Verhalten, das vom Handelnden mit keinerlei Sinn verbunden wird, und zum anderen Handeln, welches nicht in irgendeiner Art und Weise am Handeln anderer orientiert ist. Gleichzeitig schließt er aber auch Arten des Handelns ein, die z.B. behavioristisch orientierte Soziologietraditionen, die sich ausschließlich auf beobachtbares Handeln konzentrieren, unbeachtet lassen: innerliches Tun, Unterlassen und Dulden. Angesichts seines Erkenntnisinteresses ist dies nur folgerichtig: Das Dulden eines Machtverhältnisses, das Unterlassen von Widerstand gegen Befehle, das innere „Sich Verhalten" gegenüber religiösen Forderungen[35] können

---

[35] Weber weist eigens darauf hin, dass religiöses „Sich Verhalten" für ihn nur dann in den Bereich des sozialen Handelns fällt, wenn es irgendwie am Handeln anderer Menschen orientiert ist: reine Kontemp-

wesentlich signifikanter für die Stellungnahme eines Menschen zu seiner Umwelt sein als beobachtbare, alltägliche Aktivitäten – dies wird im Folgenden bei der Analyse von Webers Herrschaftssoziologie deutlich werden.

Weber unterscheidet idealtypisch vier Arten von Handlungsmotivationen: das *traditionale*, das *affektuelle*, das *wert-* und das *zweckrationale* Handeln. Traditionales Handeln ist Handeln aufgrund der Macht der Gewohnheit. Wenn es völlig gedankenlos, rein routinisiert erfolgt, gehört es genau genommen gar nicht zum Handeln, weil ihm dann der subjektiv gemeinte Sinn fehlt: Die Übergänge zwischen traditionalem Handeln und Verhalten sind, wie Weber sich gerne ausdrückt, fließend. Affektuelles Handeln wird durch aktuelle Gefühlslagen und Affekte, insbesondere auch durch Emotionen, bestimmt. Es steht auch oft an der Grenze oder gar jenseits dessen, was „bewusst" geschieht, kann aber, wie auch das traditionale Handeln, z.B. dann, wenn es intentional herbeigeführt wird, in zweck- oder wertrationales Handeln übergehen. Wertrationales Handeln ist motiviert durch den bewussten Glauben an den Eigenwert der Handlung. Die Handlung ist Selbstzweck, nicht Mittel zu einem anderen Zweck, und daher spielt hier auch die Kalkulation von Vor- und Nachteilen, die mit der Handlung verbunden sein könnten, keine handlungsleitende Rolle. „Stets ist (im Sinne unserer Terminologie) wertrationales Handeln ein Handeln nach ‚Geboten' oder gemäß ‚Forderungen', die der Handelnde an sich gestellt glaubt." (WuG: 12). Obwohl dieser Handlungstyp empirisch relativ selten ist, wie Weber selber anmerkt, können seine Folgen da, wo er auftritt, sehr weitreichend sein – wertrationales Handeln im Vollsinn, wie es in z.B. in Luthers Ausspruch: „Hier stehe ich, ich kann nicht anders" zum Ausdruck kommt, kann beachtliche kreative, aber auch destruktive Kräfte entfalten. Zweckrationales Handeln schließlich ist kalkulierendes Handeln: Hier werden Zwecke, Mittel und mögliche Nebenfolgen gegeneinander abgewogen. Zweckrationales Handeln kann zu wertrationalem Handeln in unterschiedlichen Beziehungen stehen. Wenn die Entscheidung über anzustrebende Zwecke wertrational getroffen wird, ist das Handeln nur hinsichtlich der Mittel zweckrational. Der Handelnde kann aber auch zwischen konkurrierenden Zwecken ohne Rückgriff auf „Gebote" oder „Forderungen" entscheiden, indem er sie als Ausdruck subjektiver Bedürfnisse betrachtet und sie, je nach ihrer Dringlichkeit, in eine Prioritäten-Skala einordnet und versucht, sein Handeln möglichst nutzenmaximierend auszurichten. Weber weist darauf hin, dass aus einer zweckrationalen Perspektive Wertrationalität *irrational* ist, und zwar um so mehr, je absoluter der Wert, an dem sich das Handeln orientiert, gesetzt wird, „weil sie ja um so weniger auf die Folgen des Handelns reflektiert, je unbedingter allein dessen *Eigenwert* (reine Gesinnung, Schönheit, absolute Güte, absolute Pflichtmäßigkeit) für

---

lation, oder das Gebet im stillen Kämmerlein, bei dem der Gläubige nur mit Gott kommuniziert, zählen nicht dazu (WuG: 11).

sie in Betracht kommt." (WuG: 13). Auf diese grundsätzliche Spannung zwischen Wert- und Zweckrationalität, die sich vor allem in der okzidentalen Kulturgeschichte und in der westlichen Moderne in mannigfaltiger Art manifestiert, werden wir in den nächsten Kapiteln noch häufiger zu sprechen kommen.

Über Webers Idealtypen des Handelns ist viel geschrieben, sie sind häufig kritisiert worden. Uns scheinen an dieser Stelle vor allem drei Anmerkungen wichtig, um Missverständnisse zu vermeiden:

1. Diese Handlungsarten sind *Ideal-*, keine Realtypen. D.h., sie sind analytische Begriffe, die wir in der Realität kaum „rein" vorfinden werden. Handlungen werden sehr häufig von einer Mischung aus verschiedenen Motivationsarten angeleitet. Dies bedeutet im Umkehrschluss, dass ich einer Handlung nicht äußerlich ansehen kann, zu welchem Typus sie gehört. Das Anlegen einer Halskette mit einem Kreuz als Anhänger kann traditionell bestimmt sein (ich trage diese Kette jeden Tag), affektuell (sie ist ein Geschenk von jemandem, der mir nahesteht), zweckrational (ich verspreche mir Vorteile davon, dass ich sie trage), oder wertrational (ich drücke damit meine Zugehörigkeit zur christlichen Religion aus). Sollte sich irgendwann ein Soziologe dafür interessieren, wie stabil dieses Verhalten ist, und unter welchen Umständen man damit rechnen muss, dass es sich ändert, wird die Antwort je nach Handlungstypus variieren.

2. Weber beansprucht nicht, mit seiner Idealtypik eine erschöpfende Klassifikation menschlicher Handlungsorientierungen zu liefern – ihm geht es darum, die für *seine* Erkenntnisinteressen wichtigen Aspekte zunächst einmal begrifflich rein zu fassen, um dann in seinen empirischen Analysen damit zu arbeiten. Die Zweckmäßigkeit der Typologie erweist sich am Erfolg, also an den Erkenntnissen, die man mit ihrer Hilfe gewinnen kann. Dies impliziert zum einen, dass eine Kritik an Webers Handlungstypen auf der Ebene der „empirischen Vollständigkeit" an der falschen Stelle ansetzt: Kritisieren kann man die Konstruktion der Handlungstypen nur dadurch, dass man zeigt, dass die Arbeit mit ihnen keine interessanten Forschungsergebnisse liefert. Und zum zweiten bedeutet dies, dass man, wenn man andere Erkenntnisinteressen hat als Weber – aber sein grundsätzliches Wissenschaftsverständnis teilt – seine Idealtypen nicht unbedingt voraussetzungslos übernehmen kann, sondern sie eventuell entsprechend der eigenen Fragestellung modifizieren muss.

3. Manche Weberinterpreten (z.B. Schluchter 1979, dazu auch Habermas 1988) haben versucht, die Handlungstypen in ein Entwicklungsschema einzuordnen und einen evolutionären Prozess vom traditionalen über das affektuelle und wertrationale bis hin zum zweckrationalen Handeln als der entwicklungslogisch „höchsten", weil am stärksten rationalisierten Handlungsorientierung zu konstruieren. Diese Interpretationen verfehlen Webers Intention. Darauf weisen nicht nur die schon zu

Beginn dieses Kapitels erwähnten geschichtsphilosophisch und wissenschaftstheoretisch motivierten Einwände Webers gegen evolutionstheoretische Erklärungsansätze in den Sozialwissenschaften hin. Auch bei der Erläuterung seiner methodischen Grundlagen warnt er vor der Gefahr einer rationalistischen Fehldeutung seiner Grundbegriffe. Der Idealtypus des zweckrationalen Handelns spielt bei soziologischen Erklärungen insofern eine privilegierte Rolle, als er am eindeutigsten zu rekonstruieren ist: Zweckrationalität wird weniger stark als die anderen Handlungsorientierungen von den kulturellen Rahmenbedingungen beeinflusst. Daher kann es sich häufig als sinnvoll erweisen, zunächst den Handlungsablauf so zu modellieren, wie er „bei Kenntnis aller Umstände und aller Absichten der Mitbeteiligten und bei streng zweckrationaler, an der uns gültig scheinenden Erfahrung orientierter, Wahl der Mittel verlaufen *wäre*." (WuG: 3). Dies ermöglicht dann in einem zweiten Schritt die kausale Zurechnung von Abweichungen von diesem Idealfall. Diese zweistufige Forschungsstrategie darf, darauf insistiert Weber mehrfach, nicht als „rationalistisches Vorurteil der Soziologie" verstanden werden: Aus ihr spreche keinesfalls ein „Glauben an das *Vorwalten* rationaler Motive oder gar: eine positive Wertung des ‚Rationalismus'." (WuG: 9).[36] Vielmehr sei stets damit zu rechnen, dass die Realität sozialen Handelns von dem Modell reiner Zweckrationalität abweicht, und das aus soziologischer Perspektive Spannende gerade in den Abweichungen zu finden ist.

Wie ergibt sich nun aus sozialen Handlungen so etwas wie soziale Ordnung? Weber baut die Begriffe, mit denen er die Strukturiertheit sozialer Handlungen und Interaktionen analysiert, stufenweise auf und geht dabei zweigleisig vor. Er differenziert zum einen nach der Art und Weise, wie sich Menschen auf andere Menschen beziehen, und zum andern nach den Ordnungen, an denen sie ihr Handeln orientieren.

Der in gewisser Hinsicht am wenigsten voraussetzungsreiche Begriff ist der der *sozialen Beziehung*. Eine soziale Beziehung besteht dann, wenn Menschen ihr Handeln wechselseitig aneinander orientieren. Diese Orientierung muss nicht dauerhaft sein, sie muss nicht positiv sein, sondern kann durchaus z.B. ein Konkurrenzverhältnis darstellen, und sie muss nicht symmetrisch sein: Wenn wir feststellen, dass zwischen zwei Menschen eine soziale Beziehung besteht, ist damit noch nicht gesagt, dass sie diese Beziehung ähnlich definieren und ähnlich bewerten.

Dieses zunächst sehr weit bzw. offen gefasste Konzept wird von Weber dann aber weiter spezifiziert. Wird die soziale Beziehung davon getragen, dass zwischen

---

[36] Oder auch, etwas ausführlicher: „(…) nur aus diesem methodischen Zweckmäßigkeitsgrunde ist die Methode der ‚verstehenden' Soziologie ‚rationalistisch'. Dies Verfahren darf aber natürlich nicht als ein rationalistisches Vorurteil der Soziologie, sondern nur als methodisches Mittel verstanden werden und also nicht etwa zu dem Glauben an die tatsächliche Vorherrschaft des Rationalen über das Leben umgedeutet werden." (WuG: 3).

den Beteiligten ein entweder affektuell oder traditional fundiertes Gefühl der Zusammengehörigkeit besteht, nennt Weber sie *Vergemeinschaftung*. Im Unterschied dazu spricht er von *Vergesellschaftung*, wenn die wechselseitige Orientierung auf zweck- oder wertrationalem Interessenausgleich oder auf einer Interessenverbindung beruht. Die Differenzierung zwischen *Gemeinschaft* und *Gesellschaft* ist eng mit dem Namen von Ferdinand Tönnies verbunden, der sie in seinem gleichnamigen Werk allerdings deutlich substantialistischer fasst als es mit Webers soziologischem Ansatz vereinbar wäre. Bei Tönnies bezeichnen die Begriffe Gesellschaftsformen, die in einer spezifischen Entwicklungsabfolge stehen: Gemeinschaft ist die Sozialform der Vormoderne, die sich im Verlauf des Modernisierungsprozesses zur Gesellschaft wandelt. Weber dynamisiert dieses Begriffspaar, indem er es idealtypisch wendet: Vergemeinschaftung und Vergesellschaftung müssen keineswegs immer in Reinform vorkommen, sondern können sich empirisch auch vermischen. Gemeinschaftliche bzw. gesellschaftliche Beziehungen sind für ihn weniger statische Zustände als Prozesse, und sie bestehen nur da und nur solange, wie sich Menschen in ihrem Handeln an anderen Menschen orientieren, mit denen sie sich in einer bestimmten Hinsicht solidarisch fühlen oder mit denen sie in interessengeleitetem Austausch stehen. Vergemeinschaftung und Vergesellschaftung können *offene* oder *geschlossene* Beziehungen sein, je nachdem, ob sie jedem, der an der Beziehung teilnehmen will und dazu auch in der Lage ist, Zugang gestatten oder nicht.

Neben diesen Formen der sozialen Beziehung, die häufig mit gewissen Regelmäßigkeiten im Handeln einhergehen, führt Weber in seinen Grundbegriffen noch einen weiteren Typus der sozialen Beziehung auf: den Kampf. „*Kampf* soll eine soziale Beziehung insoweit heißen, als das Handeln an der Absicht der Durchsetzung des eigenen Willens gegen Widerstand des oder der Partner orientiert ist." (WuG: 20). Weber unterscheidet hier zwischen friedlichem und nicht-friedlichem Kampf – beim friedlichen Kampf kommt keine physische Gewaltsamkeit zum Einsatz. Geht es in dem Kampf um den Zugriff auf Ressourcen oder „Chancen", die auch von anderen angestrebt werden, handelt es sich um eine Beziehung der Konkurrenz. Die Formen des Kampfes, die Mittel, die in ihm zum Einsatz kommen, die Ziele, die mit ihm verfolgt werden, variieren sehr stark mit dem sozialen Kontext. Weber macht deutlich, dass die Dimension oder der Aspekt des Kampfes ein Bestandteil vieler sozialer Beziehungen ist: Die Vergesellschaftung von Marktteilnehmern stellt gleichzeitig ein Konkurrenzverhältnis dar; die Vergemeinschaftung innerhalb einer Familie kann mit Statuskonflikten einhergehen, usw. Ja mehr noch: Er geht davon aus, dass sich Kampf, verstanden als Bestreben, seinen Willen durchzusetzen, durch keinerlei denkbare Mittel völlig ausschalten lässt. Selbst in einer durch und durch pazifistischen und ihrem Selbstverständnis nach „brüderlichen" Ordnung – man denke z.B. an eine Klostergemeinschaft – können nur bestimmte Mittel, Formen, Ziele des Kampfes verboten werden, man muss aber jederzeit damit rechnen, dass sich die Konkurrenz dann eben an neuen Momenten entzündet, mit anderen Mitteln ausgetragen wird, kurz, sich neue Formen sucht. Was hat nun der Kampf mit sozialen Regelmäßigkeiten zu tun? Abgesehen davon, dass sich auch im Konflikt und in der Konkurrenz dauerhafte Strukturen bilden können (z.b. das Marktsystem im Bereich der Wirtschaft, das Parteiensystem im Bereich der Politik), beeinflussen Kampf und Konkurrenz das soziale Leben auch dadurch, dass sie die Herausbildung bestimmter Persönlichkeitsmerkmale, bestimmter Qualitäten, eines bestimmten Habitus befördern. Dadurch, dass sie spezifische Verhaltensweisen, Fähigkeiten, Anstrengungen belohnen, prägen sie die Lebensführung nicht nur derer, die tatsächlich am Kampf partizipieren.[37] Welches die Qualitäten sind, die prämiert werden, hängt dabei nicht allein von den Ressourcen ab, welche die Kämpfenden zum Einsatz bringen, sondern auch ganz wesentlich von den Ordnungen, an denen die Handelnden ihren Kampf orientieren.

Damit sind wir nun bei der zweiten Differenzierungslinie angelangt, die bei Webers Begriffsbildung eine Rolle spielt. Soziale Strukturierungen können sich für Weber zum einen, wie eben erläutert, dadurch ergeben, dass Menschen sich in ihrem Handeln auf andere Menschen beziehen, also durch bestimmte Muster in der Orientierung an anderen Akteuren. Bleiben soziale Beziehungen nicht auf einzelne Situationen beschränkt, sondern werden über längere Zeiträume aufrechterhalten, können sich durch das damit einhergehende wechselseitige Einstellen auf das erwartbare Verhalten der anderen zudem bestimmte Handlungsmuster herausbilden. Beispiele für solche Regelmäßigkeiten im sozialen Handeln sind der *Brauch*, die *Sitte* und „interessenbedingte" Regelmäßigkeiten. Unter *Brauch* versteht Weber Verhaltensmuster, die weder durch Tradition, Recht o.ä. stabilisiert werden, sie existieren nur im Moment ihrer Ausführung. *Sitten* sind Bräuche, die über längere Zeiträume hinweg bestehen, gleichsam zu Traditionen werden, und daher mit einer größeren Erwartungswahrscheinlichkeit verbunden sind. „Interessenbedingte" Regelmäßigkeiten im Handeln bilden sich vor allem in Vergesellschaftungsprozessen aus. Sie ergeben sich daraus, dass Menschen in interessegeleiteten Interaktionskontexten vorwiegend zweckrational handeln und unterstellen, dass dies die anderen Beteiligten an der sozialen Beziehung ebenfalls tun. So können sich gleichartige Erwartungen in Bezug auf das „typische" Verhalten in bestimmten Situationen entwickeln. Weber verweist auf die Ökonomie als den sozialen Bereich, in dem diese Art der

---

[37] Exemplarisch wurde das im letzten Kapitel schon deutlich: Im religiösen Bereich findet immer wieder ein Kampf um die richtige Lehre, Konkurrenz um die vorbildliche Art der Lebensführung etc. statt, und die Resultate beeinflussen nicht nur die religiösen Virtuosen, welche an prominenter Stelle in die Kämpfe verwickelt sind, sondern diffundieren nach und nach auch in breitere Bevölkerungsschichten. Ein weiteres Beispiel, nämlich die Auswirkungen der Regeln und Mechanismen des politischen Kampfes in Deutschland auf die „Führerauslese" und damit nicht nur auf die Qualitäten der politischen Eliten, ein weiteres Thema, welches Weber intensiv beschäftigte, wird ab S. 139ff. diskutiert.

Strukturbildung besonders bedeutsam ist. Die Marktteilnehmer haben eine Vorstellung davon, was typische wirtschaftliche Interessen sind, wie man sie erreichen kann, mit welchem Verhalten der anderen Marktteilnehmer zu rechnen ist. „Indem sie derart, *je strenger* zweckrational sie handeln, desto ähnlicher auf gegebene Situationen reagieren, entstehen Gleichartigkeiten, Regelmäßigkeiten und Kontinuitäten der Einstellung und des Handelns, welche sehr oft weit stabiler sind, als wenn Handeln sich an Normen und Pflichten orientiert, die einem Kreise von Menschen tatsächlich für ‚verbindlich' gilt." (WuG: 15).

Wichtiger ist für Weber aber ein zweites Moment, ein weiterer möglicher Sinngehalt sozialer Beziehungen, der sich nicht unmittelbar aus den unterstellten Intentionen, Motivlagen, Interessen der Beziehungspartner ergibt. Menschen können ihre Handlungen „an der *Vorstellung* vom Bestehen einer *legitimen Ordnung*" (WuG: 16) orientieren, und tun dies häufig auch. Was ist nun unter dieser auf den ersten Blick etwas gewundenen Formulierung zu verstehen? Beginnen wir mit dem Begriff der Ordnung. Weber spricht von einer Ordnung dann, wenn für bestimmte Situationen oder auch Situationstypen Handlungsmaximen vorliegen – also explizite Regeln, wie man sich in den Bereichen, für die die Ordnung gilt, zu verhalten hat. Eine Ordnung ist dann und solange eine *legitime* Ordnung, als die Menschen sie akzeptieren, und zwar nicht nur als die faktisch eben gerade in Kraft seiende Ordnung, sondern als eine Ordnung, die in relevanter Hinsicht vorbildlich ist und deswegen nicht nur empirisch gilt, sondern auch normativ gelten *soll*. Mit anderen Worten, eine legitime Ordnung ist eine Ordnung, an der sich Menschen nicht nur aus traditionellen Motiven („das wurde immer schon so gemacht"), aus affektuellen Motiven („ich habe gerade Lust dazu, mich so und so zu verhalten"), oder aus zweckrationalen Motiven („die Nachteile, die ich mir mit dem Verstoß gegen die Ordnung einhandele, wären größer als die Vorteile, die ich mir davon verspreche") orientieren, sondern die sie auch aus innerer Überzeugung heraus befolgen. An dieser Stelle ist nochmals daran zu erinnern, dass Weber die Begriffe, mit denen er arbeitet, nicht wertend verstanden wissen will. Wenn er also von *legitimer Ordnung* spricht, meint er damit keine Ordnung, die in irgendeiner Weise „objektiv" legitim ist – z.B. weil sie gerecht ist, weil sie „ordnungsgemäß" gesatzt wurde, oder ähnliches –,[38] sondern eine Ordnung, die von den Menschen, die sich an ihr orientieren, für legitim gehalten wird. Die Legitimität der Ordnung verflüchtigt sich in dem Maße, in dem die Menschen ihre Vorbildlichkeit nicht mehr anerkennen, und ihre faktische Geltung verflüchtigt sich in dem Maße, in dem die Menschen aufhören, ihr Verhalten an dieser Ordnung zu orientieren. Da für Weber aus soziologischer Perspektive die Geltung einer Ordnung mit der handlungsleitenden Kraft, die sie entfaltet, steht und fällt, spricht er auch davon, dass sich Handeln an der „Vorstel-

---

[38] Und schon gar nicht meint er damit eine Ordnung, die er als Soziologe für legitim hält.

Soziales Handeln und soziale Ordnung

lung vom Bestehen einer Ordnung" orientiert. Für das Ausmaß, in dem eine Ordnung Handeln beeinflussen kann, ist entscheidend, ob sie Bestandteil des Sinnuniversums der Akteure ist, und ob sie von diesen als vorbildlich und verbindlich angesehen wird. Eine rechtliche Regel, z.B. das Verbot der Steuerhinterziehung, hört also nicht in dem Moment auf, Bestandteil der legitimen Ordnung zu sein, in dem sie als Straftatbestand aus dem Gesetzbuch gestrichen wird, sondern dann, wenn sie von einem Großteil der Akteure nicht mehr als „gelten sollend" bejaht wird und man den Verstoß gegen sie nicht mehr geheimhalten muss.

Da Weber *Ordnung* nicht als einen Korpus von Regeln begreift, der juristisch kodifiziert und formal in Kraft ist, sondern als das, was die Menschen jeweils als bestehende Ordnung unterstellen, können wir bei der Analyse sozialer Zusammenhänge nicht fraglos davon ausgehen, dass spezifische soziale Kontexte nur von einer Ordnung (z.B. dem Bürgerlichen Gesetzbuch) geregelt werden. Die an den jeweils zu untersuchenden sozialen Beziehungen Beteiligten können annehmen, dass für diese Beziehung *eine* legitime Ordnung gilt, die sie auch gleich interpretieren. Sie können von *einer* Ordnung ausgehen, aber partial differierende Vorstellungen von dieser Ordnung haben. Und schließlich können sie sich an der Vorstellung unterschiedlicher Ordnungen orientieren, die dann jeweils in dem Maße „gelten", in dem sie das tatsächliche Verhalten bestimmen. Das Konkurrieren nicht nur nichtidentischer, sondern einander geradezu widersprechender Ordnungen in konkreten Handlungskontexten ist für Weber nicht unbedingt ein Anzeichen für soziale Desintegration: „Denn sogar der Einzelne kann sein Handeln an einander widersprechenden Ordnungen orientieren. Nicht nur sukzessiv, wie es alltäglich geschieht, sondern auch durch die gleiche Handlung." (WuG: 16f.). Er führt als Beispiel das Duell an, welches zum damaligen Zeitpunkt zwar noch Bestandteil des Ehrenkodex, strafrechtlich aber bereits verboten war. Duellanten orientieren sich an beiden Ordnungen, am Ehrenkodex auf jeden Fall positiv, am Strafrecht positiv, wenn sie sich selbst anzeigen, oder negativ, wenn sie sich darum bemühen, das Duell zu verheimlichen. In dem Maß, in dem das Duell durch andere Mechanismen der Konfliktaustragung ersetzt wird, verliert der Ehrenkodex an Geltung, in dem Maße, in dem Duelle wieder offen ausgetragen werden, verliert das strafrechtliche Verbot an Geltung.[39] Unter den vielen empirisch vorfindlichen und analytisch unterscheidbaren Ordnungen gibt es nun einen Ordnungstyp, der in Webers Werk – neben den religiösen Ordnungen – eine herausragende Rolle beansprucht: die Herrschaftsordnung.

---

[39] „Zwischen Geltung und Nichtgeltung einer bestimmten Ordnung besteht also für die Soziologie nicht, wie für die Jurisprudenz ... absolute Alternative. Sondern es bestehen flüssige Übergänge zwischen beiden Fällen, und es können ... einander widersprechende Ordnungen nebeneinander ‚gelten', jede – heißt dies dann – in dem Umfang, als die Chance besteht, dass das Handeln *tatsächlich* an ihr orientiert wird." (WuG: 17).

Macht und Herrschaft

Die Arbeiten zur Soziologie der Herrschaft nehmen in Webers Werk eine in mehrfacher Hinsicht besondere Stellung ein. Das gilt schon für die Entstehungsgeschichte. Bereits in der sehr knapp gehaltenen Einleitung zur „Wirtschaftsethik der Weltreligionen" (1915) findet sich ein erster Entwurf einer Typologie der Herrschaftsverbände. In dieser Schaffensphase, also zwischen 1912 und 1914, entsteht auch der Text, der posthum als Kapitel IX (Soziologie der Herrschaft) in *Wirtschaft und Gesellschaft* erscheint. In einem zweiten Arbeitsschritt zwischen 1919 und 1920 entsteht Kapitel III von *Wirtschaft und Gesellschaft* (Die Typen der Herrschaft) – dieser Text wurde von Weber selber zur Drucklegung vorbereitet – sowie eine weitere Überarbeitung des „Entwurfs" in der Einleitung zur „Wirtschaftsethik der Weltreligionen" für die *Gesammelten Aufsätze zur Religionssoziologie* (GARS I: 267ff.). Zudem liegt noch ein nachgelassener Text vor, der unter dem Titel „Die drei reinen Typen der legitimen Herrschaft" in den *Gesammelten Aufsätzen zur Wissenschaftslehre* enthalten ist. Das Thema hat Weber also lange begleitet und wurde von ihm immer wieder aufgenommen und überarbeitet. Des Weiteren kann man die These vertreten, dass die Herrschaftssoziologie den originellsten, innovativsten Teil der Weberianischen Soziologie darstellt, der schon von Webers Zeitgenossen als eine durchaus provokante Abkehr von den klassischen Staatsvorstellungen erkannt wurde.[40] Und schließlich markiert sie in theoretischer, universalhistorischer und zeitdiagnostischer Hinsicht zentrale Stellen in Webers umfangreichem Werk.

Um deutlich zu machen, wie Weber den Begriff der Herrschaft fasst, kehren wir noch einmal kurz zu seinen *Grundbegriffen* zurück. Dort definiert er zunächst *Macht* als „jede Chance, innerhalb einer sozialen Beziehung den eigenen Willen auch gegen Widerstreben durchzusetzen, gleichviel worauf diese Chance beruht." (WuG: 28). Dieser Machtbegriff ist zunächst einmal, wie alle Schlüsselbegriffe Webers, an Handlung gebunden. Da Webers Handlungsbegriff aber nicht nur beobachtbare Aktivitäten umfasst, sondern auch „Unterlassen und Dulden", greifen Ansätze, die diesen Begriff im Anschluss an Weber verwenden, ihn aber behavioristisch fassen, Macht also nur in beobachtbaren Konfliktsituationen diagnostizieren wollen, zu kurz. Webers Machtdefinition besagt nicht unbedingt, dass Akteure ihren Willen dadurch durchsetzen, dass sie andere an der sozialen Beziehung Beteiligten *zwingen*, sich ihnen zu unterwerfen. Vergleicht man sie mit Webers Definition von *Kampf*, die auf den ersten Blick nahezu identisch wirkt, fällt auf, dass Weber im Falle der Macht davon spricht, dass es gelingt, den eigenen Willen *auch* gegen Widerstreben durchzu-

---

[40] Stefan Egger urteilt: „Denn tatsächlich ist nur die Herrschaftssoziologie Webers ‚Erfindung': selbst die ‚These' der *Protestantischen Ethik*, so sehr sie später auch mit Weber fast ausschließlich in Zusammenhang gebracht wird, war damals nicht völlig ‚neu' ... die ‚Herrschaftssoziologie' aber war, und dies wurde damals auch so gesehen, neu und einzigartig." (2006: 70).

setzen. Bei der Definition des *Kampfes* hingegen fehlt dieses Wörtchen: Da gehen Handelnde davon aus, dass sie ihren Willen „gegen Widerstand des oder der Partner" durchsetzen müssen. D.h., *Macht* kommt nicht nur in konflikthaften Situationen zum Tragen, sie manifestiert sich nicht nur im Kampf, sondern sie kann auch in Beziehungen wirken, die zumindest scheinbar harmonisch sind. Allerdings bleibt Webers Machtbegriff an handelnde Individuen gebunden und ist damit in letzter Instanz asymmetrisch angelegt. Wenn es zu einem Konflikt über ein Handlungsziel kommt, wird sich zwangsläufig einer der Akteure auf Kosten des anderen durchsetzen.

Weber vertritt ein Null-Summen-Konzept der Macht insofern, als bei ihm die Steigerung der Durchsetzungsfähigkeit des einen Akteurs mit der Minderung der Duchsetzungsfähigkeit des Partners einhergeht, während in symmetrischen Machtkonzepten Macht durch Kooperation von Handelnden, die ein gemeinsames Ziel verfolgen, gesteigert bzw. vermehrt werden kann.[41] Als empirisches Phänomen ist Weber diese Möglichkeit durchaus vertraut. So beruht das Prinzip der Schließung sozialer Beziehungen auch auf dem Einsatz von Macht, an diesem Einsatz sind in der Regel mehrere, wenn nicht alle Teilnehmer an dieser sozialen Beziehung beteiligt, und Sinn oder zumindest Nebenfolge dieser Schließungsbemühungen kann durchaus die Vermehrung der eigenen Machtmittel sein. Sehr anschaulich ist das in den Fällen, wo die Schließung einer Vergesellschaftung im Wirtschaftsbereich darauf abzielt, Monopole zu errichten und zu sichern. Die Schließung gelingt überhaupt nur, wenn man ausreichend Machtmittel zur Verfügung hat, um sich gegen die durchzusetzen, die Zugang zu den monopolisierten Gütern beanspruchen. Kann man das Monopol durchsetzen, steigert dies die Ressourcen und damit die Machtmittel der Monopolisten beträchtlich. Aber Weber würde auch in diesen Fällen darauf bestehen, die „Machtmenge" nicht der Gruppe insgesamt, sondern einzelnen Individuen zuzuordnen.

Diese Insistenz ist einerseits wissenschaftstheoretisch begründet: Erklärungsgegenstand der Soziologie, so wie er sie verstanden wissen will, ist das Handeln, und handeln können nur Personen. Es kann zwar für andere Wissenschaften wie die Rechtslehre oder für praktische (z.B. politische) Zwecke nützlich oder gar unvermeidlich sein, soziale Gebilde wie „den Staat", „die Regierung", „das Unternehmen" wie Einzelpersonen zu behandeln. „Für die verstehende Deutung des Handelns durch die Soziologie sind dagegen diese Gebilde lediglich Abläufe und Zusammenhänge spezifischen Handelns *einzelner* Menschen, da diese allein für uns verständliche Träger von sinnhaft orientiertem Handeln sind." (WuG: 6). Für die Soziologie in Webers Sinn gibt es keine Kollektivbegriffe, keine handelnden „Kollektivpersönlichkeiten", und also auch keine Gruppen, die *als Gruppe* handeln,

---

[41] Diese Unterscheidung wird von Lukes in seiner Diskussion von „Macht und Herrschaft bei Weber, Marx, Foucault" eingeführt. Als Vertreter eines asymmetrischen Machtkonzepts führt er Hobbes und Weber an, als Vertreter eines symmetrischen Machtkonzepts nennt er u.a. Arendt und Parsons.

Macht ausüben, Macht steigern können. Dazu kommt ein weiterer, eher inhaltlicher Grund: Die Rede von den „Interessen des Staates", den „Interessen der Kapitalisten" etc. verdeckt sehr leicht, dass diese Gruppen oder sozialen Gebilde eben nur in der Art und Weise bestehen, wie sie und ihre Ordnungen im Bewusstsein der Individuen repräsentiert sind und handlungsleitend werden. Weber rechnet, wie oben im Zusammenhang mit dem Ordnungsbegriff bereits erwähnt, immer damit, dass innerhalb sozialer Beziehungen Dissens über die geltende bzw. gelten sollende Ordnung aufkommt, dass Interessen divergieren, dass die sozialen Beziehungen mehr oder weniger ausgeprägte Beimischungen des *Kampfes* aufweisen. Dies kann bei der Arbeit mit einem symmetrischen Machtbegriff, der sich sehr darauf konzentriert, Ziele zu entdecken, die allen Mitgliedern der Gruppe oder des sozialen Gebildes gemeinsam sind, leicht ins Hintertreffen geraten.

Um das eben gesagte noch einmal kurz zusammenzufassen: Max Weber arbeitet mit einem Machtbegriff, der an individuelles Handeln und an individuelle Intentionen gebunden und asymmetrisch angelegt ist. Die Ziele der Machtausübung, die Mittel, die dabei zum Einsatz kommen können, Art und Ausmaß des Widerstandes, der zu überwinden ist, werden hingegen nicht spezifiziert. Kurz, und in Webers eigenen Worten gesagt: „Der Begriff ‚Macht' ist soziologisch amorph" (WuG: 28) und daher für die Analyse von situationsübergreifenden Verhältnissen der Unter- und Überordnung (die ja eben in der Regel eine „Ordnung" implizieren) nicht geeignet. Webers Definition des Begriffs der Herrschaft fällt dementsprechend präziser aus: „*Herrschaft* soll heißen die Chance, für einen Befehl bestimmten Inhalts bei angebbaren Personen Gehorsam zu finden..." (ebd.). Ein Herrschaftsverhältnis ist also ein Machtverhältnis, bei dem 1. die Machtmittel spezifiziert sind: der Wille wird mittels Befehl durchgesetzt, 2. der Mächtige seinen Willen nicht in allen sozialen Sphären durchsetzen kann, sondern nur in den Bereichen, die durch das Herrschaftsverhältnis geregelt sind (er muss nicht für alle denkbaren Befehle, sondern nur für Befehle „bestimmten Inhalts" Gefolgschaft finden), 3. die Befehlsgewalt sich nur über einen angebbaren Personenkreis erstreckt.

Die einzig notwendige Voraussetzung dafür, dass man von einem Herrschaftsverhältnis sprechen kann, ist also, dass jemand erfolgreich anderen befiehlt. In der Regel ist das Phänomen der Herrschaft aber außer an die Person des Befehlshabenden auch noch an das Vorhandensein eines Verwaltungsstabes, also von Personal, welches den Herrscher bei der Ausübung der Herrschaft unterstützt, und eines Verbandes[42] geknüpft. Wenn die Mitglieder eines Verbandes in ihrer Eigenschaft als Mitglieder aufgrund der geltenden Ordnung Herrschaftsbeziehungen unterworfen

---

[42] „*Verband* soll eine nach außen regulierend beschränkte oder geschlossene soziale Beziehung dann heißen, wenn die Innehaltung ihrer Ordnung garantiert wird durch das eigens auf deren Durchführung eingestellte Verhalten bestimmter Menschen: eines *Leiters* und, eventuell, eines *Verwaltungsstabes*..." (WuG: 26).

sind, spricht Weber dann auch entsprechend von einem *Herrschaftsverband*. Er unterscheidet zwei Formen des Herrschaftsverbandes, den *politischen Verband* und den *hierokratischen Verband* (WuG: 29). Beim politischen Verband wird die Geltung seiner Herrschaftsordnung durch die Androhung und gegebenenfalls Anwendung *physischen Zwangs* garantiert. D.h., der Herrscher und sein Verwaltungsstab behalten sich vor, Verbandsmitglieder bei Verstoß gegen die geltenden Regeln der Herrschaftsordnung durch auf den Körper bezogene Strafen zur Raison zu bringen: durch Schläge, Verstümmelung, Gefängnis, Hinrichtung. Beim hierokratischen Verband wird als Mittel der Aufrechterhaltung der Ordnung mit *psychischem Zwang* gearbeitet: Die Befolgung der Regel wird durch Spendung von Heilsgütern (z.B. in der katholischen Kirche der Sakramente), Verstöße gegen die Regel werden durch die Versagung eben dieser Güter (z.B. durch Exkommunikation) sanktioniert. In dem Maße, in dem der Verwaltungsstab sich ein *Monopol* auf den *legitimen* Einsatz der jeweiligen physischen oder psychischen Zwangsmittel erwerben und sichern kann, d.h. in dem Maße, in dem es ihm gelingt durchzusetzen, dass die Mitglieder nur ihn allein als berechtigt ansehen, physische Gewaltsamkeit oder psychischen Zwang zum Einsatz zu bringen, wandelt sich der politische Verband zum *Staat* (davon wird in Kap. 5 noch ausführlicher die Rede sein), der hierokratische Verband wandelt sich zur *Kirche* (dazu mehr im folgenden Kapitel).

Nach diesen einführenden Begriffsklärungen können wir uns nun der eigentlichen Herrschaftssoziologie Webers zuwenden, indem wir zunächst seine drei Idealtypen der legitimen Herrschaft untersuchen: die *traditionale*, die *charismatische* und die *legale* Herrschaft. Die Entscheidung, sich im Rahmen seiner Herrschaftssoziologie auf Formen *legitimer* Herrschaft zu konzentrieren, und zudem die Art und Weise ihrer „innerlichen Stützung" zum leitenden Prinzip seiner Typologie der Herrschaftsformen zu machen (und nicht etwa die Modalitäten der Einsetzung/Wahl des Herrschers, die Partizipationsmöglichkeiten der Herrschaftsunterworfenen oder ähnliches), stellt in der Tat einen markanten Neuansatz in der wissenschaftlichen Auseinandersetzung mit diesem Themenfeld dar (vgl. dazu Egger 2006: 76ff.).

Eine der ersten Fragen, die sich in diesem Zusammenhang stellt, ist, warum Weber nicht einfach „Typen der Herrschaft", sondern „Typen der legitimen Herrschaft" entwickelt.[43] Den Begriff der *legitimen Ordnung* hatten wir schon oben diskutiert: Sie ist eine Ordnung, die nicht nur faktisch anerkannt wird, sondern von denen, die sich an ihr orientieren, als in relevanter Hinsicht „vorbildlich", als „gelten *sollend*" betrachtet wird. Für Weber ist nun entscheidend, dass legitime Ordnungen eben aufgrund dieser Affirmation als „richtige Ordnungen" in der Regel deutlich

---

[43] Auf Webers Ausführungen zur illegitimen Herrschaft, die z.B. für bestimmte Phasen in der historischen Entwicklung der italienischen Stadtstaaten charakteristisch ist, können wir an dieser Stelle nicht eingehen.

stabiler sind als Ordnungen, an denen sich Menschen nur aufgrund zweckrationaler Kalküle oder aufgrund traditioneller, eingeübter Gewohnheit orientieren. Er weiß sehr wohl, dass sich Menschen, die als Mitglieder eines politischen oder hierokratischen Verbands Herrschaftsbeziehungen unterworfen sind, sich diesen empirisch aus unterschiedlichsten Motiven fügen, aber er merkt an: „Eine Herrschaft, welche *nur* auf solchen Grundlagen ruhte, wäre aber relativ labil. Bei Herrschenden und Beherrschten pflegt vielmehr die Herrschaft durch *Rechtsgründe*, Gründe ihrer Legitimität, innerlich gestützt zu werden, und die Erschütterung dieses Legitimitätsglaubens pflegt weitreichende Folgen zu haben." (WL: 475).

Dieses Zitat macht deutlich, dass die eventuell durch die begrifflichen Ähnlichkeiten zwischen Handlungstypologie und Herrschaftstypologie nahegelegte Vermutung, das Gehorchen innerhalb der traditionalen Herrschaft sei ein Akt traditionalen Handelns, innerhalb der charismatischen Herrschaft ein Akt des affektuellen Handelns, und innerhalb der legalen Herrschaft ein Akt zweckrationalen Handelns, nicht tragfähig ist. Aber bevor wir diskutieren, wie sich das Akzeptieren einer Herrschaftsordnung zu den Idealtypen des sozialen Handelns verhält, wollen wir die „reinen Typen der legitimen Herrschaft" zunächst vorstellen.

Die *legale* Herrschaft beruht auf der Vorstellung, dass durch formal korrekte Prozeduren Recht geschaffen bzw. bestehendes Recht geändert werden kann. Die Quelle der Legitimität, also der Vorbildlichkeit und Verbindlichkeit der Herrschaftsordnung, liegt hier in dem Verfahren, welches Rechtsnormen bekräftigt oder neu setzt. Solange das vorgeschriebene Verfahren eingehalten wird, gibt es a priori keine inhaltlichen oder sonstigen Einschränkungen hinsichtlich dessen, was mit diesem Verfahren wie geregelt werden kann. Gehorcht wird dementsprechend nicht einer Person, sondern einer gesatzten Regel, welche angibt, wem in welchen Bereichen und in welcher Hinsicht zu gehorchen ist. Auch der Befehlende selber ist, gerade wenn er befiehlt, diesen Regeln unterworfen.

Der *Herr*, bzw. die höchsten Spitzen der politischen Verbände, können Monarchen, vom Volk gewählte Präsidenten oder vom Parlament gewählte Regierungen sein – die legale Herrschaft ist also nicht mit einer bestimmten Regierungsform verbunden. Sehr wohl verbunden ist sie allerdings mit einer spezifischen Form der Herrschaftsausübung, nämlich mit der bürokratischen Verwaltung. Der Verwaltungsstab besteht aus Beamten, die eine Reihe von Kennzeichen aufweisen. Sie werden aufgrund ihrer Fachqualifikation, welche im „rationalsten Falle", wie sich Weber ausdrückt, durch Prüfung oder durch Diplom nachgewiesen wird, angestellt. Sie arbeiten innerhalb einer festen Amtshierarchie, nach ebenfalls festgelegten Amtskompetenzen, und folgen dabei nur sachlichen Amtspflichten – d.h., ihre Amtsausübung wird nicht durch persönliche Abhängigkeitsbeziehungen, durch persönliche Motive oder ähnliches beeinflusst. Sie orientieren sich dabei an dem Motto „sine ira et studio", ihr Bestreben richtet sich darauf, „frei von Willkür und Unberechenbarkeiten, insbesondere ‚ohne Ansehen der Person' streng formalistisch nach rationalen Regeln und – wo diese versagen – nach ‚sachlichen' Zweckmäßigkeitsgesichtspunkten zu verfügen." (WL: 476). Die Beamtentätigkeit ist ihr Hauptberuf, für den sie bezahlt werden. Die Verwaltungsmittel gehören nicht ihnen, sondern dem politischen Verband, also in der Regel dem Staat (im Unterschied z.B. zur traditionalen Herrschaft, wie wir noch sehen werden). Ihre Amtsausübung unterliegt strenger Disziplin und Kontrolle, es gibt einen Dienstweg, der einzuhalten ist, und es gibt ein geregeltes Beschwerdeverfahren für den Fall des Einspruchs. Das spezifische Kennzeichen der *modernen* Bürokratie ist die freie Auslese der Beamten und ihre Anstellung – also der Umstand, dass sie, ähnlich wie die Angestellten in einem modernen Unternehmen, nach sachlichen Kriterien der Qualifikation ausgewählt werden und dann vom Staat dafür bezahlt werden, dass sie ihm ihre Zeit und Kompetenzen zur Verfügung stellen. Wo dies nicht der Fall ist, wo es also eine hierarchisch gegliederte Bürokratie mit festen Amtskompetenzen gibt, in welcher die Beamten aber entweder „unfrei" (z.B. Sklaven) sind oder sich als persönliche Diener des Herren verstehen, spricht Weber von *Patriomonialbürokratie*.

Die rein bürokratische, aktenmäßige Verwaltung ist für Weber die „formal *rationalste* Form der Herrschaftsausübung", da sie „die an Präzision, Stetigkeit, Disziplin, Straffheit und Verläßlichkeit, also: Berechenbarkeit für den Herrn wie für die Interessenten, Intensität und Extensität der Leistung formal universeller Anwendbarkeit auf alle Aufgaben, rein *technisch* zum Höchstmaß der Leistung vervollkommenbare" (WuG: 123) Form der Herrschaftsausübung ist. Wohlgemerkt: Weber spricht nie davon, dass die bürokratische Herrschaft die rationalste Form der Herrschaftsausübung schlechthin ist, sondern nur davon, dass sie unter Anlegung der genannten Kriterien – Effizienz, Berechenbarkeit, Leistungsfähigkeit, generelle Anwendbarkeit – die *formal* rationalste Herrschaftsform ist. Von einem wertrationalen Standpunkt aus kann die bürokratische Herrschaft durchaus in einem eher bedenklichen Licht erscheinen (dazu mehr in Kap. 5).

Der Typus der legalen Herrschaft mit bürokratischem Verwaltungsstab ist, gerade in modernen Gesellschaften, und eben wegen ihrer nahezu universellen „Anwendbarkeit", auch keineswegs nur in politischen und hierokratischen Verbänden zu finden, sondern u.a. auch im kapitalistischen Betrieb. Hier ist die Herrschaft zwar teilweise heteronom, da auch im Betrieb die staatlichen Rechtsregeln gelten – der Unternehmer kann also nicht in allen Bereichen neues Recht und neue Regeln setzen, wenn er nur das Verfahren einhält. Und sie verfügt normalerweise über keinen eigenen Zwangsapparat, sondern greift gegebenenfalls auf die Polizei und staatliche Gerichtsbarkeit zurück. Und natürlich treten die Mitglieder, anders als das gewöhnlich bei einem politischen Verband der Fall ist, freiwillig ein. Dies ändert aber, solange sich die Angestellten (oder Beherrschten) aufgrund der Arbeitsmarktlage den betrieblichen Normen unterwerfen (müssen), nichts an dem Herrschaftscharakter der innerbetrieblichen Hierarchien.

Ein zentrales Macht- und Herrschaftsmittel der bürokratischen Verwaltung ist das *Fachwissen*. Je größer und komplexer der zu verwaltende Verband, um so „professioneller" muss die Verwaltung werden, und um so mehr müssen sich die einzelnen Beamten spezialisieren. Dies pflegt dann die Kontrolle des Beamtenapparats durch die politische Führung zu erschweren. „Stets ist die Frage: wer *beherrscht* den bestehenden Apparat? Und stets ist die Beherrschung dem *Nicht*-Fachmann nur begrenzt möglich: der Fach-Geheimrat ist dem Nichtfachmann als Minister auf die Dauer meist überlegen in der Durchsetzung seines Willens." (WuG: 128f.).

Die zweite Form legitimer Herrschaft ist die *traditionale* Herrschaft, die durch den Glauben an die „Heiligkeit der von jeher vorhandenen Ordnungen und Herrengewalten" (WL: 478) getragen wird, ihr reinster Typus ist die patriarchalische Herrschaft. Gehorcht wird hier nicht festgelegten Satzungen, sondern dem durch die Tradition eingesetzten Herrscher bzw. den von diesem eingesetzten Personen. Ihre Befehle können, ebenfalls durch die Tradition, in zwei unterschiedlichen Weisen legitimiert sein: Zum einen gibt es Bereiche, in denen die Tradition inhaltlich festlegt, wie die Herrschaft auszuüben ist. Hier ist der Herrscher selbst an die Tradition gebunden, ähnlich wie der legale Herrscher an die gesatzten Regeln, und wenn er den durch die Tradition vorgeschriebenen Rahmen überschreitet, gefährdet er die legitime Basis seiner Herrschaft. Zum anderen gibt es Bereiche, die von der Tradition der freien Willkür der Herrschaftsausübung anheimgegeben sind, in denen es also durch die Tradition abgestützt ist, dass der Herr nach persönlichem Belieben herrscht. Falls er hier überhaupt irgendwelchen Prinzipien folgt, dann denen einer materialen Ethik oder utilitaristischer Nützlichkeit, aber nicht, wie bei der legalen Herrschaft, Prinzipien formaler Art. Das Nebeneinander von streng traditionsgebundenen und (für den Herrscher) freien Sphären des Handelns ist typisch für die traditionale Herrschaft. In einem derartigen Kontext kann Recht nicht intentional neu geschaffen werden. Neue Herrschaftsprinzipien können allenfalls dadurch eingeführt werden, dass man sie als schon von jeher bestehend ausweist – dass man, mit anderen Worten, Traditionen neu erfindet.

Der Herrschende ist hier nicht „Vorgesetzter", sonder persönlicher Herr, der Verwaltungsstab besteht nicht primär aus Beamten, sondern aus Dienern, und die Gehorchenden sind keine Bürger, sondern Untertanen. Die Gehorsamspflichten sind nicht durch Amtskompetenz und -hierarchie festgelegt, die Befehlsgewalt der einzelnen Diener richtet sich vielmehr nach dem Belieben des Herren, der auch darüber entscheidet, wo und wie sie eingesetzt werden. „Die *tatsächliche* Art der Herrschaftsausübung richtet sich darnach: was *üblicherweise* der Herr (und sein Verwaltungsstab) sich gegenüber der traditionalen Fügsamkeit der Untertanen gestatten dürfen, ohne sie zum Widerstand zu reizen." (WuG: 130f.). Falls es zum Widerstand kommt, richtet er sich üblicherweise nicht gegen das System der traditionalen Herrschaft als solche, sondern gegen den Herrn (oder dessen Diener), welcher in den Augen der Untertanen die von der Tradition errichteten Grenzen der Herrschaftsausübung überschritten hat.

Weber unterscheidet bei der traditionalen Herrschaft zwei Formen des Verwaltungsstabes, die *patriarchale* und die *ständische* Form. Die patriarchale Herrschaft ist in ihrer einfachsten Form „primär ein durch Erziehungsgemeinsamkeit bestimmter *Pietäts*verband" (WuG: 130), d.h. also ein Familien- oder Sippenverband, in dem der pater familias als Verbandsoberhaupt die Herrschaftsrechte ausübt. Der patriarchalen Verwaltungsstruktur sieht man diese „Herkunft" noch an: Der Verwaltungsstab besteht entweder aus „Mitgliedern des Hauses" in einem weiteren Sinne, aus Sklaven oder Hörigen des Herren. Oder er besteht, wenn er nicht patrimonial, sondern extrapatrimonial rekrutiert wird, aus Angehörigen vergleichsweise rechtloser Schichten. Dies führt dazu, dass die Mitglieder des Verwaltungsstabes keinerlei Eigenrechte, weder an der Herrschaftsausübung noch an den dazu notwendigen Mitteln besitzen, und völlig vom Herren abhängig sind. Sie, und damit indirekt auch die Untertanen, besitzen keinerlei Schutz vor Willkürentscheidungen des Herrn, sie sind in allem weisungsgebunden und können jederzeit wieder ihrer Ämter enthoben werden. Den reinsten Typus dieser Art traditionaler Herrschaft nennt Weber die *sultanische* Herrschaft: „Alle wirklichen ‚Despotien' hatten diesen Charakter, bei welchem die Herrschaft wie ein gewöhnliches Vermögensrecht des Herrn behandelt wird." (WL: 479).

Der ständisch strukturierte Verwaltungsstab unterscheidet sich vom patriarchalen Verwaltungsstab dadurch, dass seine Mitglieder nicht, oder nicht nur, persönliche Diener des Herren sind, sondern selber eine gewisse „soziale Prominenz" besitzen und ihnen „bestimmte Herrengewalten und die entsprechenden ökonomischen Chancen *appropriiert* sind" (WuG: 134), wie Weber das ausdrückt. D.h., der Herrscher kann die Mitglieder seines Verwaltungsstabes nicht völlig frei auswählen, sondern kann sie nur unter den Angehörigen eines bestimmten Verbandes oder einer bestimmten Schicht (z.B. des Adels) rekrutieren. Die Ausgewählten werden mit dem Amt beliehen oder erwerben es durch Kauf oder Pacht, haben sie das Amt erst einmal inne, kann es ihnen vom Herren nicht ohne weiteres wieder entzogen werden. Eine typische Form ständischer Herrschaft stellt die Herrschaft mit Hilfe einer Adelsverwaltung dar, ihre reinste Form ist der Feudalismus, „der das ganz persönliche Treueverhältnis und den Appell an die ständische Ehre des mit dem Amt beliehenen Ritters an die Stelle der sachlich rationalen Amtspflicht setzt." (WL: 481).

Die Mitglieder des ständischen Verwaltungsstabes verfügen selber über die Mittel der Verwaltung und Herrschaftsausübung, und dies ermöglicht eine Konkurrenz der Amtsinhaber um den Einflussbereich ihrer Ämter (und um die Einnahmen, die dadurch zu erzielen sind). Diese Konkurrenz kann in einer Aufgabenteilung resultieren, die der durch Amtskompetenz in der Bürokratie der legalen Herrschaft nicht unähnlich ist. Die ständische traditionale Herrschaft steht der legalen Herrschaft noch in einem weiteren Punkt näher als patriarchale Herrschaftsformen:

Die „Eigenrechte" der Mitglieder des Herrschaftsverbandes, also ihr sozialer und politischer Status sowie die Ressourcen, über die sie verfügen, sind in der Regel durch rechtliche Garantien abgestützt. Diese Garantien setzen den Willkürentscheidungen des Herrschers Grenzen, da sie auch durch ihn nicht ohne Weiteres verändert werden können. Was aber die zentrale Steuerung und Disziplinierung des Verwaltungsstabes anbelangt, stehen sich wiederum Patriarchalismus und legale Herrschaft näher: In beiden Fällen liegt das Eigentum an den Verwaltungsmitteln nicht in den Händen des Verwaltungsstabes, sondern in den Händen des Herrschers bzw. des Staates, und die sich daraus ergebenden Handlungsspielräume kann der Herrscher effektiver dazu nutzen, seinem Stab eine einheitliche Linie des Verwaltungshandelns vorzugeben, als ihm das unter den wesentlich heterogeneren Verhältnissen ständischer Herrschaft zu gelingen pflegt.

Die dritte Form legitimer Herrschaft ist schließlich die charismatische Herrschaft. Hier liegt die Quelle der Legitimität in der Hingabe an die Person des Herren und ihre Gnadengaben, also das Charisma, welches sich äußern kann als „magische Fähigkeiten, Offenbarungen oder Heldentum, Macht des Geistes und der Rede" (WL: 481). Das heraustechende Merkmal charismatischer Qualitäten ist, in Webers Worten, ihre Außeralltäglichkeit, ihr radikales sich Abheben von alltäglichen Erfahrungen. Verkörpert wird der charismatische Herrscher im Typus des Propheten, des Kriegshelden oder des Demagogen. Die Herrschaftsunterworfenen gehorchen dem Herren persönlich, weil und solange er sein Charisma unter Beweis stellen kann, solange sich seine außeralltäglichen Gaben bewähren. Verliert er seine Ausstrahlung, misslingen ihm seine Pläne, verlässt ihn der Erfolg, ist damit auch seine Legitimitätsbasis hochgradig gefährdet.

Der Herrschaftsverband beruht auf Vergemeinschaftung in Form der Gemeinde oder Gefolgschaft, der Befehlende ist der *Führer*, die Gehorchenden die *Jünger*. Der Verwaltungsstab wird ausgewählt nach den Kriterien des Charisma und der persönlichen Hingabe; Fachqualifikation (wie im Falle der legalen Herrschaft), Standeszugehörigkeit oder persönliche Abhängigkeiten (wie im Falle der traditionalen Herrschaft) spielen hier keine Rolle. Die Legitimation und die Kompetenzen der Verwaltungsangehörigen bestimmen sich weder über festgelegte Kompetenzen noch über ständische Privilegien, sondern hängen ausschließlich ab von der Sendung des Herren und ihrer persönlichen charismatischen Ausstrahlung. Entsprechend orientiert sich die Verwaltungsausübung weder an gesatzten noch an traditionalen Regeln. Entscheidungen werden von Fall zu Fall getroffen, typischerweise unter Berufung auf Eingebungen oder Offenbarungen. Trifft eine derartig begründete Entscheidung auf Widerspruch, stellt sich ihr also eine konkurrierende Weisung entgegen, die ebenfalls Anspruch auf charismatische Geltung erhebt, kann es zu einem Führerkampf kommen, der sich letztlich durch das Vertrauen der Gemeinde entscheidet.

An dieser Stelle sollte aber keinesfalls der Eindruck entstehen, bei der charismatischen Herrschaft handele es sich um eine Form der Demokratie, bei der die Herrschaftsunterworfenen darüber bestimmen können, wie lange sie welchem Herrscher folgen. Zwar beruht die Legitimität dieser Herrschaftsform auf dem „Glauben" an den Herrscher, und sie steht und fällt mit dessen Bewährung. Aber sie leitet ihre Autorität nicht aus dieser Anerkennung ab, sondern aus dem Charisma selbst, welches diese Anerkennung zwingend fordert und einklagt: „Glaube und Anerkennung gelten als *Pflicht*, deren Erfüllung der charismatisch Legitimierte für sich fordert, deren Verletzung er ahndet." (WL: 483). Die charismatische Herrschaft ist, aufgrund ihrer großen Distanz zu traditionalen und legalen Prinzipien der Herrschaft und Verwaltung, und aufgrund des radikalen Bruchs mit bestehenden sozialen und politischen Arrangements, den der Herrscher von seiner Gefolgschaft fordern kann (nach dem Motto: „es steht geschrieben, ich aber sage euch"), eine der „großen revolutionären Mächte der Geschichte" (ebd.), aber sie ist deshalb keinesfalls eine basisdemokratische oder gar anarchistisch gefärbte Veranstaltung, sondern ist und bleibt *Herrschaft*, in ihrer reinen Form typischerweise in durchaus autoritärer Ausprägung.

Wie kann nun eine derartig personengebundene Herrschaftsform den Tod des charismatisch qualifizierten Herrschers (oder seinen „politischen Tod" aufgrund des Versagens oder Versiegens des Charismas) überdauern? Sie kann sich zum einen in eine traditional legitimierte Herrschaftsform transformieren, indem sie die Offenbarungen und charismatischen Neuschöpfungen im Verwaltungsbereich als traditionsbegründende Präzendenzfälle setzt und den Verwaltungsstab entsprechend umstrukturiert. Oder sie kann sich dadurch auf Dauer zu stellen versuchen, dass sie Regeln für die Nachfolge des ursprünglichen charismatisch qualifizierten Herrschers festlegt. Die theoretisch denkbaren und historisch tatsächlich entwickelten Lösungen des Nachfolgeproblems sind vielfältig. Man kann nach einem neuen Träger der charismatischen Qualitäten suchen, ein Beispiel dafür wäre die Bestimmung eines neuen Dalai Lama. Man kann den Nachfolger durch Orakel oder Los bestimmen. In diesem Fall wird der Glauben an die Person des Charismaträgers umgewandelt in den Glauben an die jeweilige Auswahltechnik. Oder der Nachfolger wird bestimmt a) durch den ursprünglichen charismatischen Herrscher selbst – dies war häufig bei Propheten und Kriegsfürsten der Fall, b) durch die charismatisch qualifizierte Gefolgschaft – auch hier handelt es sich nicht um eine „Wahl" im heutigen, demokratischen Sinn, sondern um die Feststellung des „richtigen" zur Nachfolge berufenen Herren[44], c) durch Vererbung – hier liegt die Vorstellung zugrunde, dass einem das

---

[44] „Es handelt sich der ursprünglichen Idee nach nicht um eine „Abstimmung" über Wahlkandidaten, zwischen denen eine freie Auswahl besteht, sondern um Feststellung und Anerkennung des ‚richtigen', des [als] charismatisch qualifiziert zur Nachfolge *berufenen* Herrn. Eine ‚falsche' Wahl war daher ein zu sühnendes Unrecht." (WL: 486).

Charisma „im Blute liege", d) durch eine rituelle Versachlichung des Charisma – durch die Idee, es könne durch sakramentale Akte wie Salbung, Hand auflegen etc. auf andere Personen übertragen werden. Welcher Weg der Nachfolge-Bestimmung auch im Einzelfall eingeschlagen wird – alle gehen mit einer Bedeutungsverschiebung der ursprünglichen Vorstellung von Charisma als einer ganz an eine bestimmte Person gebundene, außer-alltägliche Befähigung einher: Das Charisma wird veralltäglicht, der Herrschaftsstab wird konsolidiert und auf Dauer gestellt, die Verwaltungsausübung verstetigt.

Schließlich kann das seinem ursprünglichen Wesen nach autoritär gefasste Legitimitätsprinzip charismatischer Herrschaft tatsächlich auch antiautoritär umgedeutet werden. Der Schritt von einer obligatorischen, verpflichtenden Anerkennung charismatischer Qualitäten hin zu der Vorstellung einer freiwilligen Anerkennung, welche nun ihrerseits legitimitätsstiftende Wirkungen entfaltet, ist nicht unbedingt groß. Im Vollzug dieses Schrittes wandelt sich die dem charismatisch Qualifizierten geschuldete Akklamation zu einer Wahl, der kraft eigenen Charismas legitimierte Herr wird zu einem Gewalthaber, der durch die Beherrschten eingesetzt wird und von ihnen sein Mandat und dadurch seine Legitimität erhält. Entsprechend kann sich das Verständnis von Rechtsprechung und Verwaltung wandeln: In dem oben angesprochenen Fall, in dem konkurrierende Offenbarungen oder Interpretationen in Bezug auf einen Sachverhalt vorgelegt werden, die beide charismatisch fundierte Legitimität für sich beanspruchen, fällt die Entscheidung zwischen ihnen letztlich dadurch, dass die Gefolgschaft entscheidet, welchen der charismatischen Ansprüche sie für authentisch hält. Von diesem Modus der Entscheidung über strittige Fragen kann dann übergegangen werden zu der für *legale* Herrschaftsverhältnisse typischen Vorstellung, dass Recht dadurch gesetzt wird, dass die Beherrschten abstimmen und das Mehrheitsprinzip entscheidet.

Wie man schon an diesen knapp gehaltenen Ausführungen sehen kann, interessiert sich Max Weber sehr dafür, unter welchen Umständen sich Herrschaftsformen transformieren. Dieses Interesse ist nicht zuletzt darin begründet, dass er nicht von einem festen oder typischen Transformationspfad ausgeht. Seine Herrschaftstypologie wird gelegentlich dahingehend interpretiert, dass sie eine historische Entwicklungslogik nachzeichnet, z.B. derart, dass Herrschaft sich ursprünglich immer als charismatische Herrschaft konstituiere, sich dann zu traditionaler Herrschaft veralltägliche, und schließlich im Verlauf des Modernisierungsprozesses in legaler Herrschaft münde. Diese Lesart erscheint uns, wie alle evolutionistischen Interpretationen von Webers Idealtypologien, als nicht haltbar. Weber selber weist wiederholt darauf hin, dass seine Herrschaftstypen nicht auf spezifische historische Epochen beschränkt sind. Schon in der frühen Vergangenheit finden sich Ansätze gesatzter, also legaler Herrschaft (WL: 483). Traditionale und charismatische Herrschaft existieren häufig nebeneinander, z.B. dann, wenn die Führung des politischen Verbandes in Frieden und im Krieg in unterschiedlichen Händen liegt. Die Herrschaftsstrukturen, die im Frieden gelten, sind dann eher traditional legitimiert, während der Kriegsfürst und sein Herrschaftsanspruch charismatischer Natur zu sein pflegen. Dass die empirisch vorfindlichen Herrschaftsverhältnisse keine Vertreter der *reinen* Typen sind, sondern Elemente der unterschiedlichen Idealtypen in unterschiedlichen Mischungsverhältnissen in sich vereinigen, ist, wie allgemein bei Webers Idealtypen, die Regel und nicht die Ausnahme.[45]

Neben den Mischungsverhältnissen von und Übergängen zwischen Herrschaftstypen beschäftigt sich Weber immer wieder mit dem Verhältnis zwischen Herrscher und Verwaltungsstab. Dies ist für ihn aus mehreren Gründen bedeutsamer als das direkte Verhältnis zwischen Herrscher und Herrschaftsunterworfenen – also den Bürgern, Untertanen, Jüngern. Zum einen ist dieses direkte Verhältnis auch in der Praxis vermittelt durch das Handeln der Verwaltung – nur die wenigsten Beherrschten kommen jemals in direkten Kontakt mit dem Herrscher, müssen sich aber mehr oder weniger regelmäßig mit seinen Verwaltern auseinander setzen. Daher ist kontinuierliches Verwaltungshandeln, welches die Beherrschten notfalls zur Unterwerfung unter den Herrscher zwingt, höchst entscheidend „für den kontinuierlichen der tatsächlichen Fügsamkeit der Beherrschten" (WL: 484). Darüber hinaus ist das Verhältnis zwischen Herrscher und Verwaltungsstab ein zentraler Faktor für die konkrete Ausgestaltung von Herrschaftsverhältnissen. Damit der Stab dem Herren die Treue hält, seine Anweisungen in seinem Sinne umsetzt, und nicht hinter seinem Rücken gegen ihn konspiriert, muss ein hinreichendes Maß an Interessensolidarität zwischen ihnen bestehen. Diese Interessen können ideeller oder materieller Art sein (sehr häufig sind sie beides), sie können, wie im Fall der charismatischen, aber auch der traditionalen Herrschaft, auf die Durchsetzung materialer Werte gerichtet sein, auf die Garantie eines bestimmten Lebensstils, oder aber auch auf den Erwerb materieller Güter. Zwischen den Interessen, die man innerhalb eines Herrschaftstyps verfolgen kann, und dem Herrschaftstyp selbst besteht ein Verhältnis wechselseitiger Beeinflussung: Die Weltsicht, die mit der jeweiligen Legitimationsbasis der Herrschaft verknüpft ist, zeichnet bestimmte Interessen vor anderen aus, andere finden in ihr überhaupt keinen Platz. Andererseits hat die je spezifische Interessenkonstellation zwischen Herrscher und Verwaltungsstab Auswirkungen auf die konkrete Ausprägung der Herrschaftsstrukturen. Herrschaft und Verwaltung werden sich anders organisieren, wenn das loyalitätsstiftende Band zwischen Herrn und Verwaltungsstab ein gemeinsames Interesse an Ehre ist, als wenn sie durch einen Pakt zur wechselseitigen Wohlstandssteigerung verbunden sind.

Doch trotz dieser Verweisungszusammenhänge ist eine dauerhafte Solidarität zwischen Herrscher und Verwaltungsstab eine hochgradig voraussetzungsreiche

---

[45] Vor allem der Typus der legalen Herrschaft ist geradezu dadurch charakterisiert, dass er nur selten auf rein legalen Grundlagen beruht, sondern dass die Stabilität des Legitimationsglaubens durch gemischte Quellen gespeist wird (WL: 484) – dazu mehr in Kap. 5.

Angelegenheit. Sie erfordert auf beiden Seiten eine bestimmte innere Einstellung, eben den Legitimitätsglauben. Und hier kommen wir noch einmal auf das Verhältnis von legitimer Herrschaft und Webers Handlungstypen zurück. In der Sekundärliteratur zu Weber war man sich lange weitgehend einig, dass „das Handeln im Rahmen der Formen legitimer Herrschaft die unterschiedlichen Handlungstypen verkörpert oder doch von diesen dominiert wird" (Döbert 1989: 238), dass also die Befehlsbefolgung in charismatischen Herrschaftsformen vorwiegend in der Form affektuellen Handelns erfolgt, in traditionalen Herrschaftsformen als traditionales Handeln, etc. Es ist aber relativ leicht nachvollziehbar, dass rein traditionales, affektuelles oder zweckrationales Handeln auf seiten des Verwaltungsstabes eine dauerhafte Stabilität der Herrschaftsverhältnisse nicht garantieren kann. Handlungsroutinen können durch unvorhergesehene Ereignisse aufgebrochen werden, Gefühle sind notorisch wandelbar, Interessen können sich leicht ändern. Zudem kann affektuelles oder traditionales Handeln grundsätzlich nicht die Art von (Rechts-)Gründen liefern, die es dem Einzelnen ermöglichen, eine Ordnung als *gelten sollend* einzustufen, da es häufig weitgehend unbewusst verläuft. Daher schlägt Döbert vor, alles Handeln im Rahmen *legitimer* Herrschaft als *wertrationales* Handeln zu begreifen. Weber selber deutet ja an, dass sich affektuelles und traditionales Handeln zu wertrationalen Haltungen transformieren können (WuG: 12). Und bei der legalen Herrschaft werden, so Döbert, „zweckrationale Gleichgewichtspunkte von Interessenlagen *,normativiert*", (ebd.: 240).

Nach dieser Interpretation wird in traditionalen Herrschaftsgefügen auch deswegen gehorcht, weil die Herrschaftsunterworfenen grundsätzlich der Ansicht sind, dass die Orientierung an Traditionen besser ist als das Experimentieren mit Neuerungen. Dem charismatischen Herrscher wird nicht nur gehorcht, weil er einen emotional berührt, sondern auch, weil man es richtig findet, dass die Herrschaft in den Händen eines Menschen liegt, der außeralltäglich qualifiziert ist. Und eine „Normativierung zweckrationaler Interessenlagen" kann z.B. bedeuten, dass legale Herrschaft deswegen bejaht wird, weil man es für vorbildlich hält, dass sich Menschen die Regeln, denen sie sich unterwerfen, selber setzen. Der Prozess der Legitimitätsstiftung für einen spezifischen Herrschaftszusammenhang ist also gleichbedeutend damit, dass im Falle der traditionalen Herrschaft traditionales Handeln, im Falle der charismatischen Herrschaft affektuelles Handeln, und im Falle der legalen Herrschaft zweckrationales Handeln durch einen bewussten Reflexionsprozess der Herrschaftsunterworfenen in wertrationales Handeln umgewandelt wird, welches dann typischerweise in den verschiedenen Akten der Befehlsausführung zum Ausdruck kommt.

Aber trifft dies Webers Intentionen tatsächlich genau? Der Ansatz, das Gehorchen innerhalb von Strukturen legitimer Herrschaft immer – oder zumindest typischerweise – als einen Fall wertrationalen Handelns zu deuten, ist verlockend – nicht zuletzt deshalb, weil man in ihm alle vier Handlungstypen unterbringt und damit eine gewisse Symmetrie gewahrt zu sein scheint. Und sicherlich ist ein entscheidendes Charakteristikum legitimer Herrschaftsverhältnisse (wie legitimer Ordnungen in einem weiteren Sinne), dass sich Menschen nicht nur bewusst an ihnen orientieren, sondern diese Orientierung auch innerlich bejahen, sie also positiv bewerten. Aber was heißt dies genau? Liegt diese wertrationale Affirmation legitimer Herrschaft auf der gleichen Ebene wie das wertrationale Handeln als Bestandteil von Webers Handlungstypologie, so dass es mit ihm in eins gesetzt werden kann? Unser Vorschlag lautet, sie eben *nicht* auf der Ebene der Handlungstypologie, sondern auf einer Metaebene anzusiedeln, auf der nicht zu konkreten Werten wie z.B. Gerechtigkeit, Freiheit oder Ehre, sondern zu Begründungsprinzipien (für Herrschaft) Stellung genommen wird.

Warum scheint uns eine derartige Unterscheidung fruchtbar zu sein? Wertrationales Handeln als Handeln nach „Geboten" oder „Forderungen", die der Einzelne an sich gestellt sieht, kann ja sehr leicht mit den Anforderungen des Herrschaftssystems in Konflikt geraten, z.B. wenn Solidaritätspflichten gegenüber Angehörigen oder Freunden mit Loyalitätszumutungen staatlicher Instanzen kollidieren (helfe ich einem Freund, der sich strafbar gemacht hat, sich dem Zugriff der Polizei zu entziehen?). Als wir diskutierten, wie sich bei Weber aus sozialem Handeln soziale Ordnung ergeben kann, hatten wir seine Beobachtung angeführt, dass die aus zweckrationalem Handeln entstehenden Regelmäßigkeiten häufig weit stabiler sind als die, welche auf normativ reguliertem Handeln basieren (WuG: 15). Und bei der Erläuterung des Begriffs des wertrationalen Handelns hatten wir darauf hingewiesen, dass dieser Handlungstypus aus der Perspektive der anderen Handlungsorientierungen (vor allem in der Konfrontation mit zweckrationalem Handeln) eine spezifische Irrationalität in sich birgt. Diese beiden Beobachtungen haben eine gemeinsame Wurzel: Bei Weber stehen die „Wertordnungen dieser Welt", wie zu Beginn dieses Kapitels ausgeführt, in „unlöslichem Kampf untereinander". U.a. daraus ergibt sich ja bei Weber die zentrale Rolle des Konfliktes und des Kampfes in sozialen Beziehungen. Eine Herrschaftsordnung, die sich unmittelbar durch Bezug auf spezifische Werte legitimieren würde, wäre grundsätzlich zumindest latent instabil, weil sich der Herrscher nie sicher sein könnte, dass die Untergebenen und vor allem der Verwaltungsstab seine Werte vollständig teilen, oder dass sie, wenn sich der Herrscher in konkreten Konfliktsituationen für *einen* handlungsleitenden Wert entscheiden muss, dieser Wertung umstandslos folgen. Und sobald ein Dissens über Werte aufträte, wäre damit gleichzeitig ein potentieller Legitimationsentzug gegenüber der Herrschaftsordnung gegeben. Zudem können die „Irrationalitäten" streng wertrationalen Handelns sich in der politischen Sphäre besonders disruptiv, gelegentlich auch destruktiv auswirken,[46] und sind der Stabilität politischer Ordnungen eher abträglich. Ein Legitimitätskonzept, welches die reflektiert-affirmative Einstellung gegenüber einem Herrschaftsgefüge nicht auf der Ebene der Handlungstypologie selbst, sondern relativ dazu auf einer zweiten Ebene ansiedelt, hegt hingegen Wertkonflikte auf der ersten Ebene ein, gerade weil es die Rechtmäßigkeit von Herrschaft nicht unmittelbar an die von den Herrschenden vertretenen Werte koppelt.[47]

Dies alles heißt nun keinesfalls, dass Werte in der politischen Sphäre nur eine nachrangige Rolle spielten. Im Gegenteil, politisches Handeln ist für Weber im wesentlichen Kampf um die Durchsetzung der eigenen Ideen, Kampf zur Wahrung und Beförderung der eigenen Interessen; und Ideen und Interessen lassen sich nur auf der Basis von Wertungen identifizieren und definieren. Es heißt aber sehr wohl, dass sich legitime Herrschaft, so wie sie Max Weber versteht, nicht direkt durch Bezug auf bestimmte Werte legitimiert und damit stabilisiert, sondern vielmehr dadurch, dass die unterschiedlichen Arten von Legitimitätsansprüchen Werten einen je spezifischen Platz im politischen Prozess zuweisen, und bestimmte Standards für den Umgang mit Wertkonflikten festlegen. Gerade dadurch ermöglichen sie die Artikulation und die Austragung von Kämpfen, ohne dass damit gleich die Herrschaftsordnung insgesamt in Frage gestellt würde.

Weber macht die unterschiedlichen Arten von Legitimitätsansprüchen u.a. deshalb zum Ausgangspunkt seiner Herrschaftstypologie, weil sie das Feld des Politischen in je unterschiedlicher Weise konstituieren: „Je nach Art der beanspruchten Legitimität aber ist auch der Typus des Gehorchens, des zu dessen Garantie bestimmten Verwaltungsstabes und der Charakter der Ausübung der Herrschaft grundverschieden." (WuG: 122). Und grundverschieden ist auch, von wem unter welchen Bedingungen welche Konflikte offengelegt und ausgetragen werden können. Webers Herrschaftssoziologie ist also alles andere als eine Theorie, die vor allem zur Erfassung zentralistischer Herrschaftssyteme geeignet ist, in denen die Befehlsketten streng von oben nach unten verlaufen, und die von allgemeiner Zustimmung oder gar einem allgemeinen Wertekonsens getragen würden. Im Gegen-

---

[46] U.a. deswegen argumentiert Weber dafür, die für politische Verantwortung tragende angemessene ethische Haltung sei die der Verantwortungsethik, und nicht ein gesinnungsethisch motiviertes wertrationales Handeln.
[47] Dies kann dann entweder dazu führen, dass im Konfliktfall die als legitim erachteten Befehle ausgeführt werden, als ob der „Inhalt des Befehls um dessen selbst willen zur Maxime [des] Verhaltens gemacht [werde], und zwar lediglich um des formalen Gehorsamsverhältnisses halber" (WuG: 123), oder dass die Beherrschten, sehen sie sich gezwungen, aufgrund wertrationaler Überlegungen gegen den Willen des Herrschers zu handeln, dennoch nach Wegen suchen, die Legitimität seiner Forderungen anzuerkennen: Der Duellant, der sich aus wertrationalen Gründen duellieren „muss", obwohl das Duell offiziell verboten ist, zeigt sich danach selbst an, um zum Ausdruck zu bringen, dass er die staatlichen Gesetze akzeptiert, auch wenn er aufgrund der Anforderungen, die sein Ehrgefühl an ihn stellt, punktuell gegen sie verstoßen muss.

teil: Sie fordert geradezu dazu auf zu fragen, welche Bevölkerungsgruppen jeweils typischerweise Interessen ausbilden, die von denen des Herrschers abweichen, ob, und wenn ja, mit welchen Mitteln und in welchen Bereichen die daraus entstehenden Konflikte ausgetragen werden, und welche Konfliktkonstellationen innerhalb eines Herrschaftstyps nicht mehr aufgefangen werden können, sondern den Anstoß zu dessen Transformation geben.

Wenn die Konflikthaftigkeit von Herrschaft aber so stark im Mittelpunkt von Webers Überlegungen zur Herrschaftssoziologie steht, stellt sich wiederum die Frage (die wir nun auch endlich beantworten wollen), warum Weber sich so stark für stabile Herrschaftsordnungen interessiert, dass er seine Idealtypen der Herrschaft speziell für die legitime Herrschaft entwickelt. Webers Herrschaftssoziologie ist für ihn nicht nur Selbstzweck, also ein Werkzeug zur Analyse von politischen Zusammenhängen. Sie wird von ihm zudem dazu genutzt, idealtypische Arten der *Lebensführung* zu rekonstruieren. Das Interesse an Mustern der Lebensführung, an spezifischen Arten der Weltsicht und der Stellungnahme dazu, haben wir ja schon im Zusammenhang mit Webers Arbeiten zur Religionssoziologie kennengelernt. Religion und Politik sind *die* sozialen Felder, die den Menschen am stärksten beeinflussen, und zwar über ihre eigentliche Sphäre hinaus. Der hierokratische Herrschaftsverband diszipliniert den Menschen durch seine Verfügung über die Mittel des psychischen Zwangs, er kann des Menschen Seelenheil bedrohen. Der politische Herrschaftsverband diszipliniert die ihm Angehörigen durch die Mittel der physischen Gewalt, er kann von ihnen im Kriegsfall den Einsatz seines Lebens fordern, er kann sie bei Verstoß gegen die Herrschaftsordnung körperlich strafen. Und genauso wie Religionen unterschiedliche Arten des „in der Welt seins" befördern können, bilden Angehörige von politischen Herrschaftsverbänden, so diese denn lange genug bestehen, eine bestimmte Art der Lebensführung aus, die stark von der inneren Struktur des jeweiligen Herrschaftstypus geprägt ist. Weber selbst führt exemplarisch für typische „Einstellungen" oder innere Haltungen in den drei reinen Formen der Herrschaft folgende an: „Die durch Erziehung und Gewöhnung eingelebte Pietät in (der) Beziehung des Kindes zum Familienoberhaupt (traditionale Herrschaft, d. Verf.) ist der am meisten typische Gegensatz einerseits zur Stellung eines kontraktlich angestellten Arbeiters in einem Betriebe (legale Herrschaft, d. Verf.), andererseits zur emotionalen Glaubensbeziehung eines Gemeindemitglieds zu einem Propheten (charismatische Herrschaft, d. Verf.)." (WL: 480). Das hier angedeutete Panorama an Lebensstilen ist in der Tat sehr weit gespannt und kontrastreich. Welche Momente in den Herrschaftsformen sind es nun vor allem, die diese Differenz erzeugen?

Max Weber selber hat in seinen materialen Studien über Herrschaftsverhältnisse zum Teil sehr detailliert analysiert, wie Legitimitätsglauben, Struktur des Verwaltungsstabes, Trägerschichten des politischen Handelns und Interessenkonstellationen spezifische Arten der Lebensführung prägen. Wir können im Rahmen dieser

Einführung nur auf vier unserer Meinung nach grundlegende Differenzen der Herrschaftstypen hinweisen, welche für die Lebensführung der ihnen Unterworfenen tiefgreifende Auswirkungen haben. Der erste Unterschied ist der zwischen *persönlichen* und *unpersönlichen* Autoritätsverhältnissen. Hier gruppieren sich traditionale und charismatische Herrschaft auf der einen Seite und stehen im Gegensatz zur legalen Herrschaft. Im Falle von traditional und charismatisch begründeten Ordnungen ist das Band zwischen Herrscher und Untergebenen das einer persönlichen Beziehung. Auch wenn die Untergebenen und Teile des Verwaltungsstabes dem Herrscher nie persönlich begegnen, sie gehorchen ihm als Person, und diese personale Qualität stärkt die gemeinschaftlichen Elemente in ihrer Beziehung. Bei der legalen Herrschaft ist der Herrscher austauschbar, man orientiert sich nicht an einer konkreten Person geschuldeten Pietätspflichten oder an einem Führer, der aufgrund seines Charismas unverwechselbar ist, sondern an unpersönlichen Regeln. Persönliche Qualitäten treten in ihrer Bedeutung hinter formale Prinzipien zurück.

Der zweite Unterschied ist der zwischen der Affirmation des Alltags und der Affirmation des Außeralltäglichen. Hier besteht ein Gegensatz zwischen traditionaler und legaler Herrschaft auf der einen Seite und der charismatischen Herrschaft auf der anderen Seite. Sowohl traditionale als auch legale Herrschaft sind Herrschaftsformen, die in ihrer Ausführung wesentlich darauf abzielen, das Alltagsleben der Mitglieder des Herrschaftsverbandes möglichst vorhersehbar ablaufen zu lassen. Natürlich gibt es auch von dieser Regel Ausnahmen: Im Falle eines Krieges, den beide Herrschaftsformen bekanntlich sehr wohl kennen, kann es zu Turbulenzen und schwerwiegenden Störungen des alltäglichen Lebens kommen. Aber über weite Strecken ist das Handeln sowohl des Herrschers als auch des Verwaltungsstabes prognostizierbar. Im Falle der traditionalen Herrschaft deshalb, weil die Tradition bestimmte Bereiche relativ starr regelt, und „Überraschungen" nur in genau umschriebenen Situationen zulässt. Im Falle der legalen Herrschaft deshalb, weil sich alle Verbandsmitglieder an die gesatzten Regeln halten müssen, die zumindest im Prinzip allgemein bekannt sind und nur durch genau festgelegte Verfahren geändert werden können. In charismatisch legitimierten Herrschaftsordnungen müssen die „Jünger" und mit ihnen die Gefolgschaft hingegen immer damit rechnen, dass bestehende Regeln durch den Einbruch des Außeralltäglichen in den Bereich routinisierter Lebensvollzüge abrupt verändert werden.

Der dritte Unterschied besteht im Umgang mit Traditionen. Hier stehen sich traditionale Herrschaft auf der einen Seite, und legale und charismatische Herrschaft auf der anderen Seite gegenüber. Traditionale Herrschaftsformen sind qua Legitimitätsbasis gleichsam an die Tradition gekettet. Sie können gegen sie nur bei Strafe des eigenen Untergangs verstoßen. Wie oben schon angeführt, besteht die einzige Möglichkeit institutioneller Innovation darin, dass man Traditionen neu erfindet, also die Masse der Verbandsmitglieder glauben machen kann, dass Präzedenzfälle genau das nicht sind, sondern eigentlich die Art und Weise verkörpern, wie man „schon immer" gehandelt hat. Ein derartiges Verfahren ist sehr voraussetzungsreich, für den Herrscher nicht ungefährlich, und kann deshalb nur sparsam eingesetzt werden. Der charismatische Herrscher hingegen hat aufgrund seiner „Berufung" geradezu die Pflicht, das, was er als verderbliche Traditionen erkannt hat, zu durchbrechen und durch neue Verhaltensweisen, Regeln und Normen zu ersetzen. Und im Falle der legalen Herrschaft ist die unveränderliche Basis, die die Herrschaft legitimiert, ja nicht die Tradition, sondern ein bestimmtes Verfahren. Und solange das Verfahren befolgt wird, kann eben mit diesem und durch dieses Verfahren jedes beliebige Recht gesetzt werden.

Ein letzter und für Weber zentraler Unterschied liegt schließlich in den Rationalisierungspotentialen, die den unterschiedlichen Herrschaftstypen innewohnen. Weber unterscheidet zwischen materialer und formaler Rationalität. Materiale Rationalität richtet sich auf die Realisierung bestimmter Zwecke oder normativer Standards, formale Rationalität versucht, das Handeln durch die Auswahl der am besten geeigneten Mittel zu optimieren (vgl. dazu ausführlich Döbert 1989). Letztere ist also nicht auf inhaltliche Ziele wie Gerechtigkeit, Gleichheit oder ähnliches verpflichtet, sondern operiert mit Kriterien wie Effizienz, Berechenbarkeit, technische Leistungsfähigkeit. Traditionale Herrschaft und – in Grenzen – charismatische Herrschaft können in ausgewählten Bereichen materiale Rationalität befördern. Charakteristisch für die traditionale Herrschaft ist ja das „Doppelreich" aus „material traditionsgebundenem Handeln" und „material traditionsfreiem Handeln" (WuG: 130). Die sozialen Kontexte, in denen material traditionsgebundenes Handeln vorherrscht, können im Zeitverlauf im Hinblick auf die Werte, die sie tragen – also z.B. Ehre oder Gerechtigkeit – in der Art rationalisiert werden, dass immer genauer expliziert wird, was „ehrenhaftes Verhalten" in spezifischen Konstellationen ist und wie es sich mit anderen Handlungsimperativen ins Verhältnis setzen lässt, so dass die Handlungsfelder schließlich so organisiert sind, dass die traditionalen Werte möglichst umfassend realisiert werden. Ähnliches gilt auch für den material nicht traditionsgebundenen Raum. Denn es ist ja durchaus vorstellbar, dass der Herrscher den Willkürspielraum, der ihm zur Verfügung steht, nicht „willkürlich" nutzt, sondern in nicht traditionsgeregelten Entscheidungssituationen eben seine eigenen Prinzipien zum Tragen bringt. Und wenn er Prinzipien anwendet, „sind dies solche der *materialen* ethischen Billigkeit, oder der utilitaristischen Zweckmäßigkeit, nicht aber – wie bei der legalen Herrschaft – formale Prinzipien." (WuG: 130). Auch die charismatische Herrschaft kann bestimmte Wertsphären material rationalisieren – wenn sie lange genug bestehen bleibt, ist dies sogar die Regel. Für derartige Rationalisierungsprozesse finden wir auch in der Religionssoziologie reichhaltiges Anschauungsmaterial. Dass materiale Rationalisierungsprozesse notwendig selektiv sind, sich also nicht auf alle Wertsphären gleichermaßen richten können, dürfte nicht überraschen, wenn wir uns an Webers Überzeugung erinnern, dass Werte kein homogenes, in sich harmonisches und konsistentes Universum aufspannen. Der

Einsatz für bestimmte Werte geht immer zu Lasten anderer Werte, die hinter den gewählten zurückstehen müssen. Legale Herrschaft hingegen, vor allem in ihrer bürokratischen Form, rationalisiert keine Werte, sondern Verfahren. Sie sucht nach möglichst optimalen Handlungsabläufen und nutzt dazu systematisch das Kausalwissen, dass ihr zur Verfügung steht. Wenn wir uns an die bei der Einführung des Typus der legalen Herrschaft angeführte Aussage Webers über die formale Rationalität der bürokratischen Verwaltung erinnern, wird deutlich, was er damit meint: Sie fördert Präzision, Stetigkeit, Disziplin, Berechenbarkeit, technische Leistungsfähigkeit (WuG: 123) in Bezug auf die Zwecke oder normativen Standards, die ihr von außen vorgegeben werden. Diese können sich, je nach jeweils zur Verfügung stehenden Mehrheiten, schnell ändern, ohne dass das die Kapazität zu formaler Rationalität beeinträchtigen würde. „Eine einmal voll durchgeführte Bürokratie gehört zu den am schwersten zu zertrümmernden sozialen Gebilden" (WuG: 569). Sie überdauert nicht zuletzt aufgrund ihrer Effizienz auch Revolutionen[48], und dienen den neuen Machthabern genausogut wie den alten, auch wenn sich die von der Regierung propagierten Werte grundlegend geändert haben.

Die Wertüberzeugungen, sozialen Ordnungen und Handlungsorientierungen, die durch diese Momente ausgebildet werden, können sich mit anderen Mustern verketten, sie können über den engeren Bereich des Politischen hinausgetragen und in andere Handlungskontexte übersetzt werden. Die Aufmerksamkeit für derartige Prozesse, die durch Webers Herrschaftssoziologie geweckt wird, läßt sie auch heute noch aktuell und fruchtbar erscheinen, selbst wenn z.B. seine Bürokratietheorie in Teilen überholt ist. Lepsius hat zurecht darauf aufmerksam gemacht, dass eine derartig angelegte Perspektive ein erhellendes Licht auf die Entstehung und Geschichte des Nationalsozialismus werfen könnte, der „in seinem historischen Ablauf umfassend beschrieben, nicht aber soziologisch erklärt [ist]. Wie kann es nach langer rechtsstaatlicher Tradition rasch zu einem Zerfall der Rechtsordnung kommen, zu einer Kontextspaltung der Geltung von willkürlichen Maßnahmen bei Fortgeltung tradierter Rechtsnormen? .... Wie kommt es zu einem Auseinandertreten von moralischen Überzeugungen – je nach dem jeweiligen Handlungskontext?" (Lepsius 2003: 37). Auch die Transformationsprozesse nach dem Ende des Kalten Krieges könnten besser erklärbar werden, wenn man Vergesellschaftungs- und Vergemeinschaftungsprozesse gerade in ihrer Macht- und Herrschaftsdimension nicht einfach als gegeben unterstellt, sondern sie unter zentraler Berücksichtigung des „subjektiv gemeinten Sinnes" der involvierten Akteure in ihrer je eigentümlichen „Verkettung von Umständen" analysiert.

---

[48] Ganz abgesehen davon, dass sie nur sehr schwer wieder abgebaut werden können, sind gerade in Umsturzsituationen die neuen Machthaber auf ihr effizientes Funktionieren und Verwalten angewiesen.

Weiterführende Literaturhinweise

Das Universum pluraler Werte, in das sich Weber gestellt sah, und in dem er die seiner Meinung nach interessanten Fragestellungen für die „Wirklichkeitswissenschaft" Soziologie entwickelte, wird von Wilhelm Hennis ausgeleuchtet, dessen Diskussionsbeiträge zur Weber-Interpretation schon in den Literaturhinweisen zum ersten Kapitel vorgestellt wurden. Für die in diesem Kapitel behandelte Frage, ob Weber ein homogenes, rational begründbares Wertsystem für möglich hielt, welches einen zivilisatorischen Fortschritt im starken Sinne tragen könne, ist vor allem Hennis (1987), und hier insbesondere der dritte Teil relevant, in dem Hennis unter den Titel *Voluntarismus und Urteilskraft* in Webers Schriften nach der „praktischen Philosophie" sucht, die diesem Werk zwar sicher keine monolithische Geschlossenheit verleiht, aber doch immerhin einen roten Faden zum Verständnis von Webers Fragestellungen und seinen Antworten liefert.

Mit Webers Verhältnis zum politischen Liberalismus beschäftigt sich auch Christian Schwaabe in seiner Studie *Freiheit und Vernunft in der unversöhnten Moderne* (2002). Er liest Weber als bedeutenden Interpreten der Moderne, dessen Beiträge auch heute noch für die Diskussionen im Bereich der politischen Theorie und praktischen Philosophie zentral sind. Im Zuge seiner Rekonstruktion von Webers politischen Werthaltungen zeichnet er nach, wie sich für Weber die entzauberte Moderne darstellt, und was aus der Heterogenität der Wertsphären und dem Polytheismus der Werte sowohl theoretisch als auch praktisch folgt. Wie lässt sich Freiheit bzw. autonomes Handeln unter diesen Bedingungen denken? Mit welchen Dilemmata sieht es sich in der Moderne konfrontiert? Was kann Wissenschaft zur Selbstaufklärung des Menschen beitragen? Schwaabe zeigt, dass das Fundament, welches Weber der Moderne legt, wesentlich von zwei Merkmalen bestimmt wird: Von den Möglichkeiten und Grenzen von Wissenschaft und Vernunft, und von dem Moment der Tragik, in das alles menschliche Handeln (gerade unter den Bedingungen der Moderne) verstrickt ist.

Eine nach wie vor empfehlenswerte Einführung in die Art und Weise, in der Weber das Problem der sozialen Ordnung angeht, bietet Reinhard Kreckel in seinem Buch über *Soziologisches Denken* (1975). Er kontrastiert Webers Theorieperspektive, die beim sozialen Handeln ansetzt, mit Durkheims Ansatz, der das Bestehen sozialer Ordnung mit Hilfe der sozialen Tatbestände erklären will. Anhand ihrer jeweiligen Grundbegriffe zeigt er, welchen Hürden man sich gegenüber sieht, will man die Produktion und Reproduktion sozialer Handlungsmuster und Institutionen entweder durch die Konzentration auf individuelles Handeln und seinen subjektiven Sinn oder durch die Analyse kollektiver Formen sozialen Zwangs erklären.

Bei der Auseinandersetzung mit Max Webers Handlungstypologie spielt die Interpretation dessen, was Weber unter „rationalem Handeln" bzw. unter „Rationalität" fasst, eine entscheidende Rolle. Einen vor allem die deutsche Diskussion prägenden Vorschlag legte Schluchter (1979) vor. Er bringt die Handlungstypen in eine Ordnung, die sich durch ihre unterschiedlichen Rationalitätsniveaus ergibt: Beim traditionalen Handeln kann der Handelnde nur die Mittel für das Handeln intentional und damit prinzipiell auch rational-kontrolliert wählen, beim affektiven Handeln neben den Mitteln auch die Zwecke, beim wertrationalen Handeln zudem die handlungsleitenden Werte, und beim zweckrationalen Handeln schließlich, der „obersten" und damit „rationalsten" Handlungsform, wählt der Akteur Mittel, Zwecke, Werte und Handlungsfolgen. Mit dieser Interpretation setzt sich anschließend u.a. Habermas in seiner *Theorie des kommunikativen Handelns* intensiv auseinander. Wie hoffentlich deutlich geworden ist, halten wir diese Rekonstruktion von Webers Handlungstypologie, die seine Handlungstypen in eine gleichsam entwicklungslogische Reihe stellt, für nicht überzeugend. Die hier zugrundegelegte Lesart orientiert sich vielmehr an Rainer Döberts Überlegungen zum Verhältnis von Wertrationalität und Zweckrationalität einerseits, und ihren Beziehungen zu formaler und materialer Rationalität andererseits.

Die deutschsprachige Weber-Rezeption konzentrierte sich lange Zeit so stark auf Webers Beiträge zu den okzidentalen Rationalisierungsprozessen und auf seine Schriften zur Bürokratie, dass die Rolle, die der Konflikt in seinen soziologischen Arbeiten spielte, demgegenüber vernachlässigt wurde. Man kann ohne allzu große Übertreibung konstatieren, dass die Aufmerksamkeit für dieses zentrale Moment erst über den Umweg über die Weber-Rezeption im anglo-amerikanischen Raum geschärft wurde. Hier ist vor allem auf Randall Collins zu verweisen, dessen Entwurf einer *Conflict Sociology* (1975) deutlich von Weber inspiriert ist. Seine Studie über *The Credential Society* (1979), die *an historical sociology of education and stratification*, so der Untertitel, präsentiert, verwendet Webers Begriffe des Standes, der sozialen Beziehung und vor allem der sozialen Schließung als tragende analytische Kategorien, mit derer Hilfe Collins die Expansion des Bildungssystems, und die damit einhergehende stetig wachsende Bedeutung von formalen Bildungsabschlüssen, nicht als zwangsläufige Begleiterscheinung technologischen Fortschritts, sondern wesentlich als das Resultat von Konkurrenzkämpfen zwischen Berufsgruppen und Professionen interpretiert. Das Buch *Weberian Sociological Theory* (1986) schließlich liefert gleichzeitig eine Einführung in das Werk Max Webers und eine Weiterentwicklung: Collins stellt hier zunächst seiner Meinung nach zentrale Elemente von Max Webers theoretischen Arbeiten vor, um diese dann in einem zweiten Schritt auf aktuelle Forschungsfragen anzuwenden. Dabei konzentriert er sich nicht nur auf die normalerweise mit Weber assoziierten Themen wie Wirtschaft und Politik, sondern macht uns z.B. auf Webers Beiträge zu einer Soziologie der Familie und der Geschlechterverhältnisse aufmerksam, die Konflikt als eine auch für und in diesen sozialen Sphären äußerst bedeutsame Form der sozialen Beziehung begreift.

Es sei hier aber zumindest auch auf einen deutschsprachigen Autor verwiesen, der, wenn er uns Weber auch nicht explizit als „Konfliktsoziologen" vorstellt, doch sehr sensibel ist für die Bedeutung, die die Dimension des Konflikts in Webers Denken einnahm: M. Rainer Lepsius sieht Webers Soziologie nicht primär durch ihren Bezug auf soziale Konflikte charakterisiert, sondern dadurch, dass sie sich „in einem dreipoligen Raum von Handlungsabläufen, Strukturbildungen und Sinnprojektionen" (Lepsius 2003: 33) bewegt, in welchem sie nicht auf die Beschreibung von Kollektiven oder statischen Zuständen, sondern auf die Erfassung sozialer Prozesse abzielt. Diese Prozesse können dann allerdings durchaus konflikthafter Natur sein – und sind es häufig auch, sowohl in den Stellen aus Webers Texten, auf die sich Lepsius bezieht, als auch in seinen eigenen Arbeiten, die dem „Weber-Paradigma" durchaus nahestehen (z.B. Lepsius 1990)

Bei der Auseinandersetzung mit Max Webers politischer Soziologie stand lange Zeit seine Bürokratisierungstheorie im Mittelpunkt der Aufmerksamkeit, die als Ausdruck einer spezifischen Form der Modernisierung „unter der Vorherrschaft eines ausgeprägten, militärisch ausgerichteten bürokratischen Apparates" (Wagner 1990: 169), als Nachhall des preußischen Machtstaats (Giddens 1986), und damit als außerordentlich zeitgebunden und kontextspezifisch und daher nicht verallgemeinerbar verstanden wurde. Ein Autor, der Webers politische Soziologie nicht umstandslos mit der Bürokratisierungstheorie gleichsetzt, sich vielmehr darüber hinaus für die Kategorien interessiert, die sie uns an die Hand gibt, um historische Entwicklungspfade in die Moderne hinein herauszuarbeiten, und uns auch über die politischen Bedingungen in der Moderne Klarheit zu verschaffen, ist Stefan Breuer. In seinem Werk *Bürokratie und Charisma* (1994) beschäftigt er sich insbesondere mit der Rolle des Charisma in Modernisierungsprozessen – ein Thema, welches – obwohl Weber selbst langfristig eher von seinem Bedeutungsverlust ausging – heute doch immer noch relevant ist. Breuer arbeitet die große Bedeutung heraus, die Weber charismatischen „Einbrüchen" für die Prozesse politischer Rationalisierung zumaß: Je nachdem, an welchen Träger gebunden das Charisma auftritt, ob es in genuin personalisierter Form wirksam wird, oder als versachlichtes, entpersönlichtes „Charisma der Vernunft", gibt es den von ihm ausgelösten Modernisierungsprozessen eine spezifische Färbung und Prägung. Im Zentrum der in diesem Buch zusammengefaßten Arbeiten stehen daher auch die ständigen Wechselwirkungen zwischen Rationalität und Charisma als treibende Kräfte des Modernisierungsprozesses – eine Wechselwirkung, die laut Breuer „noch der Aufbereitung harrt" (Breuer 1994: 2).

Über den aktuellen Stand der Forschung gibt der von Edith Hanke und Wolfgang Mommsen 2001 herausgegebene Band zu *Max Webers Herrschaftssoziologie* Auskunft. Die hier versammelten Beiträge beschäftigen sich mit der Werkgeschichte der Herrschaftssoziologie, ihrem zeitgenössischen Kontext, ihrer Stellung im Rahmen einer universalhistorischen Perspektive, sowie mit einigen ihrer politischen Aspekte.

„Einer der konstitutiven Bestandteile des modernen kapitalistischen Geistes (…): die rationale Lebensführung auf Grundlage der Berufsidee, ist (…) geboren aus dem Geist der christlichen Askese." (GARS I: 202).

Die »Protestantische Ethik«

Vorbemerkung

Wir haben bereits in der Einleitung und auch im Kapitel über Webers Religionssoziologie angemerkt, dass eine Darstellung und Besprechung der Aufsätze zur »Protestantischen Ethik« in einem eigenen Kapitel vorgenommen werden. Der nur angerissene Grund, den wir dort nannten, bezog sich auf eine unseres Erachtens in diesen Aufsätzen zu Tage tretende Dimension, welche dem Werk Webers seinen herausfordernden Charakter und die ihm eigentümliche „Wucht" verleiht: die Zeitdiagnose. Dass Max Weber ein politischer Mensch war und dass er aus dieser Haltung heraus auch Zeit seines Lebens politisch handelte (und zwar nicht als „wissenschaftlicher Experte" sondern als „homo politicus") ist unbestreitbar und findet in diesem Einführungstext seine Vertiefung im nächsten Kapitel; was hier jedoch unter dem Begriff der »Zeitdiagnose« verstanden werden soll, hat in starkem Maße mit Webers Menschen- und Wissenschaftsbild zu tun.

Die in den Jahren 1904 und 1905 erschienenen Aufsätze »Die protestantische Ethik und der Geist des Kapitalismus« sowie »Die protestantischen Sekten und der Geist des Kapitalismus« (erstmals veröffentlicht 1906 unter dem Titel „Kirchen und Sekten") sind sicherlich neben dem Torso von »Wirtschaft und Gesellschaft« die bekanntesten Werkteile von Weber. Neben vielfältigen (auch kritischen) Reaktionen, die Weber mit diesen Aufsätzen provozierte und die Eingang fanden (zumindest in Teilen) sowohl in die Überarbeitung der Aufsätze (im Jahr 1920) als auch in die von Johannes Winckelmann zusammengestellte sogenannte »Protestantische Ethik II«, markieren diese Aufsätze den Beginn einer langjährigen Beschäftigung mit religionssoziologischen Fragen. Allerdings zeigt sich, dass Weber es seinen Lesern und Rezipienten alles andere als einfach gemacht hat zu erkennen, worum es ihm mit den Aufsätzen eigentlich zu tun war. Dies wird in aller Schärfe deutlich, wenn man die entsprechenden Kritiken und Antikritiken liest, in denen auf Seiten der Kritiker insistierendes aber interessiertes Nachfragen vorherrscht, auf Webers Seite hingegen vor allem Polemik und Schärfe. Im Rahmen der »Gesammelten Aufsätze zur Religionssoziologie« (GARS) ist den Aufsätzen zur »Protestantischen Ethik« (PE) eine Vorbemerkung vorangestellt, in der Weber das Programm skizziert, in das er diese

Aufsätze eingeordnet sehen will, auch und gerade in ihrem Zusammenhang, mit den oben ausführlich besprochenen Aufsätzen zur »Wirtschaftsethik der Weltreligionen« (WEWR). Hier formuliert Weber die Absicht seiner religionssoziologischen Studien und merkt an, dass im Zentrum seiner Untersuchungen die Herausbildung einer spezifischen Art von praktisch-rationaler Lebensführung steht, die wiederum Wirkungen auf das ausübt, was Weber »ökonomischen Rationalismus« nennt.[49] Worauf es ihm ankommt, liest sich folgendermaßen: „die besondere Eigenart des okzidentalen und, innerhalb dieses, des modernen okzidentalen, Rationalismus zu erkennen und in ihrer Entstehung zu erklären" (GARS I: 12).

Für Weber ist eine Untersuchung der Wirkung der praktischen Lebensführung auf die Herausbildung dieses okzidentalen Rationalismus ein Versuch, der, wie er fortfährt, „am schwierigsten zu fassenden Seite des Problems näher zu kommen: der Bedingtheit der Entstehung einer »Wirtschaftsgesinnung«: des »Ethos«, einer Wirtschaftsform, durch bestimmte religiöse Glaubensinhalte, und zwar an dem Beispiel der Zusammenhänge des modernen Wirtschaftsethos mit der rationalen Ethik des asketischen Protestantismus" (ebd.). Wie im einleitenden Kapitel bereits angesprochen wurde, steht im Zentrum des Weber'schen Wissenschaftsverständnisses ein Zugang zur Wirklichkeit, der immer schon zeitdiagnostisch gefärbt ist. Wenn es darum geht, die Eigenart, das „So-und-nicht-anders-Gewordensein" der Dinge zu untersuchen, die für uns (Kultur-)Bedeutung haben, dann heißt das gleichzeitig, seinen Ausgang immer im Hier-und-Jetzt zu nehmen. Dies reicht sicherlich nicht aus, um die Aufsätze zur »Protestantischen Ethik« in besonderer Weise als Schriften auszuzeichnen, die in ausgeprägtem Maße durch das Element der Zeitdiagnose gekennzeichnet sind, zumal wenn man in diesen zu lesen beginnt.

Die Aufsätze

Weber fängt nicht damit an, dass er den Fragekontext wirklich erhellt, aus dem heraus er diese Studien unternimmt (wenn man die Vorbemerkung, die den »Gesammelten Aufsätzen zur Religionssoziologie« vorangestellt ist, außer Betracht lässt); sein Beginn ist viel begrenzter und erinnert an seine Antrittsvorlesung 10 Jahre früher, bei der er unter dem Titel »Der Nationalstaat und die Volkswirtschaftspolitik« (GPS) ebenfalls mit einem empirischen Befund anhob. So beginnt er die Aufsätze mit einem Blick in die Berufsstatistik und stellt fest, dass Kapitalbesitz

---

[49] An dieser Stelle muss auf den wichtigen Aufsatz „Max Weber's ‚Author Introduction' (1920): A Master Clue to his Main Aims" (Nelson 1974) von Benjamin Nelson hingewiesen werden, in dem zum Einen aufgezeigt wird, wie wichtig es ist, dass die Entstehungszeiten bestimmter Schriftteile beachtet werden und der zum Zweiten die Bedeutung dieser „Vorbemerkung" (in GARS I: 1-16) herausarbeitet, deren Entstehungsdatum 1920 (und eben nicht 1904/05) ist.

und Unternehmertum in einem konfessionell gemischten Land (wie eben Deutschland) überwiegend ‚protestantischen Charakter' haben, wie er es ausdrückt. Dieser aktuelle Befund deckt sich, so führt Weber seine Argumentation in historischer Dimension fort, mit einer bereits in reformatorischer Zeit vorhandenen Affinität besitzender und reicher Städte für die „neue Lehre". Diese Prädisposition für die reformatorischen Anliegen könnte unter dem Stichwort: Anti-Traditionalismus (und damit gleichzeitig Befreiung von Handlungsbeschränkungen) sicherlich verstehbar sein. „Aber dabei ist zu berücksichtigen, was heute oft vergessen wird: daß die Reformation ja nicht sowohl die Beseitigung der kirchlichen Herrschaft über das Leben überhaupt, als vielmehr die Ersetzung der bisherigen Form durch eine andere bedeutete." (GARS I: 20). Auch die Annahme, dass die besondere Orientierung etwas mit dem Status einer Minderheit zu tun habe, weist Weber durch einen Blick in entsprechende Befunde zurück, die deutlich machen, dass Protestanten sowohl in der Position der dominierenden Konfession, als auch der Minderheitsposition (und manchmal der unterdrückten Konfession) ökonomisch ein ähnliches Verhalten zeigten und zeigen: „Der Grund des verschiedenen Verhaltens muß also der Hauptsache nach in der dauernden inneren Eigenart und nicht nur in der jeweiligen historisch-politischen Lage der Konfessionen gesucht werden" (ebd.: 23).

Mit dieser Vermutung markiert Weber den Analyseweg, den er einzuschlagen gedenkt: Eine Aufdeckung der diesbezüglichen Eigenart der Konfessionen steht für ihn im Zentrum des Verständnisses dieses empirischen Befundes. Würde man der allgemein verbreiteten Erklärung folgen, dann wäre die „Weltfremdheit", die „asketische Grundhaltung" des Katholizismus als hierfür verantwortlicher (wirkender) Faktor bereits identifiziert. Wir werden in der Folge sehen, wie weit vom Analyseergebnis Webers dieser Glaube entfernt ist, ohne jedoch als alltagsweltliche Zeitdiagnose deshalb falsch zu sein. Weber gibt dem „Volksmund" durchaus recht, der sich vor allem auf den Protestantismus und Katholizismus in seiner Breite bezieht; seine Analyse wird insbesondere noch einmal verdeutlichen, wie wichtig es ist, dass man das herausarbeitet, was das je spezifische Untersuchungsphänomen ist. So schließt Weber diesen ersten Abschnitt auch mit der Ankündigung von notwendigen Vorbemerkungen: „zunächst über die Eigenart des Objektes, um dessen geschichtliche Erklärung es sich handelt; dann über den Sinn, in welchem eine solche Erklärung überhaupt im Rahmen dieser Untersuchung möglich ist" (ebd.: 30).

Die »Protestantische Ethik« als historisches Individuum

Weber beginnt seinen zweiten Teil der ersten Studie mit der Frage: was denn überhaupt mit dem Begriff »Geist des Kapitalismus« gemeint wäre? „Wenn überhaupt ein Objekt auffindbar ist, für welches der Verwendung jener Bezeichnung irgendein Sinn zukommen kann, so kann es nur ein »historisches Individuum« sein, d.h. ein

Komplex von Zusammenhängen in der geschichtlichen Wirklichkeit, die wir unter dem Gesichtspunkt ihrer Kulturbedeutung begrifflich zu einem Ganzen zusammenschließen." (ebd.: 30). Diese „Antwort" kann nur dann tatsächlich verstanden werden, wenn man sich vergegenwärtigt, was mit dem Konzept des »historischen Individuums« gemeint ist.

Hierzu sollte man den zeitgleich entstandenen »Objektivitätsaufsatz« (WL) sowie die »Kritische(n) Studien auf dem Gebiet der kulturwissenschaftlichen Logik" (WL) zu Rate ziehen, in denen Weber (wir haben im Einleitungskapitel darauf hingewiesen) das Konzept einer Sozialwissenschaft als Kulturwissenschaft skizziert. Hier lesen wir zum Stichwort Folgendes: „Wo immer die kausale Erklärung einer »Kulturerscheinung« – eines »historischen Individuums« (...) – in Betracht kommt, da kann die Kenntnis von Gesetzen der Verursachung nicht Zweck, sondern nur Mittel der Untersuchung sein." (WL: 178). Das heißt »historische Individuen« sind nichts anderes als »Kulturerscheinungen« und so kann man weiterfragen, was für Weber Kulturerscheinung ist und was diese auszeichnet. Zur Kulturerscheinung wird etwas durch die Bedeutung, die es für uns hat, deren Grund jedoch, Weber weist darauf hin, „aus keinem noch so vollkommenen System von Gesetzesbegriffen entnommen, begründet und verständlich gemacht werden (kann), denn sie setzt die Beziehung der Kulturerscheinungen auf Wertideen voraus." (ebd.: 175).

Was hier skizziert wird, erscheint auf den ersten Blick als ein radikal konstruktivistisches Verständnis von potentiellen Untersuchungsphänomenen: Nicht ein Objekt plus Fragestellung, sondern eine Fragestellung, die zu einem Objekt führt, welches durch »Bedeutung« zusammengehalten und begrenzt wird. Die Bedeutung kann wiederum nur unter dem Aspekt des Wertbezuges festgelegt und festgestellt werden. Doch Weber lag eine radikal konstruktivistische Sichtweise sicherlich fern[50]; in einer wichtigen Arbeit über seine Wissenschaftslehre, wird von Henrich deutlich ausgesprochen, wie man sich die diesbezügliche Position vorzustellen hat: „Die wertbeziehende Begriffsbildung ist zwar gegenüber der Erkenntnis von Wirklichkeitsstrukturen logisch primär, aber die wirklichen Zusammenhänge haben gegenüber der wertbeziehenden Operation den ontischen Vorrang." (Henrich 1952: 19). D.h., dass Wirklichkeit ist, steht nicht nur außer Frage, sondern ohne diese vorhandene Wirklichkeit fehlt der wertbeziehenden Operation das Material. Diese Wirklichkeit ist uns als Menschen direkt und konkret zugänglich; gleichzeitig in dieser Konkretheit jedoch nur als vereinzelt vorstellbar. So würde uns ein Menschenleben auf der Ebene der nur konkreten Wirklichkeitserfassung als eine Ansammlung unzusammenhängender Bewegungen, Handlungen, Kommunikationen etc. erscheinen. Nur wenn dieses Wirklichkeitsmaterial auf die Wertidee der „Bio-

---

[50] Wohingegen, wie wir im vorliegenden Kapitel zu verdeutlichen suchten, Webers Ansatz konstruktivistische Elemente beinhaltet.

graphie" bezogen wird, dann beginnt man das Material zu sortieren und das in Bezug auf die Wertidee wesentliche herauszuheben. Erst dann kann auch so etwas wie Kausalität sichtbar und beschreibbar werden, die sonst in der Fülle (der Mannigfaltigkeit) der Bewegungen, Handlungen, Kommunikationen unbestimmbar bleibt. Hierzu gehört, wie im letzten Kapitel deutlich gemacht wurde, die Rekonstruktion des „subjektiv gemeinten Sinns", also im skizzierten Beispiel: die Autobiographie. Nicht weil wir sonst möglicherweise Falsches berichten oder Wichtiges vergessen, sondern weil wir sonst kaum etwas von Bedeutung aussagen würden.

Wie an diesem letzten Beispiel deutlich werden konnte, stellt sich das hier skizzierte Problem bei jedwedem „Versuch" Wirklichkeit zu erfassen. Soll dies im Rahmen von Wissenschaft passieren, dann trifft das zu, was Henrich über die Reichweite des Konzeptes der „historischen Individuen" sagt: „Alle Gegenstände der Wirklichkeitswissenschaft sind also historische Individuen" (ebd.: 18). Dieser Satz ist jedoch nicht so zu verstehen, dass die Wirklichkeitsfülle sich zu einem und nur einem historischen Individuum verdichtet. Bewegungen werden nicht und müssen nicht in jedem Fall zu einer Biographie zusammengefasst werden. Es können eben auch andere Gesichtspunkte, andere Wertbeziehungen sein, die Anderes als wesentlich herausheben und die ein anderes historisches Individuum vor einen stellen. Weber verdeutlicht selbst am Beispiel von „Caesars Tod" die immer gegebene Pluralität von historischen Individuen innerhalb eines Wirklichkeitsbereiches (vgl. WL: 272f.). Henrich fasst die dort gemachten Anmerkungen Webers zu der Kernaussage zusammen: „Der individuelle Tod Cäsars ist eine mögliche Vielzahl historischer Individuen." (Henrich 1952: 21f.). Nicht Eindeutigkeit bestimmt also das Feld der Gegenstandskonstituierung innerhalb der Wirklichkeitswissenschaften, sondern alternative Beschreibungen, deren Brauchbarkeit von der eigenen Fragestellung abhängt und deren Sinnhaftigkeit sich in und durch ihre Beziehung auf Wertideen zu erweisen hat.

Was mit dem Konzept der »Wertbeziehung« gemeint ist (und was eben nicht) beschreibt Weber wie folgt: „Ein aktuelles »Werturteil« über ein konkretes Objekt oder die theoretische Aufstellung »möglicher« Wertbeziehungen desselben heißt doch nicht, daß ich dasselbe unter einen bestimmten Gattungsbegriff (...) subsumiere. Sondern das »Werturteil« heißt: daß ich zu ihm in seiner konkreten Eigenart in bestimmter konkreter Art »Stellung nehme«, und die subjektiven Quellen dieser meiner Stellungnahme, meiner dafür entscheidenden »Wertgesichtspunkte«, sind (...) ein durchaus konkretes, höchst individuell geartetes und zusammengesetztes »Fühlen« und »Wollen« oder aber, unter Umständen, das Bewusstsein eines bestimmt und wiederum konkret gearteten »Sollens«." (WL: 252). Diesen Vorgang nennt Weber in der Folge ein „aktuelles Bewerten", an dem man jedoch (als Sozialwissenschaftler) nicht stehen bleiben kann, sondern weitergehen muss zu theoretisch-interpretativen Überlegungen der, wie Weber es nennt, „möglichen Wertbeziehungen". Dieser Akt stellt dann nichts anderes dar, als dass man aus den Objekten „historische Individuen" macht. Da uns Weber den deduktiven Weg hierfür „abschneidet", kann und muss man diesen Reflektionsprozess (und so ist er in seinen Details ja auch beschrieben) als einen des Urteilens annehmen. Was hier bei Max Weber „Reflektion über mögliche alternative Wertbeziehungen" heißt, benötigt eine Fähigkeit, die in der abendländischen Geistesgeschichte seit Kant: erweiterte Denkungsart heißt. Diese ist bei Kant ein Bestandteil des Vermögens der (reflektierenden) Urteilskraft und bedeutet: „an der Stelle jedes anderen denken". Bei Weber führt uns dies nicht zu allgemeinen Gesetzen wie bei Kant, jedoch zu einem berechtigten Anspruch auf Geltung dessen, was man als wissenschaftliche Wahrheit herausarbeitet.

Man kann bis zu diesem Punkt festhalten: Historische Individuen sind der eigentliche Gegenstand der wissenschaftlichen Untersuchung, jedoch nicht in dem Sinne, dass sie quasi vorab definiert und dann untersucht werden, sondern die Herausarbeitung eines Objektes als historisches Individuum bildet einen Kernaspekt der wissenschaftlichen Arbeit. Am Beginn steht, so formuliert es Weber in obigem Zitat, ein subjektives „Fühlen", „Wollen" und/oder „Sollen". Dies ermöglicht und erfordert die Stellungnahme des Einzelnen, deren Inhalt ein Werturteil ist; ein Werturteil weil wir Objekte aus dem „Strom des unermesslichen Geschehens" nur dadurch (das heißt durch ihre Beziehung zu Werten) in ein sinnvolles Ganzes zu ordnen imstande sind. Nicht durch die Subsumierung unter allgemeine Begriffe können wir einen analytischen Zugriff erlangen, sondern nur durch Reflektion der möglichen Wertbeziehungen, unter denen ein Objekt aufgefasst werden kann.

Was bis zu diesem Punkt eher trocken und undurchsichtig erscheinen mag, wird möglicherweise dadurch erhellt, dass man sich eine derartige Analyse, in der ein historisches Individuum herauspräpariert wird, direkt anschaut. Mit der »Protestantischen Ethik« liegt uns ein derartiger Versuch vor. Die Bedeutung, welche diese Untersuchung für Weber besaß und möglicherweise für uns auch heute noch besitzt, liegt wiederum in ihrem Bezug zu zeitdiagnostisch inspirierten Problemlagen und -wahrnehmungen, aus denen heraus erst klar werden kann, warum es sich bei Webers Untersuchung nicht einfach nur um eine historische Studie über die Anfangszeit des modernen Kapitalismus handelt. Worum es hierbei geht, kann dann einsichtig werden, wenn man die letzten Seiten der ersten Studie an den Anfang stellt und von dort aus den Argumentationsverlauf und vor allem: die grundlegende Idee Webers zu erhellen sucht. Darüber hinaus können und sollen Webers Erläuterungen zu den frühen Kritiken seiner Studien ebenfalls konsultiert werden, in denen er (neben aller Polemik) Zuspitzungen (nicht jedoch: Veränderungen) seiner Untersuchung formulierte (wir haben Eingangs bereits darauf hingewiesen).

Die Schlusspassagen der ersten Studie werden von Weber mit einer Art von Ergebnisskizze eingeleitet: „Einer der konstitutiven Bestandteile des modernen kapitalistischen Geistes und nicht nur dieses, sondern der modernen Kultur: die rationale Lebensführung auf Grundlage der Berufsidee, ist – das sollten diese Darlegungen erweisen – geboren aus dem Geist der christlichen Askese." (GARS I: 202). Im Antikritischen Schlusswort (PE II: 283ff.) präsentiert uns Weber die zu diesem Ergebnis gehörende Ausgangsfrage: „wie verhält sich der Protestantismus in seinen einzelnen Abschattierungen zur Entwicklung des Berufsgedankens in seiner spezifischen Bedeutung für die Entwicklung derjenigen *ethischen* Qualitäten des Einzelnen, welche seine Eignung für den Kapitalismus beeinflussen." (PE II: 305). Die ethische Qualität des Einzelnen steht also in direktem Zusammenhang mit der Fähigkeit bzw. der tatsächlichen Sichtbarkeit einer rationalen Lebensführung.

Die zeitdiagnostische Brisanz dieses Befundes erweist sich jedoch dann vor allem durch Webers Beschreibung der tatsächlichen Ist-Situation im Hinblick auf diesen Prozess der Herausbildung einer spezifischen Lebensführung. „Der Puritaner wollte Berufsmensch sein, – wir müssen es sein." Und weiter: „In dem die Askese die Welt umzubauen und in der Welt sich auszuwirken unternahm, gewannen die äußeren Güter dieser Welt zunehmende und schließlich unentrinnbare Macht über den Menschen, wie niemals zuvor in der Geschichte." (GARS I: 203f.). Was uns Weber auf diesen abschließenden Seiten präsentiert, ist zuallererst einmal eine an Hoffnungslosigkeit und Vergeblichkeit kaum zu überbietende Darstellung der uns umgebenden Mächte. Die Zeit der Wahl scheint vorüber zu sein und was den Hinterbliebenen bleibt, ist das Sich-Einfügen in den Zwang der Verhältnisse. Dass dies jedoch nicht Webers letztes Wort zu diesen Dingen ist, wird in den weiter unten stehenden Kapiteln deutlich werden. Was hier deutlich wird ist: diese Beschreibung macht jedoch nur dann Sinn, wenn man den Menschen als Kulturwesen ins Zentrum seiner Analysen rückt; ansonsten kann die Düsternis und Dramatik der Beschreibung nicht überzeugen.

Der Geist des Kapitalismus

Diese Schlussbemerkungen des Aufsatzes werfen gleichzeitig ein etwas anderes Bild auf das, was Weber in der Studie umtreibt, als es der (man könnte fast sagen: harmlose) Beginn, mit seinem Blick in berufsstatistische Verteilungen vermuten ließ. Beginnen wir also mit einem systematisierenden Blick auf das, was uns Weber in der „Protestantischen Ethik" (PE) präsentiert.

Es geht nicht – vielleicht sollte man dies immer an den Anfang des Redens über die PE stellen – um eine (kausale) Erklärung der Entstehung des Kapitalismus als Wirtschaftsform oder Wirtschaftssystem. Weber weist an mehreren Stellen einen derartigen Versuch zurück und dies unter anderem, weil er bereits zu diesem frühen Zeitpunkt konstatieren konnte: „»Kapitalismus hat es in China, Indien, Babylon, in der Antike und im Mittelalter gegeben." (GARS I: 34). Nicht der Kapitalismus als Wirtschaftsform interessiert ihn, sondern das was seines Erachtens dem modernen okzidentalen Kapitalismus eigen ist: ein bestimmtes Wirtschaftsethos. Natürlich finden sich auch in anderen Ausprägungen dessen, was bei Weber Kapitalismus heißt, spezifische Ethiken; jedoch: die dem modernen okzidentalen Kapitalismus eigene Ethik manifestiert sich in einer Lebensführung, welche in eine ganz andere Richtung weist, als etwa ein auf Kriegs- und Beutezüge abstellender Bereicherungskapitalismus.

Ihm geht es in der PE um die Entstehung und die Entstehungsbedingungen dieses Ethos. Einen Ausdruck (eine Manifestierung) dieses Ethos (dieser Gesinnung) findet Weber in einem längeren Zitat von Benjamin Franklin (vgl. ebd.: 31f), in welchem dem Leser etwas präsentiert wird, was man modern gesprochen: eine Handlungsanleitung des Umganges mit Geld nennen würde. Im Vergleich mit entsprechenden Äußerungen von jemand wie Jakob Fugger kommt Weber zu der Auffassung, dass wir bei Franklin etwas sehen, was er den »Geist des Kapitalismus« nennt. Hierbei handelt es sich um eine „ethisch gefärbte Maxime der Lebensführung" (ebd.: 33).

Weber betreibt hier eine Argumentation mit Plausibilitäten, jedoch ist es auch schwer vorstellbar, wie ein Erstzugang zu Phänomenen anders aussehen sollte. Als »Geist des Kapitalismus« beschreibt uns Weber also eine spezifische Gesinnung (ein Ethos), welches im Falle von Franklin (bereits) jeder Basiertheit in einer religiösen Ethik entbehrt. Diese Gesinnung sieht Weber als ein bedeutsames Moment für ein Verstehen der Besonderheit des modernen Kapitalismus an. Der von ihm gewählte Beginn zeigt gleichzeitig auf, in welche Richtung er bei seiner Suche nach einer Erklärung für diese Gesinnung zu denken gewillt ist: die sich hinter und in den konfessionellen (sprich: religiösen) Eigenheiten manifestierenden Besonderheiten.

Was Weber hier herausarbeitet ist eine spezifische Vorstellung von „Beruf", also ein bestimmtes Berufsethos. Modern ausgedrückt würde man sagen: Weber konstatiert Unterschiede zwischen den Konfessionen, was ihre jeweilige Berufsauffassung betrifft. Diese Auffassung lässt sich nunmehr genauer beschreiben und zwar: 1. im Hinblick auf die Entstehung einer neuen, der protestantischen Berufsauffassung und 2. bezüglich derjenigen religiösen Entwicklungen und Aspekte, die eine derartige Auffassung hervorzubringen imstande waren. Weber weist immer wieder auf die „Einseitigkeit" seiner Fragerichtung hin; nichtsdestotrotz muss man davon ausgehen, dass er diese Fragerichtung als nicht unerheblich für das Verständnis des „So-und-nicht-anders-Gewordenseins" des heutigen Kapitalismus ansieht. So schreibt er etwa: „Die Frage nach den Triebkräften der Expansion des modernen Kapitalismus ist nicht in erster Linie eine Frage nach der Herkunft der kapitalistischen Geldvorräte, sondern vor allem nach der Entwicklung des kapitalistischen Geistes." (ebd.: 53). Das heißt dann eben auch, dass wir in der Analyse des uns umgebenden kapitalistischen Wirtschaftssystems auch und gerade auf diese eine Entwicklung schauen müssen, wenn wir denn etwas verstehen wollen.

Webers Blick richtet sich nunmehr nicht in die Richtung, in die jemand wie Karl Marx geblickt hat (also auf die Eigendynamik und Eigenlogik der strukturellen

Verhältnisse des Kapitalismus als Wirtschaftssystem), sondern zuallererst einmal auf die „Träger" einer bestimmten Art von kapitalistischer Gesinnung. Er präsentiert, bevor er sich dann an die Klärung dessen macht, was eigentlich den „Geist des Kapitalismus" auszeichnet, skizzenhafte Bilder der Personen, welche er als Träger dieser Haltung nennt. In den Beschreibungen dieser Personen klingt immer wieder Webers Fasziniertheit durch. Die Beschreibungsbegriffe, die er nutzt, lauten entsprechend: „in harter Lebensschule aufgewachsene, wägend und wagend zugleich, vor allem aber nüchtern und stetig, scharf und völlig der Sache hingegebene Männer mit streng bürgerlichen Anschauungen und »Grundsätzen«, (ebd.: 53f.). In Webers eigener Zeit – und hierauf beziehen sich seine folgenden Anmerkungen – sieht er zwar auch diese „tatenfrohen Naturen", die vom »Geist des Kapitalismus« erfüllt sind; was ihnen jedoch fehlt, so Weber, ist ein Sinnbezug der eigenen Tätigkeit und sie würden, so Webers entsprechende Vermutung, auf eine diesbezügliche Frage eher antworten: „daß ihnen das Geschäft mit seiner steten Arbeit »zum Leben unentbehrlich« geworden sei" (ebd.: 54). Dies kann in einer diesseitig orientierten Anschauung immer nur als irrational beschrieben werden. Das ist also die zeitdiagnostische Situation: Für die Arbeit lebende Personen, die jedoch diese Tätigkeit nicht (mehr) über ihr Stattfinden hinaus mit Sinn belegen können. Das diesem Typus von „Unternehmer" Anhaftende, nennt Weber einen „asketischen Zug". Es geht nicht um den Genuss des angehäuften „Reichtums" und auch nicht um den Genuss einer damit verbundenen Wertschätzung durch Andere, sondern es geht um diese „irrationale Empfindung guter Berufserfüllung". Wohlgemerkt: Irrational natürlich immer nur aus der Außenperspektive, die den eigentlichen Antrieb – im Gegensatz zu den Handelnden – oftmals nicht rational begreifen und beschreiben kann.

Zu Webers Zeit dient und kann diese Art von Berufseinstellung nurmehr der Anpassung an eine Wirtschaftsform dienen, die auf keine – von wo auch immer kommende – weltanschauliche Fundierung angewiesen ist. Diese Beschreibung verdeutlicht, dass Weber uns hier einen Prozess aufzeigen will, der neben dem Durchlaufen bestimmter Bruchpunkte seinen Charakter fundamental veränderte. Anknüpfend an die Begriffe: Traditionalismus – Rationalismus – Charisma, scheint der Prozess nicht einfach über eine charismatische Durchbrechung vorhandener Tradition wiederum in eine Tradition zu münden. Weber scheint das, was hier stattfindet, etwas anders zu bewerten, weil er (auch) in dieser Entwicklung etwas zu erhellen sucht, was die Bedingungen der Möglichkeit von Tradition unterminiert. Dies wird uns in der Folge unter dem Prozessbegriff der „Entzauberung" begegnen.

Beschreibbar, verstehbar und erklärbar werden diese Prozesse dann, wenn man sich ansieht, so Webers Analyserichtung, woher dieses irrationale Element kommt, welches er in der skizzierten Berufsauffassung fand. In seiner ausgebildeten Form findet sich dieses Berufs- oder besser Lebensführungsethos in den „hinterwäldlerisch-kleinbürgerlichen Verhältnissen" in Pennsylvania und eben nicht in den

"Hochburgen" des Handels und des Wirtschaftens: in Venedig oder Florenz. Den Beginn dieser neuartigen Berufsauffassung sieht Weber in der Reformation und genauer in der Luther'schen Bibelübersetzung. Hier – Weber sagt: im Geist der Übersetzer – zeigt sich eine Neufassung des Berufsbegriffes, genauer: „die Schätzung der Pflichterfüllung innerhalb der weltlichen Berufe als des höchsten Inhalts, den die sittliche Selbstbetätigung überhaupt annehmen konnte" (ebd.: 69). Im Ergebnis dieser Neufassung wird ein Berufsbegriff kreiert, der einerseits das Gerufensein (durch Gott) und andererseits den Begriff der „Arbeit" in einem Konzept fusionierte. Weber schreibt in einer Anmerkung hierzu: „Die lutherische Uebersetzung bei dieser Sirachstelle ist, soviel ich sehe, der erste Fall, in welchem das deutsche Wort »Beruf« ganz in seinem heutigen rein weltlichen Sinn gebraucht wird." (ebd.: 66, Anm. 2). Erst durch diese Fusion war die Möglichkeit benannt, das, was Weber „innerweltliche Pflichten" (also Arbeit) nennt, direkt mit religiösen Pflichten zu koppeln. „Daß diese sittliche Qualifizierung des weltlichen Berufslebens eine der folgenschwersten Leistungen der Reformation und also speziell Luthers war, ist in der Tat zweifellos und darf nachgerade als ein Gemeinplatz gelten." (ebd.: 72).

Innerweltliche Tätigkeit (als Berufsarbeit) gewann also (1) an sittlichem Wert und wurde (2) mit religiösen Prämien versehen. Um jedoch zum ersten und auch zum zweiten Aspekt zu kommen, muss einiges zusätzlich „passiert" sein, was dazu geführt hat, dass die Berufsarbeit nicht nur sittlich positiv gesehen wurde, sondern dass sie zu einem zentralen Bestandteil einer Lebensführung werden konnte. Dieser Prozess ging, so Weber, gerade nicht von Luther aus, der letztlich in seinem Berufsbegriff dann doch sehr traditionell blieb und das Element der »Hinnahme« herausstellte. Die weitere Vorgehensweise führt Weber folgendermaßen ein: „Es empfiehlt sich (…) für uns, zunächst solche Formen (…) zu betrachten, bei denen ein Zusammenhang der Lebenspraxis mit dem religiösen Ausgangspunkt leichter als beim Luthertum zu ermitteln ist." (ebd.: 79). Solche Formen findet Weber unter anderem in herausragender Weise im Calvinismus und in den protestantischen Sekten (Weber verwendet hierfür oftmals den Ausdruck: puritanische Sekten). Dort trifft man auf eine ausgeprägte »Weltzugewandtheit«, in deren Zentrum natürlich das Seelenheil stand, womit ein erster Hinweis dahingehend gemacht ist, dass der auf dieser Grundlage erzeugte Prozess nicht nur nichts mit den Ausgangsintentionen zu tun hat, sondern dass er diesem oftmals entgegen steht. Gleichzeitig zeigt sich hier, dass die Sinnerzeugung (in der empirischen Rekonstruktion) prozesshaften Charakter besitzen kann und nicht als Ereignis ohne Geschichte quasi plötzlich da steht. Das was durch Luther erzeugt wurde: die Adressierung auch des Alltags im Sinne einer religiösen Lebensführung war ein erster Schritt auf einem Weg, der dann durch die Puritaner in einer bestimmten Weise weiter beschritten wurde.

Damit hat Weber denjenigen Aspekt »gefunden«, dem in der Folge seine Aufmerksamkeit gilt: der Puritanismus. So schließt er diesen Teil, der vor allem der Herausarbeitung der Grundlagen des modernen Berufsbegriffes diente mit der

Leitfrage des folgenden zweiten Teils des ersten Aufsatzes: „(E)s soll nur festgestellt werden: ob und wieweit religiöse Einflüsse bei der qualitativen Prägung und quantitativen Expansion jenes »Geistes« über die Welt hin mitbeteiligt gewesen sind und welche konkreten Seiten der auf kapitalistischer Basis ruhenden Kultur auf sie zurückgehen." (ebd.: 83).

Das Berufsethos des asketischen Protestantismus

Vier Gruppen sind es, die Weber unter dem Begriff des »asketischen Protestantismus« aufführt: „1. Der Calvinismus in der Gestalt, welche er in den westeuropäischen Hauptgebieten seiner Herrschaft im Lauf insbesondere des 17. Jahrhunderts annahm; 2. der Pietismus; 3. der Methodismus; 4. die aus der täuferischen Bewegung hervorgewachsenen Sekten." (ebd.: 84). Weber macht nunmehr deutlich, dass er sich nicht für diese Bewegungen in ihrer dogmatischen Grundierung interessiert, sondern dass es ihm darum geht, diejenigen psychologischen Antriebe zu ermitteln, die aus dem religiösen Leben heraus die Individuen in Richtung einer spezifischen Lebensführung „drängten". „Diese Antriebe aber entsprangen nun einmal in hohem Maße auch der Eigenart der religiösen Glaubenvorstellungen." (ebd.: 86).

Webers weitere Vorgehensweise bezeichnet er selbst als „idealtypisch" (siehe hierzu: Kapitel 2 in diesem Buch), weil er – und dies stellt die Kernidee seines Idealtypenkonzeptes dar – durch die Herauspräparierung möglichst reiner Typen den Zusammenhängen auf die Spur kommen will, für die er sich interessiert. Nicht die Auswahl der protestantischen Sekten stellt eine idealtypische Vorgehensweise dar, sondern die Art, wie Weber diese dann bespricht.

In Bezug auf die Dimension der »Sinngebung« zeigt sich in der calvinistischen Lehre nunmehr, dass die Menschen als einem unergründlichen Gott gegenüber stehend gedacht sind, dessen Ratschlüsse und dessen Willen ihnen letzten Endes verborgen bleiben müssen. Das heißt nunmehr, dass die Gläubigen in einer Situation sind, die es ihnen verunmöglicht, den letzten Sinn ihres „individuellen Schicksals" zu begreifen. Nur zur Verherrlichung Gottes ist der Mensch auf dieser Welt; dieser Bezug ist der einzige, der als relevant gedacht wird. Auf die Frage, ob der je einzelne Mensch der von Gott „benötigten" Gnade zuteil wird, gibt es keine Antwort. Diejenigen, denen Gott Gnade zuteil werden lässt besitzen diese unverlierbar, wie Weber sagt, die anderen haben keinerlei Möglichkeit in den Genuss der Gnade zu gelangen. „In ihrer pathetischen Unmenschlichkeit musste diese Lehre nun für die Stimmung einer Generation (…) vor allem eine Folge haben: ein Gefühl einer unerhörten inneren Vereinsamung des einzelnen Individuums." (ebd.: 93). Denn diese Verbauung des Zuganges zu Gnadengewissheit fand dadurch seinen institutionellen Ausdruck, dass die Autorität des Predigers genauso delegitimiert wurde, wie jede Form von Werkheiligkeit. So führt Weber entsprechend aus: „der absolute (…)

Fortfall kirchlich-sakramentalen Heils, war gegenüber dem Katholizismus das absolut Entscheidende" (ebd.: 94).

Die zentrale Frage, die sich jeder Gläubige stellte: „Bin ich denn erwählt? Und wie kann ich dieser Erwählung sicher werden?" (ebd.: 103), also die Frage nach dem »Gnadenstand« ist in einem Kontext, der von der Unergründlichkeit göttlicher Ratschlüsse ausgeht, letztlich ja nicht zu beantworten. Dennoch oder gerade deshalb bekommt diese Frage eine überragende Bedeutung für die Gläubigen, „und so ist denn auch überall da, wo die Prädestinationslehre festgehalten wurde, die Frage nicht ausgeblieben, ob es sichere Merkmale gebe, an denen man die Zugehörigkeit zu den »electi« (den Auserwählten, Verf.) erkennen könne" (ebd.: 104).

Was nunmehr quasi verordnet wurde, ist „rastlose Berufsarbeit", durch welche der Gläubige den religiösen Zweifel überwinden könne und durch welche er gleichzeitig das Gefühl der Sicherheit über den eigenen Gnadenstand erlangen würde. Weber ordnet nunmehr die Richtung, welche die puritanischen Sekten einschlugen, in einen Möglichkeitsraum ein, den er in der oben besprochenen »Zwischenbetrachtung« wieder aufnahm und erweiterte. In der PE präsentiert er zwei Dimensionen: (1) Kontemplation (Weber sagt an dieser Stelle: „Gefühlskultur") – Handeln und (2) Mystik – Askese; die puritanischen Sekten gingen den Weg des asketischen Handelns. Dieses Handeln jedoch diente allein der Versicherung des eigenen Gnadenstandes. Nicht jedoch in dem Sinne, dass man durch »gute Werke« oder »fleißige Arbeit« tatsächlich Gnade erlangen könnte (dann wäre die Berufsarbeit in der Terminologie Webers: der Realgrund der Gnadenerlangung), „sondern: die Angst um die Seligkeit loszuwerden" (ebd.: 110).

Was verlangt wurde ist eben mehr als einzelne, unsystematisch auftretende gute Werke: „Die ethische Alltagspraxis wurde (...) ihrer Plan- und Systemlosigkeit entkleidet und zu einer konsequenten Methode der ganzen Lebensführung ausgestaltet" (ebd.: 115). Während die Beibehaltung der sogenannten Sakramentsgnade im Katholizismus, also die Gnadenversicherung durch den Priester im Zuge von Beichte und Buße, eine derartige Entwicklungsrichtung nicht notwendig machten, treibt die puritanische Religiosität die diesbezügliche Entzauberung bis in die letzte Konsequenz. Eine methodische, rationale und systematische Lebensführung, wie sie die protestantischen Sekten förderten, beinhaltet eine ungeheure Steigerung der Notwendigkeit von Reflexion. Die Selbstkontrolle und Selbstdisziplinierung, die einerseits den Verlust der Gnade verhindern soll, forciert andererseits eine Art und eine Form der Lebensführung, die sich vor allem als spezifische Rationalisierung manifestiert. Asketische Lebensweise und -führung besaß im Okzident, wie Weber anmerkt, immer schon einen rationalen Charakter; der Puritanismus trug diese rationale Askese, diese asketische Lebensführung aus den Klöstern, wo ihr Sitz bis dahin vornehmlich war, hinaus in die Alltagswelt.

Das Ziel der Askese ist letztlich: ein waches, bewusstes Leben zu führen; das hierfür genutzte Mittel ist die Ordnung, welche man in sein Leben bringt. Die damit

Das Berufsethos des asketischen Protestantismus

zu erlangende „Gnadengewissheit" ist jedoch eigentlich nicht dauerhaft (als Gewissheit) zu bekommen, was die ungeheure Spannung erzeugt (und erhält), in der sich das Individuum Zeit seines Lebens befindet.

Weber zeigt auf, wie sich bei den nichtcalvinistischen Richtungen (also dem Pietismus und dem Methodismus) trotz abgeschwächten Prädestinationsglaubens ähnliche (jedoch geringer ausgeprägte) Formen asketischer Lebensführung herausbildeten, die eben auch das Element der Berufsaskese und also: einer spezifisch rational-methodischen Berufsausübung zur Folge hatten. Entscheidend hierbei ist eben immer der Aspekt der rationalen Lebensführung, die selbst im Methodismus der gefühlsmäßigen Grundlage zur Seite tritt. „Methodisch wurde der emotionelle Akt der Bekehrung herbeigeführt. Und, nachdem er erzielt war, fand nicht ein frommes Genießen der Gemeinschaft mit Gott (…) statt, sondern alsbald wurde das erweckte Gefühl in die Bahn rationalen Vollkommenheitsstreben geleitet." (ebd.: 149).

Weber sieht den deutschen Pietismus und den Methodismus unter der Perspektive der Frage nach der Wirkungsmächtigkeit der Prädestinationslehre als Derivate des Calvinismus an; als eigenständige, quasi zweite Säule der protestantischen Askese gilt ihm: „das Täufertum und die aus ihm im Lauf des 16. und 17. Jahrhunderts direkt oder durch Aufnahme seiner religiösen Denkformen hervorgegangenen Sekten der Baptisten, Mennoniten und, vor allem, der Quäker." (ebd.: 150f.). Die ethische Grundlage dieser täuferischen Gemeinschaften sieht Weber als bei weitem heterogener an, als es in den drei vorher besprochenen calvinistischen Formen zu Tage trat. In diesen religiösen Bewegungen zeigt sich als ein zentrales Element das Selbstverständnis als Glaubensgemeinschaft („believers church"); das heißt konstitutive Bedingung dieser Gemeinschaften ist, dass ihre Mitglieder durch das Kriterium des „persönlichen Glaubens" und des „Wiedergeborenseins" identifizierbar sind. „Alle täuferischen Gemeinschaften wollten aber »reine« Gemeinden im Sinn des tadellosen Wandels ihrer Mitglieder sein." (ebd.: 157).

Als das zentrale psychologische Motiv (den Antrieb) für die Herausbildung einer Sittlichkeit, die methodischen Charakter hatte, zeigt sich etwas, was Weber „Harren" nennt. In diesem Harren (oder auch: ausharren oder warten) wird durch den Gläubigen das eigene Irrationale diszipliniert und kontrolliert. Im alltäglichen Berufsleben führen solche Charakter- und Gewissenseigenschaften zu einem Verhalten, welches sich durch eine „ruhige Erwägung des Handelns" (ebd.: 158) auszeichnet. Was auf den ersten Blick eher als eine Form von Kontemplation erscheint, stellt jedoch nur den ersten Schritt in einer Reihe dar, die letztlich auf das Handeln in der Welt abgestellt ist. Obwohl die Verstrickung in weltliche Angelegenheiten dem grundlegenden Interesse der täuferischen Gläubigen eigentlich entgegenstand, führte das Zusammentreffen des spezifisch täuferischen Charakters mit bestimmten Stellungnahmen zu Angelegenheiten der Welt dazu, dass sich die Handlungskonsequenzen in starkem Maße im Bereich der Berufsarbeit auswirkten. Weber nennt hier: die Ablehnung von Staatsämtern, die Gegnerschaft gegen jeden aristokratischen Lebensstil, ein Verbot der Kreaturverherrlichung.

Im Täufertum entfaltet sich, hier sieht Weber auch einen Unterschied zu den spezifischen Wirkungen des Calvinismus, eine sehr ausgeprägte (Gesinnungs-)Ethik des Handelns, die ihren Ankerpunkt und die Handlungsquelle im je eigenen Gewissen sah. Das Gewissen in dieser Hinsicht bedeutet letztlich: Manifestierung der fortdauernden Offenbarung. Dieser grundlegende Glaube an eine fortdauernde Offenbarung durchbricht in gewisser Hinsicht den Alleinherrschaftsanspruch der niedergeschriebenen Offenbarung, also der Bibel, und bedeutet eine Radikalisierung der Selbstbezüglichkeit der Gläubigen. Im Zentrum steht dann der Einzelne als eine Persönlichkeit, die im Hinblick auf das Handeln in der Welt systematische Gewissensforschung betreiben muss und deren damit verbundene charakterliche Dispositionen sich in sehr spezifischer Art in einer Lebensführung ausdrücken, die ihre innerweltliche Orientierung auf das Feld der Berufsarbeit fokussiert.

Nachdem Weber nun in einem ersten Schritt seiner Analyse die Konturen der religiösen Vorstellungen eines idealtypischen asketischen Protestantismus herauspräpariert hat, wendet er sich der Frage nach den Zusammenhängen dieser religiösen Vorstellungen „mit den Maximen des ökonomischen Alltagslebens" (ebd.: 163) zu. Als empirischen (Quellen-)Bezug dienen ihm hierfür vor allem Schriften aus der „seelsorgerlichen Praxis", in denen er bedeutsamere Einflüsse und Ausdrücke vermutet. Was er hier (insbesondere in den Schriften des englischen Puritaners Richard Baxter, des pietistischen Theologen Johann Jacob Spener sowie des Vordenkers des Quäkertums Robert Barclay) findet, ist eine Lehre, welche „das Entscheidende: die, asketisch bedingten, rationalen Antriebe prämierte" (ebd.: 165, Anm. 3). Nicht die doktrinären Schriften der jeweiligen religiösen Gemeinschaften sind es, auf die Weber Bezug nimmt, sondern eine Art von Literatur, welche in einer direkteren Weise für die alltägliche Lebensgestaltung der Gläubigen relevant war. Kurzum: er nimmt sich diejenigen Schriften vor, die von den Gläubigen selbst auch gelesen und genutzt wurden.[51]

Was als verwerflich galt, war hingegen: das Ausruhen auf dem erworbenen Besitz, der Genuss des erworbenen Reichtums und, als prinzipiell schwerste aller Sünden, so Weber: die Zeitvergeudung. „Die Arbeit ist zunächst das alterprobte asketische Mittel, als welches sie in der Kirche des Abendlandes in scharfem Gegensatz nicht nur gegen den Orient, sondern gegen fast alle Mönchsregeln der ganzen Welt, von jeher geschätzt war." (ebd.: 169). Was jedoch durch die puritanische Ethik quasi hinzutrat, war die Auffassung von Arbeit als systematisch-methodischer Berufsarbeit. Nicht Arbeit (auch und gerade im Sinne von Tagelöhnerarbeit) als sol-

---

[51] Eine ganz ähnliche Vorgehensweise bezüglich der Auswahl bestimmter Quellen findet sich in Norbert Elias Studie zum „Prozess der Zivilisation". Elias arbeitet hier vor allem mit „Benimmbüchern", um Entwicklungen im Verhaltensbereich nachzuzeichnen.

che, sondern Berufsarbeit war dasjenige Mittel, mit dem der Einzelne zur Ehre Gottes beitragen sollte. „Auf diesem methodischen Charakter der Berufsaskese liegt bei der puritanischen Berufsidee stets der Nachdruck, nicht, wie bei Luther, auf dem Sichbescheiden mit dem einmal von Gott zugemessenen Los." (ebd.: 174f.).

Wichtig und folgenreich ist nunmehr die damit einhergehende Auffassung, dass „Profitlichkeit" als ein Kennzeichen derartiger privatwirtschaftlicher Berufstätigkeit sein darf, ja, wie Weber ausführt, geradezu geboten ist. Seinen konsequenten Ausdruck findet eine solche Vorstellung dann in einer grundlegend rationalen Organisation von Arbeit und Betrieb. Was Weber nunmehr interessiert, sind diejenigen Elemente bzw. Momente eines *direkten* Einflusses einer derartigen Berufsauffassung und einer derartigen asketischen Lebensführung auf einen spezifisch kapitalistischen Lebensstil. „Mit voller Gewalt wendet sich die Askese (...) vor allem gegen eins: das unbefangene Genießen des Daseins und dessen, was es an Freuden zu bieten hat." (ebd.: 183).

Was jedoch aus der asketischen Lebenshaltung als direkte Pflicht sich jedem auferlegte, war ein sparsamer bzw. sorgsamer Umgang mit dem eigenen Besitz. „Je größer der Besitz wird, desto schwerer wird – wenn die asketische Lebensstimmung die Probe besteht – das Gefühl der Verantwortung dafür, ihn zu Gottes Ruhm ungeschmälert zu erhalten und durch rastlose Arbeit zu vermehren." (ebd.: 189). Diese ethische Unterlage sieht Weber nunmehr als sehr bedeutend für die Entwicklung des Kapitalismus an; nicht als alleinige und entsprechend auch nicht als die hinreichende Bedingung, jedoch als eine notwendige Voraussetzung, als eine Art „kategorischer Imperativ". Liest man diese Beschreibungen bei Weber, dann wird plausibel, inwiefern diese ethische Grundlage sowohl auf Seiten der Produktion, aber eben auch auf Seiten der Konsumtion ansetzte. Erwerbspflicht und Sparsamkeit bzw. Enthaltsamkeit halten den Puritaner in seinen Handlungen quasi umklammert und prägen sich in einem derartig asketischen Lebensstil aus. Weber fasst zusammen: „Soweit die Macht puritanischer Lebensauffassung reichte, kam sie unter allen Umständen – und dies ist natürlich weit wichtiger als die bloße Begünstigung der Kapitalbildung – der Tendenz zu bürgerlicher, ökonomisch rationaler Lebensführung zugute; sie war ihr wesentlichster und vor allem: ihr einzig konsequenter Träger." (ebd.: 195). Das ist eine eindeutige Positionierung bezüglich der Relevanz dieses Elements in Bezug auf das von Weber untersuchte „historische Individuum". Gleichzeitig macht er jedoch auch deutlich, dass diese Konzentration auf Berufsarbeit nicht auf dem Höhepunkt der jeweiligen religiösen Bewegung stattfindet, sondern erst, „nachdem die Akme des rein religiösen Enthusiasmus bereits überstiegen war, der Krampf des Suchens nach dem Gottesreich sich allmählich in nüchterne Berufstugend aufzulösen begann, die religiöse Wurzel langsam abstarb und utilitarischer Diesseitigkeit Platz machte" (ebd.: 197).

Vom Kampf gegen Tradition zum »stahlharten Gehäuse«

Damit schließt sich der Kreis zu den Bemerkungen am Anfang dieses Kapitels. Seinen Ausgang hatte diese Berufsidee in einer spezifisch religiösen Bewegung; die Ausschließlichkeit der dann sichtbaren Konzentration auf die Berufsarbeit stand in direktem Zusammenhang mit einer bereits einsetzenden Veralltäglichung des religiösen Lebens. Die Sinngebungsprozesse, welche sich in diesen religiösen Bewegungen nachzeichnen lassen, manifestierten sich bei den Anhängern in einer Art der Lebensführung, die ausgeprägt asketische Züge aufwies und die dem Einzelnen in seinem alltäglichen Leben die Pflicht auferlegte, alles was er tat im Hinblick auf (s)einen religiösen Auftrag zu tun.

Am Beginn steht ein charismatisches Durchbrechen vorhandener und im alltäglichen Leben verankerter Traditionen; den Kern bildete, wir haben dies oben ausgeführt, eine tatsächlich neuartige Beschreibung des Verhältnisses von Gott, Mensch und Welt. Diese Ausgangsidee verdichtet sich zu einem neuen Weltbild (einer neuen Sinngebung), welches die Menschen Stellung dazu nehmen ließ. Im Vergleich der Entwicklung des lutheranischen Protestantismus und derjenigen Formen, die Weber als: asketischen Protestantismus bezeichnet, zeigte sich, dass Sinngebung in und durch das Element der Stellungnahme zu sehr disparaten Entwicklungen führen kann. In der Kombination von Sinngebung und Stellungnahme, wie sie sich in den protestantischen Sekten zeigte, manifestierte sich eine Radikalisierung des Gegensatzes zur vorhandenen Tradition. In der Vermengung mit asketischen Lebensführungsidealen präparierte sich eine Kulturerscheinung heraus, die nicht nur sehr wirkungsmächtig war, sondern die eben auch in ihrer Eigenart grundsätzliche Unterschiede zu anderen protestantischen Entwicklungen aufweist.

Mit dieser Lebensführung ging als quasi organisatorisches Prinzip die Etablierung der Zentralität der „Gemeinde der Auserwählten" einher. Keine durch und für einen Klerus organisierte Amtskirche, sondern eben die »Sekte«, mit klaren Eintrittsbarrieren (Wiedergeburt etc.) und – in den radikalsten Ausprägungen – fehlenden internen religiösen Spezialisierungen. In diesem eher harmlos anmutenden Ausgang liegt jedoch ein wirkmächtiges Potential, dessen Eigenart vielleicht dadurch verständlicher wird, wenn man sich den Abschnitt der »Gesammelten Aufsätze zur Religionssoziologie« vor Augen hält, in welchem Weber einen direkten Vergleich zwischen Konfuzianismus und Puritanismus durchführt (ebd.: 512ff.). Das »Resultat« der puritanischen Entwicklungsrichtung lag ja, wir haben darauf hingewiesen, in einer radikalen Entzauberung der Welt, d.h. in einer vollständigen Entwertung derjenigen Lehren und vor allem Rituale, die innerhalb der religiösen Praxis magische Bestandteile darstellen. Auf einer grundlegenden Ebene zeigt sich der Konfuzianismus für Weber als extremste Form der Weltanpassung in ihrem Sosein; der Puritanismus hingegen, und hier spielt zweifelsohne die entsprechende Passage in der Genesis eine begründende Rolle, schickte sich an, den Auftrag der

Beherrschung der Welt und damit auch der Gestaltung und Umgestaltung der Welt in einer Radikalität Folge zu leisten, die jedwede Form der Anpassung an die Gegebenheiten verunmöglichte.

Im Konfuzianismus zeigte sich für Weber als Zentraltugend: die zeremonielle und rituelle Schicklichkeit (vgl. ebd.: 514), bei gleichzeitig fehlender transzendenter Verankerung der hierauf basierenden Ethik. Nicht um Erlösung ging es dem Konfuzianismus, sondern um die Erlangung einer »Haltung«, die ihr höchstes Ziel in einer nüchternen und beherrschten Lebensführung innerhalb gesetzter Umstände fand. Das bedeutet: der irrationale Kern des Konfuzianismus, der seinen Ausdruck in magischen Ritualen findet, wird nicht nur nicht überwunden, sondern die konfuzianischen Lebensideale verankern sich in der unbedingten Aufrechterhaltung der gegebenen Tradition. Am Beginn der okzidentalen Entwicklung steht hingegen, wir haben in der Darstellung der Studie zum Judentum darauf hingewiesen, die Figur des charismatischen Propheten, der eine systematische Lebensführung lehrt und praktiziert, die ihre Ausgestaltung an einem letzten, inneren Wertmaßstab orientiert und dem die Welt als das zu formende Material dieser ethischen Lebensführung dient.

Die sich hieraus entwickelnde Dynamik der »Entzauberung« manifestierte sich in Form eines sachlichen, methodischen Durchgriffs auf die Welt, in dessen Zuge Instrumente der Weltbeherrschung entstanden bzw. vorhandene genutzt wurden, die zu Beginn eingebettet waren in einen religiös begründeten Sinnhorizont. Während also der Konfuzianismus, so Webers Zuspitzung, die radikalste Form einer Weltanpassung darstellt, stellt der Puritanismus diejenige Form von Religiosität dar, die hierzu im deutlichsten Gegensatz steht und die vor allem auf eines hinausläuft: Weltbeherrschung. Seine Sinnstiftung erhielt dieses »Programm« durch die Rückgebundenheit an eine religiös verankerte Stellungnahme; als diese sich, und wir sahen dass dies sich bereits in der Fokussierung auf Berufsarbeit abzeichnete, nach und nach verlor, blieben Handlungszwecke zurück, die selbst keine Begründung mehr erfuhren, die jedoch den Einzelnen mit enormen Anpassungsforderungen gegenüber traten.

Die puritanischen Sekten

Während sich die „protestantische Ethik" in zunehmender Konzentration in der Berufsarbeit ausdrückte, zeigte sich auch bei den Trägerverbänden (den »Sekten«) eine Veränderungsentwicklung. Die Praxis der Aufnahmeprüfung und die Notwendigkeit der ethischen (und hier war gemeint: religiös-ethischen) Bewährung galt zwar, wie Weber feststellt, bis in seine Zeit; gleichzeitig traten jedoch neue Verbände den religiösen quasi an die Seite, die meist ohne dieses Element auskamen. Weber sieht in den »Sekten« nicht nur eine beliebige soziale Ausdrucksform einer religiösen Gesinnung, sondern eine schlechterdings notwendige Bedingung des asketischen (puritanischen) Protestantismus. Diese spezifische Form der sozialen Einbettung religiösen Glaubens und entsprechender Lebensführung (Lebensführungsgemeinschaften) stellt gleichzeitig den Ort der Erziehung zur asketischen Lebensführung dar. In der Sekte der religiös Qualifizierten verzahnen sich Selbst- und Fremddisziplinierung zu einem erzieherischen Kontext, der, wie Weber ausführlich nachzeichnet, „auslesenden Charakter" hatte: nicht wie in den mittelalterlichen Zünften wurden hier Konkurrenten zusammengebunden, sondern „ethisch qualifizierte Glaubensgenossen". Diese bildeten eine mehr oder minder deutlich konturierte Gruppe, die sich gleichzeitig in einem Umfeld bewegte, welches ihr im besten Fall indifferent, im Regelfall ablehnend gegenüberstand.

Das Phänomen der religiösen Sekten findet seine Ausarbeitung in dem Eingangs angeführten zweiten Aufsatz von Weber unter dem Titel: „Die protestantischen Sekten und der Geist des Kapitalismus" (GARS I: 207ff.). In diesen erstmals 1906 unter dem ursprünglichen Titel: „Kirchen und Sekten" veröffentlichten Nachtrag zur „Protestantismusstudie" fließen vor allem Webers Erfahrungen und Eindrücke einer unternommenen Amerikareise ein.[52] Was Weber insbesondere fand, war ein Land, welches geprägt war von Klubs und Gesellschaften, in die man nur durch eine je spezifische Form von „Bewährung" Zutritt erhielt. Natürlich waren dies nicht (mehr) die „puritanischen Sekten" der Gründerzeit oder gar der Hochzeit des englischen Puritanismus im 17. Jahrhundert, jedoch sieht Weber deren Stellung als Ergebnis eines „Säkularisationsprozesses von der ehemaligen weit ausschließlicheren Bedeutung des Prototyps dieser voluntaristischen Verbände: der Sekten" (ebd.: 217) an. Die Mitgliedschaft in einer religiösen Sekte besaß Bedeutung über die Sekte hinaus, da ein entsprechender Nachweis der Gemeinde eben beispielsweise auch die allgemeine „Kreditwürdigkeit" der Person dokumentieren konnte. Eine derartige Anschauung macht jedoch nur dann Sinn – und hier sei an den Wahlspruch Franklins: „honesty is the best policy" erinnert –, wenn das wirtschaftliche Handeln des Sektenmitglieds nicht zwischen Mitbruder und Anderen divergiert. Nur wenn auch dem Anderen gegenüber Ehrlichkeit die Handlungsmaxime ist, dann lässt sich der überschießende Bedeutungsgehalt einer solchen Mitgliedschaft verstehen. Damit es dazu kommen konnte, musste die – Weber zeigt(e) dies in seiner Studie zum Judentum auf – Trennung zwischen Binnen- und Außenmoral

---

[52] Wie Lawrence Scaff anmerkt, gehörte Weber nicht zu den Europäern, die mit einer gewissen Verächtlichkeit auf die „neue Welt" herabblickten": „Weber was emphatically not one of the 'bei-unskis' – those who sacralized the departed homeland, where 'bei uns' everything was better than it is here" (Scaff 2005: 125). Im Gegenteil nutze Weber die dreimonatige Reise (deren eigentlicher Anlass ein Vortrag auf einem Kongress in St. Louis aus demjenigen Feld war, mit dem er sich jahrelang intensiv beschäftigt hatte: Landwirtschaft) zu sowohl intensiven Diskussionen mit vielen amerikanischen Wissenschaftlern unterschiedlicher Disziplinen (u.a. William James), als auch zu einem Besuch in den „Indian Territories".

durchbrochen werden. Benjamin Nelson zeichnete diesen Prozess in seiner Studie „The Idea of Ursury" (Nelson 1949) nach und arbeitete dabei die Rolle heraus, die Johannes Calvin in seiner (theologischen) Arbeit an der hierfür zentralen Bibelstelle (Deuteronomium 23, 20-21: „Bestimmungen über das Zinsnehmen") zukommt.

Doch – und man kann wahrscheinlich nicht oft genug darauf insistieren – dies stellt nur eine notwendige Bedingung der Möglichkeit einer spezifischen ökonomischen Handlungsweise dar; zentral war und ist etwas anderes: „Die allerstärksten individuellen Interessen der sozialen Selbstachtung wurden von ihnen (den Sekten, Verf.) in den Dienst jener Anzüchtung, also auch diese individuellen Motive und persönlichen Eigeninteressen in den Dienst der Erhaltung und Propagierung der »bürgerlichen« puritanischen Ethik mit ihren Konsequenzen gestellt. Dies ist das absolut Entscheidende für die Penetranz und Wucht der Wirkung." (GARS I: 234). Diese Ethik, dieses Ethos wie Weber meist sagt, ist keine Lehre, sondern: Verhalten, und zwar Verhalten als Lebensführung. Diese Lebensführung wiederum wird gelernt und praktiziert in einer Lebensführungsgemeinschaft, also: einer Sekte. Wie Weber bereits im ersten Aufsatz im Hinblick auf die Quäker deutlich machte, manifestierte sich hier die zentrale Rolle, welche das Gewissen für die Gläubigen spielte. Daran lagerte sich die zentrale und politisch eminent wirkungsreiche Forderung nach der Freiheit des Gewissens an. Gewissensfreiheit und Freiheit des religiösen Bekenntnisses war für die jeweilige Sekte und deren Mitglieder die wichtigste politische Forderung. Die Freiheit des eigenen Gewissens zu fordern trägt als Forderung jedoch immer auch die Gewissensfreiheit für andere in sich. Anders formuliert: die anfänglich interessenbasierte und auf die Eigeninteressen bezogene Forderung besitzt einen Gehaltüberschuss, der es – wenn man nicht mit sich selbst in Widerspruch geraten will – notwendig macht, diese Gewissensfreiheit auch anderen zuzugestehen.

Deshalb ist das, was in den englischen Kolonien in Nordamerika passierte für Weber auch so wichtig: weil hier bestimmte Errungenschaften der englischen Revolution sowohl institutionalisiert, aber auch weitergetrieben wurden. Gewissensfreiheit ist in dieser Sichtweise das Ergebnis von religiösen Kämpfen und nicht die Folge der in Europa statthabenden Aufklärung. Eine ähnliche Lesart dieser Prozesse findet sich bei Georg Jellinek, in dessen Schrift: „Die Erklärung der Menschen- und Bürgerrechte" (erschienen 1895).[53] Der Kerngedanke dieser Schrift liest sich

---

[53] Bei Friedrich Wilhelm Graf lesen wir hierzu: „Für Webers Sicht der anglo-amerikanischen Kultur wurde neben den vielfältigen Kontakten nach Großbritannien und den Primärerfahrungen der großen USA-Reise noch eine weitere Anregung bestimmend: Seine Lektüre von Jellineks Büchlein über die Menschenrechte gehört in die Vorgeschichte der Arbeit an der Abhandlung „Die protestantische Ethik und der Geist des Kapitalismus" (Graf 2002: 58). Graf sieht jedoch diesen Einfluss vor allem im Hinblick auf das in der PE verwirklichte methodische Programm. Guenther Roth sieht in diesem Zusammenhang jedoch auch inhaltliche Gemeinsamkeiten: „… Jellinek and Weber (…) shifted the origins of human rights back to the religious seventeenth century and the Anglo-American realm." (Roth 1993: 22).

wie folgt: „Die Idee, unveräußerliche, angeborene, geheiligte Rechte des Individuums gesetzlich festzustellen, ist nicht politischen, sondern religiösen Ursprungs. Was man bisher für ein Werk der Revolution gehalten hat, ist in Wahrheit eine Frucht der Reformation und ihrer Kämpfe." (Jellinek 1919: 57). Für Jellinek sind es „Denk-, Glaubens- und Gewissensfreiheit, welche am Beginn stehen und welche sich eben, dies ist ein Kernbestanteil seiner Analyse, in der amerikanischen Verfassung und nicht in der französischen „Erklärung der Menschenrechte" widerspiegeln.[54]

Wenn Weber seinen „Sektenaufsatz" mit dem Hinweis schließt, dass es die Lebensmethodik der asketischen Sekten war, welche die ökonomisch »individualistischen« Antriebe legitimieren konnte, dann schließt er an die eine Seite vorher formulierte Aussage an, dass die asketische Sektenbildung „eine der wichtigsten geschichtlichen Grundlagen des modernen »Individualismus« (bildete)" (GARS I: 235).

An dieser Stelle aufzuhören, würde jedoch einer Lesart Vorschub leisten, in welcher man dann eigentlich davon ausgehen müsste, dass Weber zu einer, alles in allem, eher moderaten Einschätzung seines „Hier-und Jetzt" kommen müsste. Wir hatten jedoch wiederholt darauf verwiesen, dass Max Weber alles andere als „beglückende" Aussagen unter dem Stichwort: Zeitdiagnose zu formulieren pflegte. Am Ende der „Protestantischen Ethik" steht ja nicht der sich seiner Individualität und Zwecksetzungsfreiheit gewisse Mensch, sondern eben eher der „Fachmensch ohne Geist" und der „Genussmensch ohne Herz" (zumindest als Ausdruck einer für Weber in der Tendenz nicht ganz unwahrscheinlichen Entwicklung). Noch einmal sei an unsere Formulierung im letzten Kapitel erinnert, dass Weber historische Prozesse weder als irgendwie evolutionär noch als unilinear begriff, sondern als eine „Verkettung von Umständen". Bereits im Kapitel zu Webers „Studien zur Wirtschaftsethik der Weltreligionen" zeigte sich, wie unterschiedlich das ist, was sich hinter dem Begriff „Religion" verbirgt. Selbst wenn man eine bestimmte Basisgemeinsamkeit anlegt (was Weber ja in Bezug auf Religion durchaus tut), ist dadurch in Bezug auf das Verständnis der Entwicklungsprozesse wenig gewonnen; man muss sich die je spezifische „Verkettung von Umständen" anschauen und sei es, wenn man verstehen will, warum Gemeinsamkeiten als Gemeinsamkeiten selbst nach hunderten von Jahren historisch möglich sind.

Mit dem im letzten Kapitel vorgestellten herrschaftssoziologischen Instrumentarium lässt sich das, was wir in den Studien zur „Protestantischen Ethik" vorgestellt bekommen, und worauf Weber an verschiedenen Stellen seines Werkes selbst

---

[54] In einer typischen Formulierung findet sich zu dieser Argumentation Webers Bemerkung, dass „Jellinek überzeugend wahrscheinlich gemacht hat" (WuG: 725).

Bezug nimmt[55], mit einer zusätzlichen Perspektive versehen. So sind die „puritanischen Sekten" eben auch als spezifische Herrschaftsordnungen verstehbar. In ihren Entstehungskontexten zeigen sich diese erwartungsgemäß vor allem als charismatische Gemeinden, in denen sich eine Jüngerschaft um den Charismaträger gruppiert. Hier manifestiert sich dann die charismatische Herrschaft zum Beispiel in ihrer ganzen anti-traditionalistischen Potenz: „es steht geschrieben, ich aber sage euch". Die puritanischen Sekten, denen Weber seine Aufmerksamkeit im Fortgang der Studien zur „Protestantischen Ethik" zuwendet, sind jedoch in ihren radikalen Ausprägungen keine autoritär charismatischen Gemeinden. Die ethisch-charismatische Qualifizierung zeichnet die Mitglieder in Gänze aus und so kommt Weber auch zu einer fast überraschenden Einschätzung: „Die innere Wahlverwandtschaft mit der Struktur der Demokratie liegt schon in diesen eigenen Strukturprinzipien der Sekte auf der Hand." (WuG: 724). Am ausgeprägtesten findet Weber derartiges bei der Sekte der Quäker, die gleichzeitig auch diejenigen waren, die sich am radikalsten von jedweder politischer Tätigkeit zu separieren suchten.[56]

Aus einer herrschaftssoziologischen Perspektive kann man dann auch das, was wir unter dem Begriff des „Harrens" als kennzeichnend für das quäkerische Selbstverständnis kennengelernt haben, als eine bestimmte Form von Disziplin beschreiben. Weber nennt uns in einem anderen Zusammenhang die beiden großen Erzeugungsorte von Disziplin: das Heer und der ökonomische Großbetrieb.[57] Im englischen Puritanismus war es eben vor allem das Heer, in welchem und durch welches Disziplin als Rationalisierungselement Platz griff. In der von Cromwell aufgestellten „New Model Army" war Disziplin ein zentrales Element, wie man aus der klassischen Studie von Firth erfährt: „By the judgement both of friends and foes one of the most striking characteristics of the Cromwellian army was the excellence of its discipline." (Firth 1912: 278).

Die höchste Form religiös-asketischer Disziplinierung sah Weber im Jesuitenorden verwirklicht, der jedoch innerhalb eines hierokratischen Herrschaftsrahmens der Amtskirche verblieb und sich entsprechend unterordnete. „Aus der weltabgewandten Klosterzelle heraus tritt dann der Asket als Prophet der Welt gegenüber. Immer aber wird es eine ethisch rationale Ordnung und Disziplinierung der Welt sein, die er dabei, entsprechend seiner methodisch-rationalen Selbstdisziplin, verlangt." (RG: 102).

---

[55] Ausführlich vor allem im sechsten Abschnitt der „Soziologie der Herrschaft" (der älteren Herrschaftssoziologie) im zweiten Teil von „Wirtschaft und Gesellschaft" unter dem Titel: Politische und hierokratische Herrschaft.
[56] Der „größte" Versuch einer direkten Indienstnahme des Politischen durch den Puritanismus findet man in Folge des englischen Bürgerkrieges und der Herrschaft des, wie Weber sagt, „Parlaments der Heiligen" (WuG: 725) unter der Führung von Oliver Cromwell als „Lord Protector".
[57] „Die Disziplin des Heeres ist aber die Mutterschoß der Disziplin überhaupt. Der zweite große Erzieher zur Disziplin ist der ökonomische Großbetrieb." (WuG: 686).

Weiterführende Literaturhinweise

Die Literatur über und im Anschluss an die „Protestantische Ethik" ist Legion. Insofern kann in diesem Abschnitt nur auf einige wenige Arbeiten verwiesen werden. Ein neuerer Jubiläums-Sammelband von Wolfgang Schluchter und Friedrich Wilhelm Graf (2005) zum hundertjährigen Erscheinungsdatum der PE präsentiert Arbeiten, die sich sowohl um eine geistesgeschichtliche Einordnung der Aufsätze bemühen, als auch um die Rezeptionsgeschichte seit Erscheinen. Von einem der Herausgeber (Friedrich Wilhelm Graf) ist bereits einige Jahre zuvor ein Beitrag erschienen (2002), in dem der Frage nachgegangen wird: welchen Einfluss das Denken Georg Jellineks auf Webers (und Troeltschs) religionsdiagnostische Deutungsmuster hatte. Dieser Text beschäftigt sich insofern mit eben jener Linie, die oben unter der Frage nach der Rolle von Gewissens- und Meinungsfreiheit angerissen wurde.

Von A.S.P. Woodhouse wurde unter dem Titel „Puritanism and Liberty" (1974) eine Sammlung von Primärquellen der englischen (puritanischen) Revolution herausgegeben (u.a. die berühmten „Putney Debates" innerhalb der „New Model Army"), die es ermöglichen, dem bei Weber nur angerissenen Zusammenhang zwischen Puritanismus und politischen Entwicklungen nachzugehen. Hier sei als zweite Studie das Buch des bekannten Historikers William Haller „Liberty and Reformation in the Puritan Revolution" (1955) angeführt, welche nach wie vor als eine der wichtigsten Arbeiten gelten kann.

Einen sicherlich sehr speziellen, nichtsdestotrotz wichtigen Beitrag legte Peter Baehr unter dem etwas unhandlichen Titel: „The ‚iron cage' and the ‚shell as hard as steel': Parsons, Weber, and the stahlhartes Gehäuse metaphor in the Protestant Ethic and the Spirit of Capitalism" (2001), vor. Baehr zeichnet hierin am Beispiel der Parsons Übersetzung der Protestantischen Ethik die Schwierigkeiten und Folgen nach, was – nur deshalb findet dieser Text hier Erwähnung – zumindest mittelbar auch für die deutschsprachige Soziologie Konsequenzen hatte und sei es, dass an bestimmten Stellen Verständigungsschwierigkeiten auftauchten. In Kombination mit der Studie von Agnes Erdelyi „Max Weber in Amerika" (1992) lässt sich Baehrs Übersetzungsthematik dann auch in einen erweiterten Kontext einordnen, der etwas über die geistesgeschichtliche Verortung Max Webers und die Konsequenzen der Ausblendung solcher Einbettungen aussagt.

„Wer das Heil seiner Seele und die Rettung anderer Seelen sucht, der sucht das nicht auf dem Wege der Politik, die ganz andere Aufgaben hat: solche, die nur mit Gewalt zu lösen sind. Der Genius, oder Dämon, der Politik lebt mit dem Gott der Liebe, auch mit dem Christengott in seiner kirchlichen Ausprägung, in einer inneren Spannung, die jederzeit in unaustragbarem Konflikt ausbrechen kann. „ (GPS: 557)

Moderner Anstaltsstaat und Massendemokratie

Max Weber und die Politik

Neben der Wissenschaft galt Max Webers großes Interesse der Politik. Dies lässt sich schon aus seinem wissenschaftlichen Werk im engeren Sinn ablesen, in dem Fragestellungen aus dem Bereich der politischen Soziologie einen prominenten Platz einnehmen. Darüber hinaus mischte sich Weber aber auch immer wieder leidenschaftlich in die aktuellen politischen Debatten seiner Zeit ein. Mommsen (1989) rekonstruiert Webers diverse Bemühungen, in der Parteipolitik Fuß zu fassen, von 1894, wo sich das erste Mal die Möglichkeit einer Reichstagskandidatur abzeichnete, bis zum Jahr 1919, als Weber sich tief enttäuscht aus der Politik zurückzog. Während dieser 25 Jahre partizipierte Weber in unterschiedlichen Rollen und Funktionen am politischen Leben des Kaiserreiches: Er fungierte u.a. eine Zeitlang als Berater der Freisinnigen Volkspartei, er arbeitete in Friedrich Naumanns „Arbeitsausschuß für Mitteleuropa" mit, der sich während des Ersten Weltkrieges darum bemühte, ein Alternativprogramm zu den maßlosen Kriegszielen der extremen Rechten zu entwickeln, er wurde zum Vorstandsmitglied der Deutschen Demokratischen Partei gewählt und er nahm auf Einladung des damaligen Außenministers Graf Brockdorff-Rantzau an den Friedensverhandlungen in Versailles teil. Dass seine (partei-)politischen Aktivitäten nicht immer den gewünschten Erfolg erzielten, lag sicherlich zum einen an den Positionen, die er – häufig in drastische Formulierungen gekleidet – konsequent vertrat, und die ihn immer wieder in Konflikt mit weiten Kreisen der politischen Öffentlichkeit brachten. Diese inhaltlich bestimmte „Sperrigkeit" wurde noch dadurch verstärkt, dass Weber selbst, wie Mommsen richtig beobachtet, die verantwortungsethische Haltung, die er eigentlich für einen Politiker als unerlässlich erachtete (dazu später mehr), selber nicht konsequent durchhalten konnte: Immer wieder brach bei ihm der gesinnungsethische Impetus des „Hier stehe ich, ich kann nicht anders" durch. Diese Haltung erschwerte es ihm, Kompromisse einzugehen, und machte ihn dadurch für die Tagespolitik eher untauglich.

Falls diese kurzen Bemerkungen nun aber den Eindruck erweckt haben sollten, Weber wäre einer der Gelehrten gewesen, die die Differenzen zwischen akademischem und politischem Diskurs unterschätzen, deswegen an der politischen Praxis scheitern, und sich dann wieder auf ihren Lehrstuhl zurückziehen, ohne in der Öffentlichkeit nennenswerte Spuren zu hinterlassen, wäre dies allerdings keineswegs zutreffend. Weber beschränkte sein politisches Engagement nämlich nicht nur auf die eben angedeuteten parteipolitischen Aktivitäten, sondern mischte sich immer wieder durch zum Teil sehr lange Zeitungsartikel, durch Vorträge u.ä. in den öffentlichen Diskurs ein, und stieß damit durchaus auf Resonanz. Dieser Aspekt wird sehr prägnant von Gandolf Hübinger nachgezeichnet, der Max Weber in seiner „Intellektuellengeschichte" *Gelehrte, Politik und Öffentlichkeit* (2006) zu Recht einen prominenten Platz einräumt. Hübinger geht in diesem Werk dem Einfluss nach, den *Gelehrten-Intellektuelle* in Deutschland auf die Ausgestaltung der politischen Ordnung ausübten, indem sie diese immer wieder auf ihre Bindung an historische Orientierungen und kulturelle Werte hin überprüften. Gelehrten-Intellektuellen charakterisiert er durch „Spannung und Wechselwirkung zwischen wissenschaftlicher Kreativität, öffentlicher Kommunikationsfähigkeit und zivilbürgerlichem Engagement" (ebd.: 12), und Max Weber war seiner Meinung nach einer ihrer profiliertesten Vertreter. Hineingeboren in die „kleine Achsenzeit der europäischen Moderne" (ebd.: 132), die sich von der Reichsgründung bis zum Ersten Weltkrieg erstreckte, sah sich seine Generation mit sehr grundlegenden und erbittert ausgetragenen sozialen, kulturellen und politischen Konflikten konfrontiert. Die Umwandlung des Deutschen Reiches zu einem modernen Nationalstaat mit einer voll entwickelten Industriegesellschaft, die demographische Revolution und die sich vor diesem Hintergrund mit voller Schärfe stellende soziale Frage waren die Themen, die Weber nicht nur in seinem sozialwissenschaftlichen Werk, sondern auch in seinen politischen Schriften immer wieder aufgriff und diskutierte.

Wir beziehen uns im Folgenden vor allem auf die Arbeiten, die in dem Band *Gesammelte Politische Schriften* (GPS) veröffentlicht sind. Er versammelt in sich relativ heterogene Textarten, der Bogen spannt sich, chronologisch geordnet, von Webers Freiburger Antrittsvorlesung (im strengen Sinn eher ein akademischer denn ein politischer Text) über politische Reden und Vorträge, über zum Teil sehr lange Zeitungsartikel bis hin zu dem großen Vortrag „Politik als Beruf", der den Band abschließt. Inhaltlich beschäftigen sich die Texte mit so unterschiedlichen Themen wie der Situation in Russland, den Folgen von Bismarcks Außenpolitik für die Zeit nach 1900, der Diskussion um angemessene Kriegsziele, den Problemen, die sich im Zusammenhang mit der Reform des Wahlrechts in Deutschland stellten, sowie der Frage, wie sich die Aufgaben, Ziele, Handlungsspielräume von Berufspolitikern durch die Einführung der *Massendemokratie* verändern. Gemeinsam ist den in den GPS versammelten Schriften jedoch, dass sie nicht als Beiträge zur Weiterentwicklung der soziologischen Forschung geschrieben wurden, sondern, wie es Marianne

Weber, die Herausgeberin der ersten Auflage, ausdrückte, der „Forderung des Tages dienen" (GPS: IX) sollten. Es wurde in der Weber-Forschung immer wieder kontrovers diskutiert, welche Verbindung zwischen diesen politischen Schriften und Webers wissenschaftlichem Werk im engeren Sinn besteht. Manche Autoren, wie z.B. Reinhard Bendix und Guenther Roth, plädierten dafür, zwischen Wissenschaft und Politik klar zu trennen. Vertreter dieser Position verweisen zu ihrer Begründung häufig darauf, dass Weber selber immer wieder gefordert habe, die Sphären der Politik und der Wissenschaft klar voneinander zu separieren, da sie in der Moderne von jeweils eigengesetzlichen Berufsideen getragen würden, die auf geradezu diametral entgegengesetzten inneren Einstellungen und Werthaltungen beruhten. Zum Ausdruck komme dies in Webers klassischer Forderung nach wertfreier Wissenschaft: Die Suche nach Wahrheit darf nicht durch politische Ideologien oder kulturelle Leitvorstellungen kontaminiert werden; *politische* Meinungen und Forderungen wiederum darf man nicht durch Verweis auf *wissenschaftliche* Leistungen zu legitimieren suchen. Ein prominenter Kritiker dieser „Trennungsthese" ist Mommsen (z.B. 1989), der zu Recht darauf hinweist, dass eine Akzeptanz dieser Forderung keineswegs gleichbedeutend sei mit einem Verzicht darauf, bei der Interpretation und Analyse von Webers Werk wissenschaftliche und politische Schriften nicht aufeinander zu beziehen.

Wir haben schon deutlich gemacht, wie eng Webers wissenschaftliche Fragestellungen mit seinen Werthaltungen und den darauf beruhenden Erkenntnisinteressen verbunden sind. Und umgekehrt ist es so, dass Weber bei der Analyse und Bewertung konkreter historische Situationen, also bei seinen zeitdiagnostischen Arbeiten, nicht von seinen wissenschaftlichen Erkenntnissen absehen konnte und wollte, die ja u.a. darauf abzielen zu entschlüsseln, wie wir dahin gekommen sind, wo wir uns nun befinden, um auf dieser Basis die Spielräume für Sinngebung und Stellungnahme, die uns (noch) offen stehen, auszuloten. Aber trotz dieses engen Verweisungszusammenhangs zwischen den soziologischen und eher zeitdiagnostischen Arbeiten Webers handelt es sich bei ihnen doch um unterschiedliche Textarten. Das merkt man u.a. daran, dass die zentralen Überlegungen in den politischen Schriften, den Forderungen des Tages verhaftet, sehr eng entlang tagespolitischer Fragestellungen entwickelt werden. Will man verstehen, worum es Weber hier geht, ist eine detaillierte Beschäftigung mit dem historischen Kontext seiner Schriften unerlässlich. Die Nachzeichnung der politischen Ereignisse, auf die Webers politische Schriften reagieren, der Frontstellungen konträrer Meinungen, innerhalb derer er sich zu positionieren veranlasst sah, der zum Teil erhitzten Debatten, an denen er sich beteiligte, können wir hier kaum ansatzweise leisten.[58] Wir wollen in diesem

---

[58] Dafür sei z.B. auf Wolfgang Mommsen verwiesen, dessen immer noch einschlägiges Werk „Max Weber und die deutsche Politik 1890-1920" mittlerweile in einer durchgesehenen dritten Auflage (2004) vorliegt.

Kapitel vielmehr anhand von vier zentralen Texten aus den GPS, nämlich der Freiburger Antrittsvorlesung, den Artikeln über „Wahlrecht und Demokratie in Deutschland" und „Parlament und Regierung im neugeordneten Deutschland" sowie dem Vortrag „Politik als Beruf" herausarbeiten, welche grundlegenden Fragestellungen Weber angesichts der politischen Situation seiner Zeit beschäftigten, welche Probleme er identifizierte, und in welche Richtungen er nach Lösungen suchte.

Ausgangspunkt für Webers Zeitdiagnose war der Umstand, dass Politik sich zu seiner Zeit bereits in einer ganz speziellen Arena abspielte, nämlich im *modernen Anstaltsstaat*. Diese Staatsform bildet in mancherlei Hinsicht das politische Pendant zum modernen Kapitalismus, dessen Entstehung und „Geist" Gegenstand des vorigen Kapitels war. Beide sind nicht notwendige Resultate der historischen Entwicklung, sondern durch eine Verkettung spezifischer historischer Konstellationen entstanden. Einmal in der Welt, erweisen sie sich jedoch als sehr robust und prägen die Einstellungen und Handlungsspielräume der ihnen Unterworfenen. Weber fragte nun zum einen danach, welchen Zielen sich staatliches Handeln verpflichtet fühlen sollte, auf welchen Sinn hin es sich ausrichten könne. In diesem Zusammenhang werden wir uns u.a. mit Mommsens These auseinander setzen, Webers politische Interventionen hätten sich vor allem auf die Förderung eines *nationalen Machtstaates* gerichtet. Zum anderen beschäftigten ihn die disziplinierenden und normierenden Wirkungen des modernen Anstaltsstaates, die, wie er befürchtete, die Freiräume für autonomes, individuelles Handeln kontinuierlich verringerten. In diesem Kontext spielen die Diskussionen über die Auswahl der politischen Führer eine zentrale Rolle, denn die *Massendemokratie*, wie Weber sie nennt, war für ihn nicht per se ein Gegenmittel gegen die Machtkonzentration in Parteizentralen und hohen politischen Ämtern. Ein roter Faden, der sich durch viele seiner politischen Schriften zieht, ist schließlich die Frage nach der Lebensführung, die das politische System prämiert. Diesen Aspekt diskutiert er vornehmlich in Bezug auf die politische Elite bzw. auf die Berufspolitiker, da diese der Prägekraft des modernen Anstaltsstaats und der Mechanismen der Massendemokratie am unmittelbarsten ausgesetzt sind. Aber letztendlich geht es ihm immer wieder darum, welche Spielräume für politische Stellungnahmen dem Einzelnen im modernen Staat, innerhalb eines repräsentativen parlamentarischen Systems noch offen stehen, und wo und wie das Handeln von Individuen noch Wirkung erzielen kann. Diese Fragen haben seit Webers Lebzeiten sicher nicht an Bedeutung verloren, und wenn wir heute auch andere Antworten diskutieren als die, die Weber entwickelt hat, heißt dies nicht, dass Webers politische Arbeiten heute nur noch von historischem Interesse wären.

Die Entwicklung des modernen Staates

Politisches Handeln wird ganz maßgeblich von der Arena, in der es stattfindet, und von den Spielregeln, die dort gelten, geprägt. Die von Weber in seinen zeitdiagnostischen Arbeiten behandelten politischen Themen entfalten sich auf dem Boden des *modernen Anstaltsstaats*. Webers Staatsbegriff hatten wir bereits im dritten Kapitel kurz gestreift, als es um die Entstehung von Herrschaftsverhältnissen ging. Er entwickelt ihn weder entlang möglicher Funktionen, die der *Staat* erfüllen kann oder soll, noch unter Verwendung einer Liste von Kriterien, die ein politisches Gebilde erfüllen muss, um als *Staat* klassifiziert werden zu können. Er definiert ihn vielmehr anhand eines spezifischen Machtmittels, das ihm und – legitimerweise – nur ihm zur Verfügung steht: des Einsatzes von physischen Zwangsmitteln. Die Herausbildung des Staates als eines spezifischen Herrschaftsverbands lässt sich wie folgt skizzieren: Am Anfang steht eine *politische Gemeinschaft*. Politische Gemeinschaften sind durch drei Merkmale bestimmt: Sie sichern erstens ein nicht unbedingt exakt umgrenztes, aber doch „irgendwie" angebbares Gebiet für das jeweilige Gemeinschaftshandeln. Sie sind zweitens bereit, die Kontrolle über dieses Gebiet durch den Einsatz physischer Gewalt abzusichern. Und ihr Gemeinschaftshandeln erschöpft sich schließlich nicht nur in einem „gemeinwirtschaftlichen Betrieb zur gemeinsamen Bedarfsdeckung" (WuG: 515), sondern geht in irgendeiner Form über wirtschaftlich motiviertes und orientiertes Handeln hinaus. Diese Begriffsbestimmung ist bewusst so offen gehalten, dass sie unterschiedlichste Vergemeinschaftungsformen in sich begreift, z.B. Sippenverbände, Stämme, aber auch Ansiedlungen, die ihre Geschicke autonom bestimmen. Durch das allgegenwärtige Moment der Konkurrenz und des Kampfes kommt es jedoch irgendwann zu einer Konzentration der Mittel der Gewaltsamkeit in den Händen einer bestimmten Gruppe: eines Geschlechts, einer Kaste, eines Herrschaftsstabs. Dieser Prozess der Herausbildung eines Gewaltmonopols treibt die Differenzierung zwischen politischen Gemeinschaften und anderen Vergemeinschaftungsformen voran – zu denken ist hier vor allem an die Differenzierung von politischen, religiösen und Wirtschaftsgemeinschaften – und verwandelt die politische Gemeinschaft schließlich in einen politischen Verband, in dem eine bestimmte Ordnung durch dazu bestimmte Personen (die Gewalthaber) durchgesetzt und garantiert wird. Und gelingt es den Gewalthabern schließlich, ein *Monopol* auf den Einsatz der Mittel physischer Gewaltsamkeit zu erlangen und dieses Monopol als ein *legitimes* erscheinen zu lassen, wird der Herrschaftsverband also auch durch die Zustimmung der Herrschaftsunterworfenen getragen (vgl. Kap. 3), wandelt sich der politische Verband zum *Staat*.

Die differentia specifica, die für Weber die politische Arena von anderen Handlungsfeldern unterscheidet, ist also der Umstand, dass in ihr physische Gewaltsamkeit ein legitimes Mittel im Konfliktfall darstellt: sowohl gegenüber den eigenen Verbandsmitgliedern, die gegen die politische Ordnung verstoßen, und dafür mit auf den Körper bezogenen Strafen (Schläge, Pranger, Gefängnis, Hinrichtung) büßen müssen, als auch gegenüber Feinden von außen, mit denen Konflikte schlimmstenfalls durch Kriege ausgetragen werden. Der Umstand, dass politische Gemeinschaften dieses Mittel nicht nur faktisch zum Einsatz bringen, sondern sich geradezu darüber konstituieren, ist für Weber immens folgenreich: „Die politische Gemeinschaft gehört ... zu denjenigen [Gemeinschaften], deren Gemeinschaftshandeln, wenigstens normalerweise, den Zwang durch Gefährdung und Vernichtung von Leben und Bewegungsfreiheit sowohl Außenstehender wie der Beteiligten selbst einschließt. Es ist der Ernst des Todes, den eventuell für die Gemeinschaftsinteressen zu bestehen, dem Einzelnen hier zugemutet wird. Er trägt den politischen Gemeinschaften ihr spezifisches Pathos ein." (WuG: 515). Das, was wir heute als notwendige Grundfunktionen des Staates anzusehen geneigt sind: also eine funktionierende Gesetzgebung, ein System der Rechtsprechung, Schutz der öffentlichen Ordnung durch Verwaltung und Polizei, sind für Weber demgegenüber keine notwendigen Merkmale jeder Form von Staatlichkeit. Es gibt, so Weber, kaum eine Aufgabe, die nicht irgendwann einmal *auch* von politischen Verbänden übernommen worden wäre, andererseits aber keine Aufgaben, die immer *nur* in die Verantwortung von politischen Verbänden gefallen wären. Man kann den Staat seiner Meinung nach daher nicht darüber definieren, was er tut, sondern nur über das spezifische Mittel, das ihm zur Verfügung steht: das Monopol legitimer physischer Gewaltsamkeit (GPS: 506).

Nach dieser notwendig skizzenhaften Darstellung von Webers allgemeiner Konzeption des Staates (ausführlicher dazu z.B. Breuer 1994: v.a. 5-35), müssen wir uns aber, bevor wir uns Webers politischen Diagnosen und Stellungnahmen zuwenden können, noch eine Variante des Staates etwas genauer betrachten: den modernen Anstaltsstaat. *Staaten* gab es, wie den Erwerbstrieb, zu nahezu allen Zeiten und in vielen Kulturen. Der *moderne Anstaltsstaat* entwickelte sich jedoch, wie der moderne Kapitalismus, aufgrund spezifischer okzidentaler Rationalisierungsprozesse, die sich „aufgrund einer Verkettung von Umständen" nur im Westen entfalteten. Die Parallele zwischen modernem Staat und modernem Kapitalismus wird von Weber u.a. in seinem Vortrag *Politik als Beruf* gezogen, als er feststellt, dass die Entwicklung des modernen Staates dadurch in Gang kam, dass die Fürsten begannen, ihren Mitkonkurrenten um die politische Herrschaft die für die Herrschaftsausübung notwendigen Ressourcen zu entziehen – der oben schon angesprochene Prozess der Herausbildung eines Gewaltmonopols. „Der ganze Prozeß ist eine vollständige Parallele zu der Entwicklung des kapitalistischen Betriebs durch allmähliche Enteignung der selbständigen Produzenten." (GPS: 510). Und auch das Resultat dieses politischen Prozesses weist erstaunliche Parallelen zum Resultat des ökonomischen Prozesses auf: Am Ende, also im modernen Staat, gibt es nur noch eine Herrschaftsspitze, bei der die Verfügung über die gesamten politischen Betriebsmittel zusammenläuft; die Verwaltungsbeamten, die Polizei, das Militär sind genauso von den „sachlichen Betriebsmitteln" getrennt wie der Arbeiter von den Produktionsmitteln.

Die konkreten Formen, die die entstehenden modernen Staaten annahmen, wurden ganz entscheidend dadurch geprägt, auf welche Bevölkerungsgruppen sich die Fürsten bei ihren „Expropriationsbemühungen" vor allem stützten. Ihre Mitkonkurrenten um die Macht waren in der Regel *ständische Gruppierungen*. Als *Stände* bezeichnet Weber in einem allgemeinen Sinne Gruppen, die entweder aufgrund ihrer Lebensführung, aufgrund ihrer formalen Ausbildung, oder aufgrund ihrer Abstammung oder ihres Berufes, eine „positive oder negative Privilegierung in der sozialen Schätzung" (WuG: 179) für sich in Anspruch nehmen können. Wenn er aber davon spricht, dass der Prozess der Staatenbildung dadurch in Gang kam, dass sich die Fürsten in der Konkurrenz gegen die Stände durchsetzten, verwendet er den Begriff des Standes in einem engeren Sinn und versteht darunter „die eigenberechtigten Besitzer militärischer oder für die Verwaltung wichtiger sachlicher Betriebsmittel oder persönlicher Herrengewalten" (GPS: 512). Darunter fallen, je nach historischem und kulturellem Kontext, unterschiedlichste Gruppen, denen aber gemeinsam ist, dass sie unabhängig vom Fürsten über Waffen, Geld, Menschen, Land verfügen, und damit über die Ressourcen, sich im Konkurrenzkampf auch gegen ihn zu stellen. Um die ständischen Gruppierungen in diesem engeren Sinne ihrer Ressourcen zu berauben, oder sie zumindest in der autonomen Nutzung dieser Ressourcen stark einzuschränken, griffen die Fürsten typischerweise auf „nichtständische" Gruppen zurück, bei denen sie die Gefahr, dass diese sich mit ihren Gegnern verbünden würden, oder irgendwann einmal selbst Ambitionen auf eine eigenständige Machtstellung entwickeln könnten, geringer einschätzen.

An erster Stelle nennt Weber hier die *Kleriker*, also kirchliches Personal. Dieses hatte zunächst den großen Vorteil, des Lesens kundig zu sein – eine wichtige Voraussetzung, um für den Fürsten Verwaltungsaufgaben übernehmen zu können. Zudem waren Kleriker häufig durch das Zölibat gebunden und konnten daher nicht in die Versuchung kommen, ihre Machtposition für etwaige Nachkommen auszubauen und zu sichern. Der Aufbau eines eigenen Verwaltungs- und Herrschaftsstabs durch die Rekrutierung des Klerus ist ein Phänomen, dass sich sowohl in Indien, im buddhistischen China, aber auch im christlichen Mittelalter nachweisen lässt. Eine weitere Gruppe, die diese Funktion übernehmen konnte, waren humanistisch gebildete Literaten. Diese spielten in Europa keine zentrale Rolle, wohl aber in China, paradigmatisch verkörpert durch den Mandarin. „Diese Schicht mit ihren an der chinesischen Antike entwickelten Konventionen hat das ganze Schicksal Chinas bestimmt, und ähnlich wäre vielleicht unser Schicksal gewesen, wenn die Humanisten seinerzeit die geringste Chance gehabt hätten, mit gleichem Erfolg sich durchzusetzen." (GPS: 522). Die dritte Gruppierung, deren sich Fürsten bedienten, um ständische Rivalen auszuschalten, war der *Hof*adel, wobei die Betonung hier auf der ersten Silbe liegt: Der Adel war ja die ständische Schicht (im engeren Sinne) par excellence, also die Gruppe, aus der sich am ehesten etwaige Konkurrenten um die Herrschaftsposition rekrutierten. Solange sie über eine eigenständige Machtbasis in Form von Lehens- und Gefolgschaftsleuten sowie Waffen verfügte, bestand immer das Risiko, dass sie Verwaltungsaufgaben nicht nur im Sinne des Herrschers ausübte, sondern sie auch dazu nutzte, die eigenen Machtbefugnisse auf Kosten des Fürsten auszubauen. Gelang es dem Fürsten jedoch, die eigenständige Macht des Adels zu brechen, wie z.b. im absolutistischen Frankreich, konnte er ihn dann mit mehr oder weniger sanfter Gewalt an den eigenen Hof ziehen und ihn dort im politischen und diplomatischen Dienst verwenden. In England griff der König bevorzugt auf die *gentry* zurück, ein „den Kleinadel und das städtische Rentnertum unfassendes Patriziat" (GPS: 522), um die Barone zu entmachten, um sich dann aber in zunehmender Abhängigkeit von eben dieser Schicht wieder zu finden. Der gentry gelang es, vor allem die Ämter der lokalen Verwaltung für sich zu monopolisieren. Ein Effekt dieses Erfolgs war in Webers Einschätzung, dass sie dadurch „England vor der Bürokratisierung bewahrt [hat], die das Schicksal sämtlicher Kontinentalstaaten war" (GPS: 522).

Schon aus diesen wenigen Hinweisen wird deutlich, dass die Herausbildung des modernen Staates für Weber kein Prozess war, der primär einer inneren Systemlogik folgte, welche sich unabhängig von den maßgeblichen Akteuren vollzog. Im Gegenteil: Auch hier, wie schon in den religionssoziologischen Schriften, zeigt sich, welche Bedeutung Weber den *Trägerschichten* der jeweils zur Diskussion stehenden Entwicklungen zumaß. Das „ganze Schicksal Chinas" wurde dadurch bestimmt, dass sich die Mandarine eine zentrale Position in der politischen Hierarchie verschaffen und lange Zeit erhalten konnten; in England stemmte sich die gentry gegen die Bürokratisierung, die in den kontinentaleuropäischen Staaten schier unaufhaltsam voranschritt. Man kann also vermuten, dass sich auch die besonderen Merkmale des modernen, rationalisierten Anstaltsstaates, wie er für die kontinentaleuropäischen Staaten charakteristisch ist, dem Umstand verdanken, dass die Fürsten bei ihren Bestrebungen, den Adel unter Kontrolle zu bringen, prominent auf eine spezifische nicht-ständische Schicht zurückgriffen. Und in der Tat spielten hier universitätsgeschulte *Juristen* eine entscheidende Rolle: Sie trieben „überall die Revolutionierung des politischen Betriebs im Sinne der Entwicklung zum rationalen Staat" (GPS: 522) voran. Ihre Ausbildung war geprägt von den Nachwirkungen des römischen Rechts, wie es der ebenfalls schon bürokratisch verwaltetete spätrömische Staat ausgebildet hatte. Dieses Rechtsverständnis wurde, anders als alle anderen Ansätze rationalen juristischen Denkens, die sich in anderen Zivilisationen herausgebildet hatten, nicht durch „theologische Denkformen" modifiziert. Vielmehr wurde es zunächst durch italienische Juristen in einer relativ reinen Form wiederbelebt, um sich dann über ganz Europa auszubreiten und einen „juristischen Rationalismus" zu begründen, ohne den weder der absolutistische Staat noch die Revolution denkbar wäre.

Studiert man im Detail, wie Weber den Weg zum modernen, rationalen Staat rekonstruiert[59] und bezieht man dabei mit ein, was Weber in seinen rechtssoziologischen Schriften über die Entwicklung unterschiedlicher Rechtsformen und -systeme schreibt (WuG: 387-513), stößt man auf faszinierendes Anschauungsmaterial für den Zusammenhang von Ideen, Interessen und Institutionen, wie er sich aus Webers subjektzentrierter, handlungs- und konflikttheoretischer Perspektive darstellt. *Politik* begreift er grundsätzlich als „Streben nach Machtanteil oder nach Beeinflussung der Machtverteilung, sei es zwischen Staaten, sei es innerhalb eines Staates zwischen den Menschengruppen, die er umschließt." (GPS: 506). Von nichtpolitischen Konkurrenzverhältnissen unterscheidet sich der politische Konkurrenzkampf dadurch, dass hier die Verfügungsgewalt über Mittel der physischen Gewaltsamkeit eine entscheidende Rolle spielt. Der Staat entsteht und entwickelt sich in dem Maße, wie es einem der „Spieler" in der politischen Arena gelingt, die Mittel legitimer physischer Gewaltsamkeit zu monopolisieren. Die Staatsform, die dabei entsteht, ist stark geprägt von den Schichten, auf die er sich in diesem Konkurrenzkampf stützt. Die Auswahl der „Kooperationspartner" wiederum ist davon abhängig, wie viele tatsächliche oder potentielle „Mitspieler" vorhanden sind, und wie deren Interessen jeweils gelagert sind. Darüber hinaus aber kommen auch Ideen zum Tragen: Ideen, die den Ethos der einzelnen Schichten und damit ihre Lebensführung prägen, Ideen bezüglich des Verhältnisses von religiöser und politischer Macht, Vorstellungen über die Ausgestaltung von Rechtsverhältnissen. Diese Ideen sind einerseits nicht nur Widerspiegelungen materieller Interessen, sondern symbolische Gebilde aus eigenem Recht, die zu bestimmten Zeitpunkten eine genuin kausale Wirkung auf soziale Zusammenhänge entfalten können. Andererseits ist die Art und Weise ihrer Wirkung, wie wir auch schon in dem Kapitel über die religionssoziologischen Schriften gesehen haben, aber nicht davon zu trennen, wie sie von spezifischen Gruppen wahrgenommen, interpretiert und bewertet werden. Die sich in diesen Gemengelagen herausbildenden, sich stabilisierenden oder auch verändernden Institutionen wirken dann wiederum auf die Handlungsspielräume der Individuen zurück. Aus dieser Grundkonstellation ergeben sich dann auch die Probleme, die Weber in Bezug auf den westlichen Nationalstaat zu Beginn des 20. Jahrhunderts diagnostiziert.

Wodurch ist dieser Staat nun gekennzeichnet? Er beruht auf dem Fachbeamtentum und auf rationalem Recht und er ist die einzige Staatsform, in der der moderne Kapitalismus gedeihen kann (WuG: 815). Dessen Grundlage ist die *Kalkulation*, und diese ist auf ein Verwaltungshandeln angewiesen, welches ebenfalls rational

---

[59] Aufschlussreich sind hier die entsprechenden Passagen in *Politik als Beruf*, aber auch der 8. Abschnitt der Herrschaftssoziologie in *Wirtschaft und Gesellschaft*, der in dieser Form allerdings nicht von Weber selber stammt, sondern vom Herausgeber zusammengefügt wurde. Zudem sei hier verwiesen auf Breuer und Egger.

nach feststehenden Normen erfolgt und daher ebenfalls einkalkuliert werden kann. Die Sonderstellung des modernen Staates beruht auf der Tatsache, dass alle Institutionen, die ihn tragen, formal, aber nicht unbedingt material rationalisierte Gebilde sind. Dies bedeutet, wie wir im dritten Kapitel schon angesprochen haben, dass sie nicht konstitutiv mit materialen Wertaspekten verknüpft sind. Der Kapitalismus war in seiner Entstehungsphase, wie Weber in der *Protestantischen Ethik* argumentiert, sehr wohl von einem „Geist" beseelt, der das Handeln der Individuen anleitete und ihm einen sich nicht nur in Nützlichkeitserwägungen erschöpfenden Sinn gab. Dieser Geist hat sich aber mittlerweile verflüchtigt. Die moderne Bürokratie ist darauf ausgerichtet, alle Anforderungen, die an sie gerichtet werden, möglichst effizient zu erfüllen, sie ist technisch die „überlegenste" Verwaltungsform, wenn es darum geht, zur Verfügung stehende Mittel für bestimmte Zwecke einzusetzen. Aber auch sie kann die Zwecke nicht aus sich heraus setzen. Ähnlich verhält es sich mit dem formal rationalen Recht. Es ist deswegen rational, weil es aus einem konsistent systematisierten Gefüge von Rechtssätzen besteht, und weil es festgelegte, also „gesatzte" Regeln für seine Fortschreibung bzw. Veränderung gibt. Es ist aber nicht unbedingt material rational, also z.B. darauf ausgerichtet, Gleichheit oder Freiheit oder Gerechtigkeit in einem möglichst umfassenden Maße zu realisieren.

Staat und Nation

Aus dem eben umrissenen Vorherrschen formal rationaler Institutionen im modernen Anstaltsstaat ergibt sich für Weber ein sehr grundsätzliches Problem: das des Zweckes, zu dem der Staat besteht. An dieser Stelle ist vielleicht noch einmal daran zu erinnern, dass *Staat* ein Kollektivbegriff ist, der ebenso wie alle anderen Kollektivbegriffe zwar als Kürzel verwendet werden kann, aber keinesfalls so interpretiert werden darf, als gäbe es *einen* kollektiven Akteur, genannt der *Staat*, der analog zu einer Person sich Ziele setzen, seine Interessen vertreten, Zukunftsperspektiven entwerfen kann. Wenn wir uns also mit Weber die Frage stellen, welchen „Sinn" man mit der Existenz des modernen Staates verbinden kann, geht es genauer gesagt darum, welche Sinnzuschreibungen die dem Herrschaftsanspruch dieses Staates Unterworfenen mit diesem verbinden, welche Sinnangebote staatlicher Akteure sie akzeptieren, durch welche Zwecksetzungen sie sich zu Handlungen im Sinne des Herrschaftsstabes motivieren oder verpflichten lassen. Nun ließe sich hier zunächst einwenden, dass dies zwar relevante Fragen sind, die aber keineswegs nur speziell den *modernen* Staat betreffen. Politische Gemeinschaften bzw. Staaten sind ja nur über die Verfügungsgewalt über die Mittel der Gewaltsamkeit, Politik durch das Streben nach Macht definiert, und wozu diese Mittel bzw. die Macht eingesetzt werden sollen, muss jeweils durch die Akteure ausgehandelt werden, es kann nicht theoretisch präjudiziert werden. Auf diesen Einwand lässt sich jedoch mit Weber erwidern, dass sich die Sinnfrage um so drängender stellt, je mehr Elemente traditionaler und charismatischer Herrschaft gegenüber der legalen Herrschaft in den Hintergrund treten – so wie das eben im modernen Anstaltsstaat der Fall ist. Der charismatische Herrscher setzt das Ziel seiner Herrschaftsambitionen selbst, und in dem Moment, wo die Herrschaftsunterworfenen seinen Machtanspruch akzeptieren, akzeptieren sie auch die Ziele, auf die er sich richtet. Im Falle der traditionalen Herrschaft sind zumindest in den durch die Traditionen geregelten sozialen Feldern Momente des Sinns eingebettet, und das Herrschaftshandeln hat die Aufgabe, diese Felder möglichst unverändert zu erhalten. Die legale Herrschaft hingegen ist dann legitim, wenn sie gesatzten Regeln folgt, und diese Regeln können im Prinzip jederzeit geändert werden. Worauf soll sich unter diesen Umständen also staatliches Handeln, d.h. das Handeln der politischen Führung, der Verwaltung, der Polizei, des Militärs ausrichten? Auf welche Ziele soll es in einer Demokratie von den Wählern verpflichtet werden?

In seiner 1895 gehaltenen Freiburger Antrittsvorlesung mit dem Titel *Der Nationalstaat und die Volkswirtschaftspolitik* (GPS: 1-25) beantwortet Weber diese Frage sehr eindeutig: Im Mittelpunkt staatlichen Handelns sollte die Förderung *nationaler* Interessen stehen. Er nähert sich seinem Thema über das damals aktuelle Problem der sich verändernden Bevölkerungsanteile von Polen und Deutschen in Westpreußen: Deutsche wandern in andere Gebiete des Reiches ab, die Polen vermehren sich. Die Tatsache, dass dieser Umstand überhaupt als ein Problem begriffen wird, das einer politischen Antwort bedarf, erklärt Weber zunächst summarisch durch den Verweis darauf, dass Deutschland, wie alle anderen europäischen Staaten, ein *Nationalstaat* sei, und diese Staatsform nationalen Fragen besondere Aufmerksamkeit schenke. Die Frage, die ihn dann explizit beschäftigt, ist, wie sich „seine" Wissenschaft, die Volkswirtschaftslehre, dazu verhalten solle. Seine Antwort besteht aus zwei zwar miteinander verwobenen, analytisch aber durchaus zu trennenden Teilen. Zunächst einmal insistiert er darauf, dass *keine* Wissenschaft den Sinn und Zweck staatlichen Handelns, der staatlichen Existenz aus sich heraus schöpfen könne. Die vielfältigen Versuche, staatliches Handeln philosophisch zu begründen bzw. auszurichten (erinnert sei hier nur an Platons *Politeia*), seien genauso gescheitert wie die Bewegung des Historismus, die im 19. Jahrhundert für sich beanspruchte, aus einer historischen Durchdringung der Vergangenheit Handlungsempfehlungen für die Zukunft ableiten zu können. Man könne nun, so Weber weiter, durchaus den Eindruck gewinnen, dass die Volkswirtschaftslehre sich seit einiger Zeit anschicke, als „Leitwissenschaft" in die Fußstapfen des Historismus zu treten. Ökonomische Kriterien würden auf immer mehr Lebensbereiche angewandt, das ökonomische Wissen habe sich gewaltig erweitert, und bei vielen herrsche nun der Eindruck vor, dass zudem „der *Maßstab*, an welchem wir in letzter Linie die Erscheinungen *bewerten*, ein völlig neuer geworden [sei], als sei die politische Ökonomie in der Lage, ihrem eigenen Stoff derartige Ideale zu entnehmen" (GPS: 16). Die Vorstellung aber, es gäbe genuin volkswirtschaftliche Ideale, die politisches und soziales Handeln anleiten können, ist für Weber eine „optische Täuschung" (ebd.). Die Werturteile, die in der Tat auch von Ökonomen häufig gefällt werden, lassen sich nicht durch innerwissenschaftlich generiertes Wissen begründen, sondern sind bei genauer Betrachtung „die *alten allgemeinen Typen menschlicher Ideale*, die wir auch in den Stoff unserer Wissenschaft hineintragen" (ebd.). Der Ausweg kann nun nicht darin bestehen, sich bewusster Werturteile überhaupt zu enthalten, man muss vielmehr Klarheit gewinnen über den „letzten subjektiven Kern" des eigenen Urteils, über die Ideale, die den eigenen Erkenntnisinteressen und Urteilen zugrunde liegen, und den gesamten Urteilsprozess einer bewussten Selbstkontrolle unterwerfen.

Für Weber selber ist dieser Maßstab die Beförderung der „dauernden ökonomischen und politischen *Macht*interessen der Nation" (GPS: 18), er selber zählt sich zu den „ökonomischen Nationalisten" (ebd.). Die politische Arena ist für ihn auch auf nationalstaatlicher Ebene eine des permanenten Kampfes, dem sich kein Staat entziehen kann.[60] Daher hält er auch politische (oder wissenschaftliche) Werthaltungen, die auf eine friedliche Koexistenz abzielen, für utopisch. „Nicht Frieden und Menschenglück haben wir unseren Nachfahren mit auf den Weg zu geben, sondern den *ewigen Kampf* um die Erhaltung und Emporzüchtung unserer nationalen Art." (GPS: 14).

Aussagen wie diese wurden immer wieder herangezogen, um Webers Position nicht nur heftig zu kritisieren, sondern auch, um ihn als einen Vorläufer faschistischer Ideologien zu identifizieren. So argumentiert Mommsen in seinem einflussreichen Buch über *Max Weber und die deutsche Politik*, dass Weber diese Position über die Jahre hinweg bis an sein Lebensende konsequent durchgehalten habe, und dass sein Insistieren auf dem Primat nationalstaatlicher Machtinteressen, zusammen mit seiner Propagierung einer plebiszitären Führerpersönlichkeit als Ausweg aus den Dilemmata einer Massendemokratie (dazu im Folgenden mehr) Autoren wie Robert Michels oder Carl Schmitt, und letztlich auch dem Nationalsozialismus, den Weg bereitet habe. Diese Einschätzung muss aber zumindest stark differenziert werden.

Ein grundlegender Unterschied zwischen Webers Weltsicht und faschistischen Weltanschauungen besteht zunächst darin, dass Weber alles andere als ein „rassistischer" Nationalist ist. Für ihn stellt die *Nation* keine Abstammungsgemeinschaft, sondern eine politische Schicksalsgemeinschaft dar. Sie hat ihre Wurzeln in den Kämpfen und Konflikten, die, wie oben schon erwähnt, den Einzelnen mit dem „Ernst des Todes" konfrontieren, das „spezifische Pathos" der politischen Gemeinschaften begründen, und darüber hinaus auch ein Gefühl der Zusammengehörigkeit

---

[60] Staaten haben nur zwei Möglichkeiten: Entweder sie setzen sich im internationalen Konkurrenzkampf durch oder sie werden von anderen dominiert. Dies gilt zumindest für (quantitativ) große politische Gemeinschaften, die „eine potentielle Bedrohung für alle Nachbargebilde bedeuten" und daher „zugleich selbst ständig latent bedroht" sind (WuG: 520).

und Solidarität entstehen lassen. „Gemeinsame politische Schicksale, d.h. in erster Linie gemeinsame politische Kämpfe auf Leben und Tod, knüpfen Erinnerungsgemeinschaften, welche oft stärker wirken als Bande der Kultur-, Sprach- oder Abstammungsgemeinschaft. Sie sind es, welche ... dem 'Nationalitätsbewußtsein' erst die letzte entscheidende Note geben." (WuG: 515). *Nation* ist kein Begriff, der sich mit Hilfe empirischer Kriterien definieren ließe. In Webers Verständnis gehört er vielmehr zur Wertsphäre, da mit ihm die Zumutung eines spezifischen Solidaritätsempfindens verbunden ist: Diejenigen, die in politischen Auseinandersetzungen mit diesem Begriff operieren, vertreten damit explizit oder implizit die Forderung, dass man gegenüber Angehörigen der „eigenen" Nation zu mehr oder anderen Leistungen verpflichtet sei als gegenüber allen anderen Mitmenschen. Die Fragen, *wie* die Nation abzugrenzen sei, und *welches* Handeln aus der Verpflichtung auf Solidarität konkret resultieren solle, sind aber typischerweise grundsätzlich umstritten. Empirisch sehr wandelbar sind auch die Einstellungen gegenüber der Nation, sie reichen in allen Schattierungen von emphatischer Bejahung über Gleichgültigkeit bis hin zu leidenschaftlicher Ablehnung.

Weber meinte nun aber bereits vor dem Ersten Weltkrieg feststellen zu können, dass seit Mitte des 19. Jahrhunderts das nationale Solidaritätsgefühl ganz allgemein gestiegen sei – unabhängig vom Ausmaß innenpolitischer Interessengegensätze (WuG: 530).[61] In seiner Freiburger Antrittsvorlesung bezieht er selber eindeutig Stellung: Zwar ist die *Nation* grundsätzlich nicht mit dem *Staatsvolk* identisch, der Nationalstaat ist aber durchaus „die weltliche Machtorganisation der Nation" (GPS: 14) und das politische Handeln, ebenso wie die politischen Wissenschaften, zu denen er die Volkswirtschaftslehre zählt, sollen sich in den Dienst der Machtinteressen der Nation stellen.[62] Ein zentraler Aspekt dieser Wertentscheidung, der in der Literatur häufig nicht ausreichend gewürdigt wird, ist nun aber, dass diese von Weber geforderte Ausrichtung auf die Machtinteressen der Nation kein Selbstzweck war. Es ging ihm nicht um die Propagierung einer imperialistischen Strategie, um die Förderung staatlicher Macht um des Machthabens willens. Vielmehr wählte er die Konzentration auf die Lebens- und Überlebensbedingungen der Nation als den seiner Meinung nach aussichtsreichsten Weg, um das Überleben bestimmter kultureller Werte abzusichern. Grundsätzlich ist der Begriff der Nation in einem emphatischen Sinne häufig mit der Vorstellung einer bestimmten *Mission* verbunden, welche gerade diese Nation – im Unterschied zu allen anderen Nationen – zu erfüllen habe. Diese Mission kann, sofern sie sich inhaltlich legitimiert, in einer konsistenten und konsequenten Weise nur als „Kulturmission" (WuG: 530) konzipiert werden.

---

[61] Diese Tendenz intensivierte sich dann im Zusammenhang mit dem Ersten Weltkrieg noch einmal beträchtlich.
[62] Im letzten Kapitel werden wir diskutieren, wie sich diese Forderung mit Webers Forderung nach Wertfreiheit in den Sozialwissenschaften verträgt.

Jede Nation pflegt bestimmte Kulturgüter oder Werte, die für ihr Selbstverständnis zentral, die ihrer Meinung nach unersetzlich sind. Indem sie ihre Eigenart pflegt und sie gegen die „Kolonialisierung" durch andere Nationen verteidigt, pflegt und verteidigt sie auch die Werte, denen sie sich besonders verbunden fühlt. „Die Überlegenheit oder doch die Unersetzlichkeit der nur kraft der Pflege der Eigenart zu bewahrenden oder zu entwickelnden 'Kulturgüter' ist es dann, an welcher die Bedeutsamkeit der 'Nation' verankert zu werden pflegt..." (ebd.). Dass dies nicht nur „typischerweise" der Fall ist, wie Weber sagen würde, sondern auch auf sein eigenes Verhältnis zur Nation zutrifft, lässt sich z.B. durch den Verweis auf die Stelle in seiner Antrittsvorlesung stützen, an der er über das basale Erkenntnisinteresse der Sozialwissenschaften, so wie er sie versteht, Auskunft gibt. Im Mittelpunkt steht hier, wir haben schon darauf verwiesen, die Frage danach, welche menschlichen Qualitäten, welche Lebenshaltungen und -einstellungen durch die jeweils zu analysierenden sozialen Konstellationen und Institutionen gefördert werden. In Webers eigenen Worten: „Nicht wie die Menschen in Zukunft sich *befinden*, sondern wie sie *sein* werden, ist die Frage, die uns beim Denken über das Grab der eigenen Generation hinaus bewegt, die auch in Wahrheit jeder wirtschaftspolitischen Arbeit zugrunde liegt. Nicht das Wohlbefinden der Menschen, sondern diejenigen Eigenschaften möchten wir in ihnen emporzüchten, mit welchen wir die Empfindung verbinden, daß sie menschliche Größe und den Adel unserer Natur ausmachen." (GPS: 12f). Welche Eigenschaften dies konkret sind, welche spezifischen Werte er mit der deutschen Nation verbindet, wird von Weber nicht explizit gemacht. Wenn wir uns jedoch ins Gedächtnis rufen, dass für ihn der Mensch erst und nur durch die Möglichkeit und den Willen zu Sinngebung und Stellungnahme zum Kulturmenschen wird, und wenn wir uns weiterhin vor Augen führen, welche soziale Konstellationen diese prinzipiellen Fähigkeiten eher befördern und welche sie eher behindern, wird Kilkers Interpretation plausibel. Seiner Meinung nach stand Webers Nationalismus im Dienste der Beförderung „höherer kultureller Ziele" wie der Bewahrung freiheitlicher Traditionen und der notwendigen Spielräume für Individualität und selbstverantwortliches Handeln (Kilker 1989).[63] Folgt man dieser Lesart, fällt der Gegensatz zwischen Webers Weltanschauung und der nationalsozialistischen bzw. faschistischen Ideologie wesentlich radikaler aus, als es die oben angeführten Zitate zunächst vielleicht vermuten lassen.

Doch gleichzeitig wird dadurch eine neue Frage aufgeworfen. Warum wählte Weber gerade diesen Weg zur Förderung der Werte, die ihm am Herzen lagen? Gerade wenn es ihm um die Herstellung oder den Ausbau von Freiräumen für

---

[63] „Weber viewed the world historical predicament of the early 20th century as a turning point no less momentous than the Battle of Marathon. The outcome of the Battle between the Russian Knout, Anglo-Saxon materialism, constitutionalism and popular sovereignty and a still emerging German alternative would help to decide the future of the West." (Kilker 1989: 435).

autonomes, selbstverantwortliches Handeln geht, wäre es doch naheliegender, zunächst einmal für eine Demokratisierung des Staates zu plädieren, als nationale Machtinteressen als den letzten Bezugspunkt politischer Bewertungen zu benennen. Die Antworten darauf hängen eng mit Webers Demokratieverständnis zusammen, um das es im nächsten Abschnitt gehen wird.

Die Massendemokratie

Ganz grundsätzlich ist Demokratie im Sinne einer genuinen Herrschaft des Volkes für Weber nur in kleinen, überschaubaren Gemeinwesen wie z.B. in den Stadtstaaten der griechischen Antike möglich, in denen zudem die Verwaltungsaufgaben qualitativ kaum differenziert sind. Herrschaft wird immer von wenigen ausgeübt. Selbst wenn eine politische Gemeinschaft beschließt, die Machtausübung auf ein vielköpfiges Gremium zu übertragen, wird sich die Macht früher oder später in den Händen weniger konzentrieren (vgl. dazu WuG: 545-548).

Entsprechend ist ein demokratisch verfasstes Staatswesen für Weber kein Zweck an sich, der immer und überall allein schon aufgrund demokratietheoretischer Erwägungen zu unterstützen sei. Wahlen sind vielmehr lediglich eine von mehreren Möglichkeiten, die politische Führung zu bestimmen, und ob sie eine geeignete Möglichkeit sind hängt von den Umständen ab. Damit sie positive Resultate zeitigen, müssen bestimmte Voraussetzungen erfüllt sein. Aus dieser grundsätzlichen Haltung und Einschätzung folgt ein Umstand, den man bei der Lektüre von Webers politischen Texten nicht aus den Augen verlieren darf: Wenn er demokratietheoretische und -praktische Fragen diskutiert, dann immer im Hinblick oder unter Bezug auf ein übergeordnetes Ziel. In seiner Antrittsvorlesung ist das die Vertretung der nationalen Machtinteressen. Damit diese in der internationalen Arena wirkungsvoll zur Geltung gebracht werden können, ist es erforderlich, dass diejenigen, die die Regierung stellen, über ein ausreichendes Maß an politischer Reife verfügen, das sie dazu befähigt, die Interessen der Nation über alle anderen Erwägungen, z.B. auch über ihr „Klasseninteresse", zu stellen. Webers Einschätzung des Reifegrades der verschiedenen Schichten, „welche die Leitung der Nation in der Hand haben oder erstreben" (GPS: 18) fällt zu diesem Zeitpunkt eher pessimistisch aus. Die Junker als politisch immer noch einflussreiche Schicht lägen im „ökonomischen Todeskampf", ihre Zeit sei vorüber, für die Aufgaben, die nun gelöst werden müssen, seien sie nicht qualifiziert. Das Bürgertum, das als ökonomisch aufsteigende Klasse als der „natürliche" Erbe des Adels erscheinen könne, sei für die Übernahme der politischen Verantwortung noch nicht reif. Die Ursachen für diese Unreife seien sicherlich komplex, ein Grund, auf den Weber immer wieder zurückkommt, ist das autokratische Regime Bismarcks, dem sich das Bürgertum unterworfen und das eine zutiefst unpolitische Haltung desselben befördert habe. Gleiches gilt für die Arbeiterschaft, der die „*Machtinstinkte einer zur politischen Führung berufenen Klasse*" (GPS: 22) ebenfalls völlig abgingen. Zusammenfassend liest sich Webers Diagnose der politischen Situation in Deutschland zu diesem Zeitpunkt so: „Die *Erlangung ökonomischer Macht* ist es zu allen Zeiten gewesen, welche bei einer Klasse die Vorstellung ihrer *Anwartschaft auf die politische Leitung* entstehen ließ. Gefährlich und auf die Dauer mit dem Interesse der Nation unvereinbar ist es, wenn eine ökonomisch sinkende Klasse die politische Herrschaft in der Hand hält. Aber *gefährlicher noch* (Hervorh. die Verf.) ist es, wenn Klassen, *zu* denen *hin* sich die ökonomische Macht und damit die Anwartschaft auf die politische Herrschaft bewegt, politisch noch nicht reif sind zur Leitung des Staates. Beides bedroht Deutschland zur Zeit und ist in Wahrheit der Schlüssel für die derzeitigen Gefahren unserer Lage." (GPS: 19). Angesichts dieser Situation wäre es im Interesse der Nation eher unvernünftig, auf umfassende Demokratisierung zu setzen. Vielmehr sieht Weber die vordringlichste Aufgabe der nächsten Jahre darin, politische Erziehungsarbeit zu leisten – ein Ziel, auf welches er auch „seine" Wissenschaft, die Volkswirtschaftslehre, verpflichten möchte.

Ende 1917 publizierte Weber seine Schrift über „Wahlrecht und Demokratie in Deutschland". Zu diesem Zeitpunkt war abzusehen, dass eine Umstrukturierung des Regierungssystems unabhängig vom Ausgang des Weltkriegs unausweichlich war. Weber verstand seinen Aufsatz als Beitrag zu der Debatte um eine innenpolitische Neuorientierung. Ausgangspunkt seiner Überlegungen war die Diagnose, dass sich das zu dem Zeitpunkt noch geltende Dreiklassenwahlrecht nicht mehr halten lasse. Es sei vor allem durch den Krieg und dessen Begleitumstände diskreditiert: Es verbanne die heimkehrenden Soldaten, die ihr Leben für den Staat eingesetzt hätten, zum größten Teil in die einflusslose unterste Klasse, während es die *Daheimgebliebenen* privilegiere, die den Krieg auch oder vor allem als ökonomische Chance begriffen und genutzt hätten (zum Teil auch auf Kosten ihrer kämpfenden Mitbürger, deren Kunden oder Arbeitsstelle sie sich angeeignet hätten). Dies würde die innere Einheit Deutschlands vor eine dramatische Zerreißprobe stellen und sei daher schon aus pragmatischen Gründen nicht akzeptabel. Darüber hinaus hat die Frage des Wahlrechts für Weber auch eine moralische Komponente. Würde man das Dreiklassenwahlrecht nicht abschaffen, währe das gleichbedeutend damit, dass die Frontsoldaten „mit ihrem Blut" den Besitz derer verteidigt hätten, die ihnen dann, nach Kriegsende, weiterhin den gleichberechtigten Zugang zu den Wahlurnen verwehren. „Gewiß ist die Politik kein ethisches Geschäft. Aber es gibt immerhin ein gewisses Mindestmaß von Schamgefühl und Anstandspflicht, welche auch in der Politik nicht ungestraft verletzt werden." (GPS: 247).[64]

---

[64] Dies ist eine der wenigen Stellen, an denen Weber von dem absichtsvoll nüchtern-analytischen Stil seiner politischen Schriften abweicht, und politische Verfassungs- und Verfahrensfragen nicht nur unter dem Kriterium der Zweckmäßigkeit, sondern unter dem Aspekt der Wertrationalität diskutiert. Der

Weber plädierte nun für die Einführung des allgemeinen, gleichen Wahlrechts. Historisch betrachtet ließen sich ungleiche politische Partizipationschancen seiner Meinung nach letzten Endes immer auf ökonomisch bedingte Ungleichheiten in der militärischen Qualifikation zurückführen. Sie treten dann auf, wenn nicht alle Mitglieder eines politischen Verbandes über die Ressourcen verfügen, die notwendig sind, um sich selbst und eventuelle Gefolgsleute mit Waffen auszustatten, den Umgang mit ihnen einzuüben, und sie schließlich im Machtkampf einzusetzen. Dies kann im modernen Staat, der die Verfügungsgewalt über die Kriegswaffen monopolisiert und das Heer wie einen Betrieb organisiert hat, nicht mehr eintreten: Die Waffen werden im Kriegsfall vom Staat gestellt, die allgemeine Wehrpflicht gilt für alle. Deshalb sollten nun auch alle das gleiche Stimmrecht haben. Für Weber bedeutet dies nicht, dass nun alle auch *tatsächlich* die gleichen Partizipationschancen im politischen System haben. Reichtum und Bildung werden auch in einer Demokratie die Einflussmöglichkeiten derer, die darüber verfügen, steigern. Politische Gleichheit schafft soziale Ungleichheit nicht ab. „Eben deshalb ist es sinnvoll, daß im parlamentarischen Wahlrecht hiergegen ein Äquivalent: die Gleichstellung der an Masse überlegenen sozial beherrschten gegenüber den privilegierten Schichten zumindest bei der Wahl der *kontrollierenden* und als *Auslesestätte der Führer* fungierenden Körperschaft geschaffen wird." (GPS: 266). Die Gleichheit des Stimmrechtes entspricht der „mechanischen" Natur des modernen Staates, sie bewirkt, dass sich zumindest in diesem Punkt die Mitglieder des Staates als *Gleiche*, also als *Staatsbürger*, und nicht primär als Mitglieder unterschiedlich mächtiger sozialer Stände und Klassen begegnen. „Die Einheit des Staatsvolks an Stelle der Gespaltenheit der privaten Lebenssphären kommt darin zum Ausdruck." (GPS: 266).

Weber weist aber schon in diesem Text immer wieder darauf hin, dass die Demokratisierung unbedingt Hand in Hand mit einer Parlamentarisierung gehen müsse, solle sie tatsächlich erfolgreich sein. Dieses Thema steht im Mittelpunkt seiner Artikelserie „Parlament und Regierung im neugeordneten Deutschland" mit dem bezeichnenden Untertitel „Zur politischen Kritik des Beamtentums und Parteiwesens".[65] Hier wird besonders deutlich, wie sehr sich Webers übergeordnetes Ziel, unter dem er die Frage der Regierungsform diskutiert, seit seiner Freiburger Antrittsvorlesung verschoben hat. Die Sorge um die bestmöglichen Bedingungen

---

„Pathos des Todes", mit dem während des Ersten Weltkrieges Millionen von Menschen konfrontiert wurden, begründet, wie hier noch einmal deutlich wird, eine Solidaritätsgemeinschaft, die nicht nur die Herrschaftsunterworfenen, sondern auch die Herrschenden bindet und ihrem Handeln zumindest gewisse Grenzen auferlegt.

[65] Diese Schriften entstanden ursprünglich noch vor der eben diskutierten Arbeit über „Demokratie und Wahlrecht in Deutschland", wurden von Mai bis Juni 1917 in der *Frankfurter Zeitung* veröffentlicht und erregten große Aufmerksamkeit. Nicht zuletzt wegen Zensurauflagen erfolgte die Umarbeitung und separate Herausgabe durch Weber erst im Mai 1918. Die GPS enthalten die überarbeitete Fassung der Artikelserie.

für eine nationale Machtpolitik ist zu diesem Zeitpunkt für ihn nicht mehr so drängend. Zum einen deshalb, weil der Weltkrieg zu einer „Nationalisierung der Massen" geführt hatte: Auch die Sozialdemokraten hatten sich dem Burgfrieden angeschlossen und die internationale Solidarität mit den Arbeitern der übrigen Staaten hinter ihre Loyalität gegenüber der deutschen Nation zurücktreten lassen. Der nationale Furor in nahezu allen Bevölkerungsschichten ging soweit, dass Weber sich veranlasst sah, immer wieder vor unrealistischen, völlig überzogenen Kriegszielen zu warnen. Zum anderen aber auch, weil sich mittlerweile für Weber eine andere Gefahr in den Vordergrund schob: die einer stetig expandierenden Bürokratie, die immer mehr Bereiche des Lebens mit einem Netz aus Reglementierungen überzieht.[66] Daher stellt er nun fest: Angesichts des unaufhaltsamen Vormarsches der Bürokratisierung könne man die Frage nach der künftigen politischen Organisationsform Deutschlands nur folgendermaßen stellen:

1. „Wie ist es ... *überhaupt noch möglich, irgend*welche Reste einer in *irgend*einem Sinn ‚individualistischen' Bewegungsfreiheit zu retten?"
2. „Wie kann, angesichts der steigenden Unentbehrlichkeit und der dadurch bedingten steigenden Machstellung des uns hier interessierenden *staatlichen* Beamtentums, *irgend*welche Gewähr dafür geboten werden, dass Mächte vorhanden sind, welche die ungeheure Übermacht dieser an Bedeutung stets wachsenden Schicht in Schranken halten und sie wirksam kontrollieren? Wie wird Demokratie auch nur in diesem beschränkten Sinn *überhaupt möglich* sein?
3. Wie kann erreicht werden, dass an der Spitze der Bürokratie nicht Beamte, sondern Politiker stehen?" (GPS: 333f.).

Die Lösung der Probleme, die mit diesen Fragen angesprochen sind, sieht Weber in einer Parlamentarisierung des deutschen Regierungssystems, d.h. in einer Stärkung der Position und der Machtbefugnisse des Parlaments. Unter Bismarck und unter der monarchischen Regierung Wilhelms II. war dieses, wie Weber es ausdrückt, im Wesentlichen auf „negative" Politik beschränkt. Es konnte Gesetzesvorschläge annehmen oder ablehnen, es konnte aufgrund seines Budgetrechts Gelder für ihm missliebige Projekte verweigern, aber die Möglichkeit einer „positive[n] Anteilnahme an der politischen Leitung" war ihm verwehrt, die politische Macht lag anderswo (GPS: 339). Die Bemühungen Webers um eine „Parlamentarisierung" zielen darauf ab, dieses in seinen Augen nur formal parlamentarische System zu einem

---

[66] Dieses Problem war für Weber zu diesem Zeitpunkt u.a. deshalb besonders virulent, weil nicht auszuschließen war, dass es auch in Deutschland zu einer sozialistischen Revolution nach dem Vorbild der russischen Oktoberrevolution kommen könne. Eine Sozialisierung der Produktionsmittel würde zur Herrschaft der staatlichen Bürokratie auch über den Wirtschaftssektor führen und damit nicht zu einer Reduktion von Herrschaft, sondern zu noch grösserer Unfreiheit auch für die Arbeiterklasse.

parlamentarischen System im eigentlichen Sinne zu machen, welches entweder die Verwaltungsleiter (also die Minister) direkt aus seiner Mitte bestimmt oder sie zumindest durch ein ausdrückliches Vertrauensvotum in ihrem Amt bestätigt bzw. sie durch ein Misstrauensvotum abberufen kann (parlamentarische Auslese der Führer). Damit einhergeht dann nahezu zwangsläufig eine Rechenschaftspflicht der Minister gegenüber dem Parlament und seinen Ausschüssen (parlamentarische Verantwortlichkeit der Führer) sowie die Ausrichtung des Verwaltungshandelns auf vom Parlament gebilligte Richtlinien (parlamentarische Verwaltungskontrolle). In einer derartigen Stärkung des Parlaments sah Weber den einzig praktikablen Ausweg aus den Problemen, die die Bürokratisierung der Politik unter den Vorzeichen legaler Herrschaft mit sich bringt.

Zum einen kann nur ein machtvolles Parlament ein dringend notwendiges Gegengewicht gegen die sich immer weiter ausbreitende Bürokratie bereitstellen. Wie in den Ausführungen über die Herrschaftssoziologie (vgl. Kap. 3) schon dargestellt, stützt sich die legale Herrschaft auf einen bürokratisch organisierten Verwaltungsstab. Dies bedeutet, dass im modernen Staat die „wirkliche *Herrschaft* ... notwendig und unvermeidlich in den Händen des *Beamtentums* (liegt)."[67] (GPS: 320). Das Prinzip bürokratischer Verwaltung ist dabei nicht auf Staat und Militär beschränkt, es ergreift auch die Unternehmen, die Kirchen und die Universitäten, macht sie zu *Betrieben* und etabliert spezifische Herrschaftsstrukturen. Das gemeinsame und für Weber entscheidende Kennzeichen aller bürokratisch verwalteten Bereiche ist, dass die in ihnen Tätigen die zu ihrer Arbeit benötigten Mittel nicht selber besitzen; die Verfügungsgewalt darüber, und damit auch die „Richtlinienkompetenz" liegt bei denen, denen der bürokratische Apparat gehorcht. Diese Richtlinienkompetenz, und damit die Kontrolle über die Verwaltungsbürokratie, kann nur ein starkes Parlament übernehmen, welches die Verwaltung auch tatsächlich kontinuierlich überwacht, ihrem Machtanspruch, der sich aus ihrem akkumulierten Fach- und Geheimwissen speist, etwas entgegensetzt, und ihre Tendenz zu permanenten Ausdehnung zumindest im Zaum zu halten versucht. Ohne einen machtvollen Gegenspieler in Gestalt des Parlaments wäre nicht nur eine demokratische, sondern jegliche Kontrolle des Beamtenapparats unmöglich.

Des weiteren sieht Weber in einem Parlament, das auch zu positiver Politik fähig ist, eine notwendige Bedingung für die Auswahl geeigneter politischer Führer. Es ist seiner Meinung nach nämlich fatal, wenn an der Spitze von Bürokratien Bürokraten stehen, also „Berufspolitiker", die durch die Verwaltungshierarchie bis zur Spitze aufgestiegen sind. Denn Bürokraten – oder Beamte – bilden aufgrund ihrer beruflichen Sozialisierung einen spezifischen Habitus aus, der durch eine ganz be-

---

[67] Weber fügt an dieser Stelle noch hinzu: „Des militärischen wie des zivilen. Denn vom ‚Büro' aus leitet ja der moderne höhere Offizier sogar die Schlachten."

stimmte Auffassung von Pflicht und Ehre charakterisiert ist. Beamte sind dazu angehalten, ihre Pflichten *sine ira et studio*, also möglichst nüchtern und sachlich auszuüben. Maßgeblich dafür sind die gesetzlichen und Verwaltungsvorschriften sowie die Dienstanweisungen. Die amtliche Hierarchie muss strikt beachtet werden. Erhält also ein Beamter eine Anweisung, die seinen eigenen Überzeugungen zuwiderläuft, darf er seine Vorbehalte zwar durchaus artikulieren. Setzen sich aber seine Vorgesetzten über seine Bedenken hinweg, „so ist es nicht nur seine Pflicht, sondern seine *Ehre*, sie so auszuführen, als ob sie seiner eigensten Überzeugung entspräche, und dadurch zu zeigen: daß sein Amtspflichtgefühl über seiner Eigenwilligkeit steht." (GPS: 335). Für einen *Politiker* in Webers Verständnis des Begriffes besteht die Verantwortung gegenüber seinem Amt nun aber gerade entgegengesetzt darin, dass er zwar durchaus bereit ist, Kompromisse einzugehen, aber dabei nie seine Grundüberzeugungen opfert: „'Über den Parteien', das heißt aber in Wahrheit: außerhalb des *Kampfes* um die eigene Macht, soll der Beamte stehen. Kampf um die eigene Macht und die aus dieser Macht folgende Eigen*verantwortung für seine Sache* ist das Lebenselement des Politikers wie des Unternehmers." (GPS: 335).

Anders ausgedrückt: Während Beamte dazu ausgebildet werden, von anderen vorgegebene Ziele möglichst effizient zu realisieren, ist es das Amt des Politikers, der Bürokratie eben diese Ziele zu setzen. Obwohl Bürokraten und Politiker der gleichen *staatlichen* Ordnung unterworfen sind, orientieren sie sich doch an unterschiedlichen *berufsfeldspezifischen* Ordnungen, die ihnen unterschiedliche Regeln für den Konkurrenzkampf auferlegen. Hat man sich erfolgreich die Lebensführung eines Beamten angeeignet, macht einen das zumindest in der Einschätzung von Weber eher ungeeignet dafür, im politischen Feld bestehen zu können (und umgekehrt).[68] Angesichts des „unaufhaltsamen Vormarschs der Bürokratisierung" (GPS: 333) ist es daher von zentraler Bedeutung, die politischen Institutionen so zu reformieren, dass zumindest die Chance besteht, dass das politische Führungspersonal nicht aus der Reihe der Spitzenbeamten rekrutiert wird, sondern dass für diese Positionen *politisch* geschulte Menschen ausgewählt werden. Dies bedeutet, so Weber, zwei Dinge sicherzustellen: dass diese Menschen ein Interesse daran haben, Politik zu ihrem Beruf zu machen, und dass die Strukturen sie nicht daran hindern, dabei erfolgreich zu sein.

Wenn man, wie Weber, Politik im Grundsatz als „Streben nach Machtanteil oder nach Beeinflussung der Machtverteilung" begreift, ist damit implizit auch

---

[68] Bei der Konturierung der diametral entgegengesetzten „beruflichen Habitus" von Beamten und Politikern handelt es sich selbstverständlich auch wieder um eine idealtypische Konstruktion, die die für Weber entscheidenden Facetten betont: „Wenn ein *leitender* Mann dem *Geist* seiner Leistung nach ein ‚Beamter' ist, sei es auch ein noch so tüchtiger: ein Mann also, der nach Reglement und Befehl pflichtgemäß und ehrenhaft seine Arbeit abzuleisten gewohnt ist, dann ist er weder an der Spitze eines Privatwirtschaftsbetriebs noch an der Spitze eines Staates zu brauchen." (GPS: 334).

schon gesagt, dass das Interesse von Politikern sich ganz wesentlich auf die Erringung und auf den Erhalt von Macht richtet. Sie werden sich daher nur dann für eine Tätigkeit in den demokratisch gewählten Gremien entscheiden, wenn es dort tatsächlich Macht zu verteilen gibt. Ein Parlament, das ausschließlich zu negativer Politik imstande ist, ist unter diesem Gesichtspunkt kein attraktives Betätigungsfeld und drängt alle politischen Talente und Führungspersönlichkeiten in die Wirtschaft ab.[69] Nur ein Arbeitsparlament, das die Verwaltung laufend kontrolliert und die politischen Spitzenpositionen (und damit Macht) aus seiner Mitte heraus vergeben kann, in dem also der Kampf um die politische Führung und um die Ämterbesetzung offen ausgetragen wird, kann geeignete Politiker anziehen und sie dazu motivieren, Politik innerhalb demokratischer Institutionen zu ihrem *Beruf* zu machen.

Und nur ein Arbeitsparlament kann schließlich zumindest die Chance dafür eröffnen, dass diese „wahren" Politiker sich auch gegenüber den Parteiapparaten durchsetzen können. Massendemokratie ohne die Mitwirkung politischer Parteien ist für Weber nicht möglich, da genuine, partizipative Demokratie nur funktioniert, solange die Anzahl der daran Beteiligten überschaubar bleibt. Im modernen Staat muss die politische Willensbildung durch Parteien organisiert werden. Das Problem liegt nun darin, dass sich auch die Parteien zunehmend bürokratisieren (müssen). So ist z.B. ein effizienter Wahlkampf nur möglich, wenn der Partei ein Apparat von spezialisierten Parteibeamten zur Verfügung steht, der diszipliniert auf das Wahlziel hinarbeitet. Damit ist die Gefahr gegeben, dass Politiker, die ja nur in den und durch die Parteien an Machtpositionen gelangen können, auf dem Weg zur Spitze entweder selbst „verbürokratisieren" oder von den Parteien wegen mangelnder „Kontrollierbarkeit" oder auch wegen mangelnder Anpassung an den Parteiapparat kaltgestellt werden. Ein machtvolles Parlament, das die politische Führung im „offenen Kampf" und nicht durch Absprachen in Hinterzimmern bestimmt, gibt den Parteien einen Anreiz, nach Führungspersönlichkeiten Ausschau zu halten und sie in ihrem Kampf um politische Macht zu unterstützen. Damit bestünde dann, so Weber, zumindest die Chance, dass die so Ausgewählten ihre Macht auch dazu nutzen würden, den Einfluss der Bürokratie im Zaum zu halten und dadurch den allgemeinen Freiheitsverlust zumindest einzudämmen.

Tradition, Legalität und Charisma im modernen Staat

Tritt man einen Schritt zurück und versucht, aus den tagespolitischen Schriften Webers die Umrisse der von ihm für wünschenswert gehaltenen Mischung traditio-

---

[69] Zwischen dem Idealtypus des Politikers und dem des Unternehmers bestehen bei Weber durchaus große Ähnlichkeiten.

naler, legaler und charismatischer Herrschaftselemente zu bestimmen, ergibt sich folgendes Bild:

Noch bestehende Elemente traditionaler Herrschaft möchte Weber zumindest in Deutschland radikal entwerten oder ganz abschaffen. Die Monarchie hat sich überlebt, sie ist unter modernen Bedingungen keine geeignete Regierungsform mehr, und falls man sie doch beibehält, müsse der Monarch zumindest unter die Kuratel eines starken Parlaments gestellt werden. Eine politische Aristokratie als Träger „kulturfördernder Traditionen" (GPS: 270), als Repositorium politischer Weisheit und als Vorbild für andere Bevölkerungsschichten existiert in Deutschland nicht (mehr). Die Legitimation von Herrschaftsinstitutionen durch Berufung auf Tradition wird durch die staatlichen und nicht-staatlichen Bürokratien und die von ihnen vertretenen Prinzipien der formalen Rationalität und Effizienz immer weiter ausgehöhlt. Traditionale Werte und Normen werden zwar noch lange Zeit sozial wirksam bleiben (z.B. in Form des Sozialprestiges, das dem Adel weiterhin zugebilligt wird), aber sie haben an handlungsleitender Kraft eingebüßt und können daher in der politischen Arena nur schwerlich weiterhin eine tragende Rolle spielen.

Die Prinzipien legaler Herrschaft, also Herrschaftausübung unter Berufung auf gesatzte Regeln und mittels eines bürokratischen Verwaltungsstabes, sind unaufhaltsam auf dem Vormarsch. Die moderne Bürokratie mit ihren rational geschulten, fachlich spezialisierten Beamten ist einerseits effizienter als alle anderen Formen der Verwaltung, andererseits aber auch bedrohlicher: „Wo aber der moderne eingeschulte Fachbeamte einmal herrscht, ist seine Gewalt schlechthin unzerbrechlich, weil die ganze Organisation der elementarsten Lebensversorgung dann auf seine Leitung zugeschnitten ist." (GPS: 331). Und hier zieht Weber noch einmal eine für seine Zeitdiagnose hochbedeutsame Parallele zwischen Kapitalismus und legaler Herrschaft: Beide Formen sozialer Organisation haben sich nicht nur in enger Wechselwirkung miteinander entwickelt, sie beruhen nicht nur auf ähnlichen Prinzipien, sondern sie haben auch eine vergleichbare Wirkung auf die Menschen, die ihnen unterworfen sind – sie unterziehen sie einem Entfremdungsprozess. Die Maschine, die den Arbeitsalltag in der Fabrik beherrscht, Arbeitsschritte und Arbeitstakt vorgibt, ist *„geronnener Geist. Nur daß sie dies ist, gibt ihr die Macht, die Menschen in ihren Dienst zu zwingen..."* (GPS: 332). Die bürokratische Organisation, eine „lebendige Maschine", ist ebenfalls „geronnener Geist", und sie lässt ähnlich wenig Freiraum für selbstbestimmtes Handeln wie die leblose Produktionsmaschinerie.

„Im Verein mit der toten Maschine ist sie an der Arbeit, das Gehäuse jener Hörigkeit der Zukunft herzustellen, in welche vielleicht dereinst die Menschen sich, wie die Fellachen im altägyptischen Staat, ohnmächtig zu fügen gezwungen sein werden, *wenn ihnen eine rein technisch gute und das heißt: eine rationale Beamtenverwaltung und -versorgung der letzte und einzige Wert ist, der über die Art der Leitung ihrer Anglegenheiten entscheiden soll."* (ebd.).

Um dies zu verhindern, um also die Chancen dafür zu erhöhen, dass sich die Menschen nicht auf Effizienz und Rationalität als wichtigste Kriterien für die Bewertung politischer Strukturen und Entscheidungen festlegen, plädiert Weber dafür, das System legaler Herrschaft um einige charismatische Elemente anzureichern. Demokratisierung und Parlamentarisierung, so wie von Weber gefordert, bringen an sich schon ein „*cäsaristische* Wendung der Führerauslese" (GPS: 393) mit sich. Die politischen Führer werden nicht mehr von Honoratioren oder Parteibeamten ausgewählt, sondern dadurch, dass es ihnen gelingt, das Vertrauen der Massen für sich zu gewinnen und Gefolgschaft aufgrund ihres Charismas zu beanspruchen. Diese Auswahlmechanismen stehen durchaus in gewisser Spannung zu einem rein parlamentarischen Auswahlverfahren, aber Weber hofft darauf, dass sich parlamentarische und cäsaristische Elemente vorteilhaft ergänzen: Das cäsaristische Moment ermöglicht es den Führern, an Partei- und Staatsbürokratien vorbei an die Macht zu gelangen, ohne sich dabei zu deformieren, das parlamentarische Prinzip kontrolliert sie, sobald sie diese Machtstellung erreicht haben. Weber ist sich nämlich sehr wohl darüber im Klaren, dass Demokratisierung den Politikertypus des *Demagogen* fördert, also eines Mannes, der „in den Mitteln der Umwerbung der Massen am unbedenklichsten ist" (GPS: 391). Gelangt ein Demagoge an die Spitze des Herrschaftsapparats, ist es besonders wichtig, dass ein Parlament existiert, welches ihn kontrollieren kann, welches die Einhaltung der Bürgerrechte überwacht und verteidigt, und welches ihn unblutig absetzen kann, wenn er das Vertrauen der Massen verloren hat.

Weber geht aber noch einen Schritt weiter: Nachdem Friedrich Ebert von der in Weimar tagenden Nationalversammlung am 11. Februar 1919 zum Reichspräsidenten gewählt worden war, meldet sich Weber in einem Zeitungsartikel mit der Forderung zu Wort, der künftige Reichspräsident müsse unbedingt direkt vom Volk gewählt werden („Der Reichspräsident", GPS: 498-501). Er ist auch hier durchaus damit einverstanden, die Machtbefugnisse eines plebiszitären Präsidenten einzuschränken, und die Fälle, in denen er „in die Reichsmaschine eingreifen kann" genau zu umgrenzen. Aber er argumentiert, nur ein durch die Mehrheit des Volkes legitimierter Reichspräsident könne die staatlichen Bürokratien sowie die Staatsspitzen der Länder (vor allem Preußens) in Schach halten, eine Regionen und soziale Schichten übergreifende Identifikationsfigur darstellen, sowie zumindest den Anstoß zu einer Generalüberholung des Parteiensystems geben, welches immer noch die Parteibeamten und -funktionäre begünstige. „Ein volksgewählter Präsident als Chef der Exekutive ... ist das Palladium der echten Demokratie, die nicht ohnmächtige Preisgabe an Klüngel, sondern Unterordnung unter selbstgewählte Führer bedeutet." (GPS: 501).

Einige der klassischen, immer wieder zitierten Passagen aus Webers Werk stammen aus der Schrift „Politik als Beruf", in der Weber unter anderem diskutiert, welche Eigenschaften diese gewählten Führer idealerweise haben sollten. Sie müssen vor allem über drei Qualitäten verfügen: über Leidenschaft, Verantwortungsgefühl und Augenmaß. Sie sollen sich leidenschaftlich der „Sache" hingeben, der sie sich verpflichtet fühlen, und die Verantwortlichkeit gegenüber ebendieser „Sache" zum entscheidenden „Leitstern ihres Handlens" machen. „Und dazu bedarf es – und das ist die entscheidende psychologische Qualität des Politikers – des *Augenmaßes*, ...also: der *Distanz* zu den Dingen und Menschen. ... Die 'Stärke' einer politischen 'Persönlichkeit' bedeutet in allererster Linie den Besitz dieser Qualitäten." (GPS: 546).[70]

Verantwortungsgefühl einer Sache gegenüber und Distanz auch zu sich selbst sind u.a. notwendig, um eine „Todsünde" des Politischen zu vermeiden, nämlich das Streben nach Macht um der Macht willen (oder um der Selbsterhöhung willen). „...(G)erade *weil* Macht das unvermeidliche Mittel und Machtstreben daher eine der treibenden Kräfte aller Politik ist, gibt es keine verderblichere Verzerrung der politischen Kraft als (...) jede Anbetung der Macht rein als solcher" (GPS: 547), das Machtstreben wird leer und sinnlos, wenn es nicht im Dienste der Durchsetzung von Inhalten steht. Das von Weber geforderte Verantwortungsgefühl darf sich allerdings nicht nur auf die eigene „Sache" richten, die man politisch durchsetzen möchte, sondern sollte politisches Handeln generell anleiten. Der Politiker darf nämlich nie vergessen, dass er mit dem Mittel der legitimen Gewaltsamkeit paktiert, und dass dies bestimmte Konsequenzen mit sich bringt: „Das spezifische Mittel der *legitimen Gewaltsamkeit* rein als solches in der Hand menschlicher Verbände ist es, was die Besonderheit aller ethischen Probleme der Politik bedingt." (GPS: 556) Es setzt den Politiker immer wieder paradoxen Situationen aus, die er nicht gesinnungsethisch auflösen kann nach der Maxime „Der Christ tut recht und stellt den Erfolg Gott anheim" (GPS: 551), sondern in denen er vielmehr alle ihm offen stehenden Handlungsoptionen abwägen muss hinsichtlich der Folgen, die sie mit sich bringen. Dies kann bedeuten, um des eigentlich angestrebten Friedens willen einen Krieg vorzubereiten, oder das Ziel weitestgehender Gerechtigkeit mit Hilfe eines Verwaltungsstabes anzustreben, den man nur durch ungerechte Bevorzugung auf seiner Seite halten kann, etc. Der Politiker, der seine Ziele durch politisches Handeln verwirklichen will, welches mit gewaltsamen Mitteln und unter Maßgabe verantwortungsethischer Prinzipien arbeitet, gefährdet, wie es Weber ausdrückt, „das Heil der Seele" (GPS: 558) und muss sich dessen bewusst sein. Nur so kann er erkennen, wenn er an einen Punkt angelangt, wo ihm Kompromisse tatsächlich nicht mehr möglich sind und er gerade auch aus verantwortungsethischer Perspektive nur noch sagen kann: Hier stehe ich, ich kann nicht anders. „Denn diese Lage muß freilich für *jeden* von uns, der nicht innerlich tot ist, irgendwann eintreten *kön-*

---

[70] Wir können es uns nicht versagen, hier auch noch die unmittelbar an dieses Zitat anschließende Feststellung wiederzugeben: „Einen ganz trivialen, allzu menschlichen Feind hat daher der Politiker täglich und stündlich in sich zu überwinden: die ganz gemeine *Eitelkeit*, die Todfeindin aller sachlichen Hingabe und aller Distanz, in diesem Fall: der Distanz sich selbst gegenüber."

nen. Insofern sind Gesinnungsethik und Verantwortungsethik nicht absolute Gegensätze, sondern Ergänzungen, die zusammen erst den echten Menschen ausmachen, den, der den ‚Beruf zur Politik' haben kann." (ebd.: 559).

Von dem so skizzierten idealen Politiker, der sich leidenschaftlich für seine Sache einsetzt und zugleich mit Verantwortungsbewusstsein und Augenmaß vorgeht, der genügend Machtwillen besitzt, um seine Partei und die Bevölkerung seinem Willen zu unterwerfen und zugleich die legalen Beschränkungen seines Handlungsspielraums (z.B. in Form parlamentarischer Kontrolle) akzeptiert, erhoffte sich Weber eine revolutionäre Erneuerung nicht nur des politischen Lebens in Deutschland. Charismatische Führungspersönlichkeiten würden nicht nur einen dringend benötigten politischen Neubeginn ermöglichen. Sie wären auch am ehesten in der Lage, Werte zu artikulieren, die nach der Niederlage im Krieg und den inneren Zerwürfnissen eine neue gesellschaftliche Solidarität inspirieren und tragen könnten, und ihre Lebensführung könnte für breitere Bevölkerungsschichten Vorbildcharakter gewinnen.

Webers Demokratieverständnis mutet aus heutiger Sicht zu mechanistisch und in gewisser Weise zu autoritär an. Er erkannte, dass sein Konzept eines plebiszitären Führers die „‚Entseelung' der Gefolgschaft, ihre geistige Proletarisierung" (GPS: 544) impliziert, aber er sah nur die Alternative „Führerdemokratie mit ‚Maschine' oder führerlose Demokratie, das heißt: die Herrschaft der ‚Berufspolitiker' ohne Beruf, ohne die inneren, charismatischen Qualitäten, die eben zum Führer machen." (ebd.). Die Einspeisung neuer Ziele und Werte ins politische System nicht von oben nach unten, sondern durch basisdemokratische Aktivitäten von unten nach oben lag jenseits seiner Vorstellungen. Bei der Beurteilung seiner Bürokratisierungsthese kann man unterschiedlicher Meinung sein: Einerseits lässt sich argumentieren, dass Weber ihre freiheitseinschränkenden Wirkungen deutlich überschätzte. Auch wenn Bürokratierückbau sich in der Tat als ein schwieriges Unterfangen erweist, sind bürokratische Apparate doch nicht so monolithisch, dass sie sich nicht gelegentlich selber in die Quere kommen, sich wechselseitig blockieren oder in ihren Wirkungen konterkarieren und so selber immer wieder Löcher in die von ihnen gewobenen Netze reißen. Andererseits hat sich aber auch gezeigt, dass bürokratische Herrschaftsstäbe zumindest für diejenigen, die durch politische Vorgaben bzw. Verwaltungsregeln diskriminiert oder exkludiert werden, in der Tat zu einem unentrinnbaren „stählernen Gehäuse" werden können.[71]

Aber auch wenn wir in Bezug auf die Möglichkeiten demokratischer Partizipation und in Bezug auf die Gefahren bürokratischer Expansion heute anderer Ansicht sind als Weber, sind die Fragen, die im Mittelpunkt seiner (tages-)politischen

---

[71] Erinnert sei hier nur an Zygmunt Baumans Argumentation in *Dialektik der Ordnung* (1992), wo er zeigt, wie unverzichtbar die leistungsfähige, moderne deutsche Bürokratie für die Organisation und Durchführung des Holocaust war.

Überlegungen standen, heute immer noch oder auch wieder hochaktuell: Auf welche Ziele soll sich staatliches Handeln ausrichten? Wieviel Macht wollen wir in staatlichen Institutionen konzentrieren? Wie lässt sich verhindern, dass politische Macht so diffundiert, dass keine „Machthaber" mehr identifiziert werden können? Oder, anders gewendet: Wie gelingt es, politische Verantwortlichkeit offenzulegen und einzuklagen?[72] Und schließlich: Welchen obersten Werten und Zielen ist unser politisches Handeln verpflichtet, und welche Mittel sind wir bereit dafür einzusetzen? Webers politische Schriften zeigen uns, was es bedeutet, derartige Fragen radikal und grundlegend zu erörtern.

Weiterführende Literaturhinweise

Will man sich näher mit Max Webers politischen Schriften und ihrer Zeitdiagnose beschäftigen, sind die zahlreichen Beiträge, die Wolfgang Mommsen zu diesem Thema geleistet hat, nach wie vor äußerst hilfreich. Da Mommsen schon in den Literaturhinweisen zum Einführungskapitel ausführlicher vorgestellt wurde, wollen wir hier nur noch einige Anmerkungen speziell zu seinen Studien über Webers zeitdiagnostische Schriften hinzufügen. In seinem großen Werk *Max Weber und die deutsche Politik 1890-1920*, das 1959 veröffentlicht wurde und heute in einer überarbeiteten und verbesserten dritten Auflage vorliegt, bettet Mommsen Webers politische und wissenschaftliche Entwicklung in ihren zeithistorischen Kontext ein. Das dadurch gelieferte Hintergrundwissen ist unerlässlich für die Erschließung des Entstehungszusammenhangs der politischen Texte Webers, die ja häufig sehr stark von den „Forderungen des Tages" geprägt sind, die Anlass ihres Entstehens waren. Allerdings ist auch Mommsens Buch selbst geprägt durch seinen Entstehungskontext, den Mommsen in seinem Vorwort zur zweiten Auflage folgendermaßen charakterisiert: „Es wurde geschrieben in einer Situation, in der es darum ging, sich mit den großen Katastrophen der jüngeren deutschen Vergangenheit, insbesondere dem Aufstieg und der Herrschaft des Nationalsozialismus, kritisch auseinanderzusetzen und die geistigen und moralischen Grundlagen für eine starke und stabile deutsche Demokratie zu legen." (Mommsen 2004: XI) Mommsen teilte die damals in Historikerkreisen vorherrschende Einschätzung, das Dritte Reich und der Holocaust seien zumindest auch ein Resultat der scheinbaren Wertneutralität der Weimarer Verfassung. Daher entschied er sich dafür, „Weber vom Standpunkt einer wertrational verstandenen demokratischen Ordnung zu deuten und demgemäß an bestimmten Punkten zu kritisieren." (ebd.: XII) Das er vor dem Hintergrund dieser

---

[72] Erinnern wir uns: laut Weber lässt sich Macht nicht „reduzieren" oder abbauen. Wenn eine Institution oder Person Macht aus den Händen gibt, wird diese sofort von anderen genutzt.

Entscheidung an Weber vieles (hart) zu kritisieren fand, dürfte nicht überraschen: Weber selber war ja, wie wir zeigten, kein Verfechter von Demokratie als normativ ausgezeichneter Regierungsform. Bei aller Differenziertheit der Analyse erscheint Weber aus Mommsens Perspektive als Teil einer deutschen politischen Tradition, die letztendlich in Hitlers Herrschaft, dem Dritten Reich und dem Holocaust mündete.

Mommsen selbst ist sich, wie schon die angeführten Zitate deutlich machen, der Zeitgebundenheit seiner ursprünglichen Analyse durchaus bewusst und hat versucht, sie in seiner Überarbeitung des Buches zumindest zu lockern. Kilker, der sich kritisch mit Mommsens Weber-Interpretation auseinandersetzt, bescheinigt ihm bei diesem Bemühen nur eingeschränkten Erfolg. Darüber hinaus kritisiert er auch inhaltliche Fehler sowie ein gewisses Unvermögen Mommsens, seinen Anspruch, Webers wissenschaftliche und politische Arbeiten zu integrieren, auch tatsächlich einzulösen, und schlägt eine Interpretation von Webers Demokratietheorie vor, die von der Mommsens signifikant abweicht: Er nimmt Webers Äußerungen zum Nationalismus nicht als Ausdruck eines unbedingten, chauvinistischen Hochhaltens der eigenen Nation, sondern sucht nach den politischen, moralischen und kulturellen Motiven, die hinter Webers Verteidigung des nationalen Machtstaats stehen. Und er bewertet Webers Ansichten zur plebiszitären Demokratie nicht vom Standpunkt eines naturrechtlich gestützten Demokratieverständnisses aus, sondern setzt sich mit Webers theoretischen und empirischen Thesen werksimmanent auseinander. Als Ergänzung zur Lektüre von Mommsen (2004) ist Kilkenny aber nicht zuletzt deshalb zu empfehlen, weil er uns für die Spuren sensibilisiert, die seine ursprüngliche Standortgebundenheit in diesem Standardwerk hinterlassen hat.

Im weiteren Verlauf seiner wissenschaftlichen Karriere hat Mommsen seine Einschätzung von Webers politischer Soziologie zumindest modifiziert. Das wird bereits in den Beiträgen deutlich, die er unter dem Titel *Max Weber. Gesellschaft, Politik und Geschichte* publizierte (dieser Band wurde bereits am Ende des Einleitungskapitels vorgestellt). Gut sichtbar werden die Revisionen, die er vorgenommen hat, auch in seinem Beitrag zu dem 1989 von Johannes Weiß herausgegebenen Buch über *Max Weber heute*. Hier liefert er neben einer knappen und gleichzeitig erhellenden politischen Biographie Webers eine Rekonstruktion der seiner Meinung nach zentralen Fragen, die Weber mit seinen politischen Schriften zu lösen versuchte, und schildert Weber letztendlich als einen Liberalen, der die Gefährdung liberaler Freiräume und Prinzipien tief empfand und durch notfalls radikale Methoden davon retten wollte, was nur irgend möglich war.

Als aktuelle Studie zu Webers politischer Soziologie und zu seiner Zeitdiagnose sei auf Stephan Eggers Schrift über *Herrschaft, Staat und Massendemokratie* verwiesen. Eggers liest Webers Arbeiten ganz wesentlich als Beiträge zu einer „Wissenschaft vom Menschen" und sieht daher Webers politische Soziologie von der Frage danach angetrieben, *wie* die unterschiedlichen Herrschaftstypen auf den Habitus, die

Seelenlage, die Lebenshaltung der ihnen unterworfenen Menschen einwirken. Er arbeitet heraus, dass auch in den politischen Schriften das Verhältnis von „Persönlichkeit und Lebensordnungen" im Mittelpunkt steht, und seine Interpretation der politischen Soziologie Webers folgt der (von uns im Wesentlichen geteilten) These, dass „das letzte Maß der Fragen, um die sich Webers Herrschaftslehre dreht, (...) die modernen ‚Kulturbedingungen' (sind), (...) die historische Macht, die Prägekraft von Herrschaftsverhältnissen an der ‚Lebensführung'." (Egger 2006: 80f.). Kapitalismus und Anstaltsstaat, die „Zuchtmeister der Neuzeit", entfalten je eine spezifische Art des Zwanges. Angesichts ihrer Unzerstörbarkeit und Unhintergehbarkeit sieht Egger Webers Überlegungen zur Massendemokratie wesentlich von der Frage danach geprägt, wie sich angesichts dieser Zwangsanstalten individuelle Freiheit und Spielräume für autonomes Handeln überhaupt noch aufrechterhalten lassen.

Der Frage, was sich heute noch mit Max Webers Staatssoziologie anfangen lässt, gehen die Beiträge nach, die Andreas Anter und Stefan Breuer in ihrem 2007 herausgegebenen Band *Max Webers Staatssoziologie* versammelt haben. Sie gruppieren sich in drei Teile. Der erste beschäftigt sich mit Webers Staatsverständnis, und hier ist neben den Aufsätzen von Anter und Breuer selbst vor allem Catherine Colliot-Thélènes Diskussion des Monopols der legitimen Gewalt hervorzuheben. Ein zweiter Teil beschäftigt sich mit dem Zusammenhang von Staat, Recht und Nation bei Weber, der dritte Teil schließlich mit der heutigen Fruchtbarkeit von Webers Begriffen der Bürokratie, der Demokratie und des Charismas.

"Daraus wollen wir die Lehre ziehen: daß es mit dem Sehnen und Harren allein nicht getan, und es anders machen: an unsere Arbeit gehen und der »Forderung des Tages« gerecht werden..." (WL: 613)

Webers Wissenschaftsverständnis

Wissenschaft als Beruf

Nachdem das vorige Kapitel, welches sich mit Weber als politisch interessiertem und aktivem Menschen beschäftigte, mit seinen Überlegungen zu „Politik als Beruf" endete, erscheint es nur angemessen, dieses Kapitel, welches sich seinem Wissenschaftsverständnis widmet, mit seinen Ausführungen zu „Wissenschaft als Beruf" (WL: 582-613) zu beginnen. Auch diesem Text liegt ein Vortrag zugrunde, den Weber 1919 vor Studenten hielt; auch dieser Text beschäftigt sich damit, was es heißt, eine ganz bestimmte Art der Tätigkeit zu seinem *Beruf* zu machen: In welchem institutionellen Umfeld bewegt man sich? Welche Charaktereigenschaften sollte man mitbringen? Und schließlich: Welche berufsfeldspezifischen Paradoxa muss man aushalten können?

Für das institutionelle Umfeld gilt, was für nahezu alle öffentlichen Bereiche in modernen Staaten gilt: Es verbürokratisiert sich. Und dies bedeutet auch hier: Die für die Ausübung des Berufes „Wissenschaftler" nötigen Mittel und Ressourcen sind nicht mehr Eigentum des Wissenschaftlers, sondern des Staates. Zu Webers Zeiten traf das vor allem für die medizinischen, naturwissenschaftlichen und technischen Felder zu, Weber selber aber prognostizierte bereits, dass diese Entwicklung auf alle Fächer übergreifen werde. Die von ihm konstatierten Folgen: Die „technischen Vorzüge" dieser Transformation der Universität in einen bürokratisierten Betrieb erscheinen so gewichtig, dass sie den Wandlungsprozess noch weiter beflügeln. Die Leiter der zunehmend größeren Institute werden zu „Wissenschaftsunternehmern", die Angestellten dieser Institute werden durch die Abhängigkeit vom Institutsdirektor in ihrer wissenschaftlichen Autonomie eingeschränkt und ökonomisch in eine prekäre, „proletaroide" Existenz gedrängt (WL: 584).[73] Dazu kommt, dass die Laufbahn eines Wissenschaftlers nicht nur von seiner Leistungsfähigkeit, sondern auch sehr stark vom Zufall abhängt, da sie zum einen den Unzulänglichkei-

---

[73] Diese schon von Weber beobachtete Tendenz hat sich gerade in letzter Zeit durch die Förderung der Drittmittelforschung zu Lasten der grundfinanzierten Forschung noch einmal verstärkt.

ten kollektiver Willensbildung ausgesetzt ist und zum anderen die Doppelqualifikation als guter Lehrer und Forscher verlangt – also von Fähigkeiten, die nicht unbedingt Hand in Hand gehen. Angesichts dieser „äußeren Bedingungen des Gelehrtenberufs" stellte Weber fest: „Das akademische Leben ist also wilder Hasard. Wenn junge Gelehrte um Rat fragen kommen wegen Habilitation, so ist die Verantwortung des Zuredens fast nicht zu tragen." (WL: 588)

Falls man sich aber trotz dieser widrigen Rahmenbedingungen für den Beruf des Wissenschaftlers entscheidet – welche Eigenschaften sollte man dafür mitbringen? Zunächst einmal muss man akzeptieren können, dass die Wissenschaft nicht nur ins Zeitalter der Betriebsförmigkeit, sondern auch in das Zeitalter der Spezialisierung eingetreten ist. Dies bedeutet unter anderem, sich – und den Horizont der eigenen Fragestellung – zu beschränken, wenn man Forschungsergebnisse produzieren will, die zumindest eine Zeitlang überdauern. Man muss in der Lage sein, sich auf einen sehr kleinen Ausschnitt der Wirklichkeit zu konzentrieren und sich ihm mit leidenschaftlicher Hingabe zu widmen.[74] Neben der Leidenschaft für den Beruf bedarf es in der Wissenschaft wie in der Politik des Augenmaßes, auch wenn dessen Funktion hier eine etwas andere Ausrichtung hat: Während Augenmaß den Politiker u.a. davor bewahren soll, seine eigene Person zu wichtig zu nehmen, kann es beim Wissenschaftler dazu beitragen, ihn vor Verbitterung zu bewahren, wenn er beobachten muss, dass „Jahr um Jahr Mittelmäßigkeit nach Mittelmäßigkeit über [ihn] hinaussteigt" (WL: 588). Und schließlich muss der Wissenschaftler, ebenso wie der Politiker, verantwortungsvoll mit den Paradoxien seines Berufes umgehen. Die Paradoxien des wissenschaftlichen Feldes ergeben sich allerdings nicht wie die des politischen Feldes primär aus den *Mitteln*, die zum Einsatz kommen, sondern vielmehr aus dem *Ziel* wissenschaftlichen Arbeitens.

Das Nachdenken über den *Sinn* von Wissenschaft nimmt bei Weber seinen Ausgang von der Feststellung, dass wissenschaftliches Arbeiten dem Fortschrittsprinzip unterworfen ist. Jedes Ergebnis führt zu neuen Fragen, gibt Anlass zu neuen Studien, fordert Prüfung, Differenzierung, gegebenenfalls Widerlegung. Wissenschaftliche Werke können durchaus Jahrhunderte überdauern – aufgrund ihrer künstlerischen Qualitäten, als wissenschaftshistorisch interessante Dokumente, als exemplarische Studien. Aber ihr *wissenschaftlicher* Gehalt veraltet zwangsläufig. „Wissenschaftlich überholt zu werden ist – es sei wiederholt – nicht nur unser aller Schicksal, sondern unser aller Zweck. Wir können nicht arbeiten, ohne zu hoffen, das andere weiter kommen als wir. Prinzipiell geht dieser Fortschritt in das Unendliche." (WL: 592f)

---

[74] „Und wer also nicht die Fähigkeit besitzt, sich einmal sozusagen Scheuklappen anzuziehen und sich hineinzusteigern in die Vorstellung, daß das Schicksal seiner Seele davon abhängt: ob er diese, gerade diese Konjektur an dieser Stelle dieser Handschrift richtig macht, der bleibe der Wissenschaft nur ja fern." (WL: 598)

Aus welcher Motivation heraus wählt man sich nun einen Beruf, der einen permanent mit der Flüchtigkeit von Erkenntnis, mit der Zeitgebundenheit von Einsicht konfrontiert? Ein mögliches Motivbündel ist praktischer Art. Man sucht nach wissenschaftlicher Erkenntnis, um die Praxis menschlichen Handelns besser anleiten zu können, um effizienter produzieren zu können, um „geschäftliche oder technische Erfolge herbeiführen" (WL: 593) zu können. Eine derartig gelagerte Motivationsstruktur kennzeichnet laut Weber aber eher den „Praktiker" denn den Wissenschaftler. Dieser beanspruche nämlich für sich, die Wissenschaft nicht als Mittel zu einem anderen Zweck, sondern als Selbstzweck, um ihrer selbst willen zu betreiben. Und dieses Selbstverständnis wirft dann für Weber eine sehr grundlegende Frage auf. „Was glaubt [der Wissenschaftler] denn aber Sinnvolles damit, mit diesen stets zum Veralten bestimmten Schöpfungen, zu leisten, damit also, daß er sich in diesen fachgeteilten, ins Unendliche laufenden Betrieb einspannen läßt?" (ebd.)

Diese Frage lässt sich nur beantworten, wenn man sie zunächst erweitert zur Frage danach, was Wissenschaft nicht nur für den Wissenschaftler, sondern für die Menschheit insgesamt bedeutet. Sie ist, so Weber, ein wichtiger Bestandteil des jahrtausendealten *Intellektualisierungs-* und *Rationalisierungsprozesses*, der unsere technischen Möglichkeiten stetig erweitert, unser Handeln effektiver und effizienter macht, immer mehr Bereiche der Natur unserer Verfügungsgewalt unterwirft. Die Bezeichnung „unser" bezieht sich hier auf das Gattungswesen *Mensch*, nicht auf einzelne Individuen. Auf individueller Ebene bewirkt der Intellektualisierungsprozess nämlich keineswegs notwendigerweise, dass der Einzelne die Bedingungen, unter denen er lebt, besser durchschaut, dass ihm seine (belebte oder unbelebte) Umwelt transparenter ist als zu früheren Zeiten. Er bewirkt nur den Glauben daran, dass grundsätzlich alles erklärbar sei, dass es für alle Phänomene des Alltags jemanden gebe, der einem über ihr genaues Funktionieren Auskunft geben könne (wenn nicht schon jetzt, dann, aufgrund des Fortschrittsprinzips, in absehbarer Zukunft), dass, kurz gesagt, keine geheimnisvollen, mysteriösen Mächte (mehr) existieren, die unser Handeln beeinflussen, sondern dass alle Dinge durch Berechnung planbar, beherrschbar, kontrollierbar seien. Der Intellektualisierungsprozess *entzaubert* die Welt, und die Wissenschaft trägt als „Glied und Triebkraft" (WL: 594) des Fortschritts zur Entzauberung bei.

Die Frage nach dem *Sinn* des Fortschrittsprozesses lässt sich ebenfalls durch die Jahrhunderte verfolgen, sie ist vermutlich so alt wie die Fortschrittserfahrung selbst; und mit ihr verbunden ist ebenfalls schon sehr lange die Frage nach dem „Beruf der Wissenschaft innerhalb des Gesamtlebens der Menschheit" (WL: 595). Die Antworten auf diese Frage fielen sehr unterschiedlich aus. Weber erinnert unter Bezug auf Platons Höhlengleichnis daran, dass die klassische griechische Philosophie davon ausging, mit dem *Begriff* ein Erkenntnismittel gefunden zu haben, welches einen zum wahren Sein der Dinge, zum wahren Verständnis der Tugenden, und damit zum richtigen Handeln führen könne. Die Renaissance entdeckte das

„zweite große Werkzeug wissenschaftlicher Arbeit": das Experiment. Es sollte den Weg zur „wahren Natur" weisen, und über die Erkenntnis der Natur erhoffte man sich Erkenntnis über ihren Schöpfer (also Gott) und damit indirekt über den Sinn des irdischen Daseins. Die Moderne ist, so Weber, davon gekennzeichnet, dass all diese Hoffnungen erloschen, all diese Illusionen versunken sind. Kaum jemand glaubt mehr daran, dass Wissenschaft den „'Weg zum wahren Sein', 'Weg zur wahren Kunst', 'Weg zur wahren Natur', 'Weg zum wahren Gott', 'Weg zum wahren Glück'" (WL: 598) weisen könne. Auf die für den Menschen als Kulturwesen zentrale Frage danach, wie er leben, was er tun solle, kann sie keine Antworten liefern (und dies um so weniger, je weiter sie „fortgeschritten" ist). Aber ist das Verhältnis von Wissenschaft und (Lebens-)Sinn tatsächlich ein ausschließlich negatives?

Hier unterscheidet Weber zwischen den Naturwissenschaften (in einem sehr weiten Sinn) und den Kulturwissenschaften. Die Naturwissenschaften setzen voraus, dass ihre Erkenntnisziele sich auf „wissenswertes Wissen" richten, und sie klammern die Sinnfrage ein. Weber veranschaulicht das am Beispiel der Medizin. Die Forschungsbemühungen der Ärzte richten sich darauf, Mittel zu finden, um menschliches Leben zu verlängern und menschliches Leiden zu verringern. Dieses Ziel selbst steht nicht zur Diskussion, sondern wird als selbstverständliche Grundlage der Disziplin vorausgesetzt. Wird es doch einmal problematisiert, wie z.B. in den Debatten um Sterbehilfe, werden diese typischerweise nicht dem medizinischen, sondern dem ethischen Feld zugerechnet. Der Physiker geht davon aus, dass das Ziel seiner Disziplin die verbesserte Kenntnis und Anwendung von Naturgesetzen ist; ob es sinnvoll ist, dass die Welt so existiert, wie sie existiert, und ob es sinnvoll ist, sie in ihrem „Sosein" zu beschreiben, liegt außerhalb seines Blickfeldes.[75] Diese Wissenschaften können also bestenfalls den Sinn *ihrer* Existenz tradieren (der „Sinn" der Medizin wird seit Hunderten von Jahren durch den Eid des Hippokrates weitergegeben). Als Teil des Entzauberunsprozesses zerstören sie häufig Annahmen über die Bedeutung ihres Gegenstandes in der Welt (z.B. der Gesetze als Ausdruck göttlichen Willens), ohne dafür neuen Sinn schöpfen zu können.

In dem empirischen Kulturwissenschaften stellt sich die Sachlage etwas anders dar. Sie müssen sich explizit mit der „Sinnfrage" auseinander setzen, da ihnen nämlich ein die gesamte Disziplin verpflichtender Konsens über die Erkenntnisziele und damit über das „wissenswerte Wissen" fehlt. Die Kriterien für die Abgrenzung von *interessantem* und *uninteressantem* Wissen können sich daher nur den Wertstandpunk-

---

[75] Ein ähnliches Verhältnis zu ihrem Erkenntnisgegenstand haben Wissenschaften wir die Ästhetik und die Rechtswissenschaften, sofern sie sich nicht mit der Frage beschäftigen, ob es sinnvoll ist, dass es Kunst, dass es Recht gebe, sondern sich damit begnügen, existierende Kunst- bzw. Gesetzeswerke zu beschreiben, zu analysieren, zu systematisieren.

ten der einzelnen Forscher (oder Forschergemeinden) verdanken.[76] Dies führt dazu, dass Werte, Bewertungen, Interpretationen und damit die Sinndimension auf (mindestens) zwei Ebenen eine Rolle spielt: auf der Ebene der Akteure, deren Handeln die Wissenschaft untersucht (und, im Falle der Soziologie, in seinem „subjektiv gemeinten Sinn" zu erfassen sucht), und auf der Ebene des Wissenschaftlers selbst, der aus dem endlosen „Strom des unermeßlichen Geschehens" (WL: 184) kraft der Wertideen, die er selbst an den Stoff heranträgt, „einen winzigen Bestandteil als das heraus[hebt], auf dessen Betrachtung es ihm allein ankommt" (WL: 181). Bevor wir diskutieren, was sich aus dieser Ebenenverschränkung für das Verhältnis der empirischen Kulturwissenschaft zur Sinndimension ergibt, wollen wir illustrieren, wie Weber selber damit umging.

Max Webers Diagnose

Max Weber genügte es nicht, wie der erste Abschnitt suggerieren könnte, eine fulminante Kritik wissenschaftlicher Praxis zu formulieren; vielmehr suchte er mit und durch sein Werk eine Soziologie positiv zu entwickeln, die sich weder in metaphysischen Spekulationen noch in empiristischen Verstrickungen verlor. Diese Wissenschaft bezeichnete er als eine Wirklichkeitswissenschaft und ihr Gegenstand sollte eben die Wirklichkeit (der Menschen) sein. Entscheidend für die daran Beteiligten ist auch hier die Frage nach der Sinnhaftigkeit des eigenen Tuns und eben nicht wie aufgezeigt: die Suche nach allgemeinen Gesetzmäßigkeiten. Diese Frage wird für Weber vor allem virulent, wenn es darum geht, denjenigen oder diejenigen vom Sinn der Wissenschaft zu überzeugen, welche weniger an theoretisch-reflektiertem Wissen interessiert sind, sondern vielmehr an etwas, was er „praktische Stellungnahme" nennt. Sinngebung und Stellungnahme sind für Weber ineinander verwobene Momente des Sich-zur-Welt-Verhaltens der Menschen und der Zeitkontext, in dem er lebte und arbeitete, zeichnete sich für ihn ja vor allem durch eine immer stärker sichtbar werdende Pluralität, aber auch Konflikthaftigkeit von Wertsphären aus. Die Zeiten der Dominanz von religiösen Sinngebungen war für ihn unwiederbringlich vorbei und Wissenschaft war und ist für ihn nicht in der Lage hierfür Kompensation zu bieten. Das ist für ihn „das Schicksal der Zeit", dem sich der Einzelne entweder stellt oder ansonsten besser aus der Öffentlichkeit abtritt. Was hat die Wissenschaft also jemandem zu sagen, dessen eigentliches Anliegen es ist, sich zu (s)einer Wirklichkeit aktiv zu verhalten?

---

[76] Erinnert sei hier an die in Webers Freiburger Antrittsvorlesung formulierte Kritik an den Wirtschaftswissenschaften, die häufig suggerierten, die Kriterien für ihre Erkenntnisinteressen und -ziele seien innerwissenschaftlich generiert und validiert.

In der bereits angeführten Rede zu „Wissenschaft als Beruf" reagiert Weber genau auf diese Herausforderung, gerade weil er einem Publikum gegenüberstand, welches nicht nur jung, sondern eben auch in einem zeitgeschichtlichen Kontext verortet war, der den Einzelnen zur Stellungnahme herausforderte.[77] Die Stellungnahme selbst lässt sich durch Wissenschaft weder begründen noch legitimieren, dies war das Ergebnis, mit welchem Weber sein Publikum konfrontierte. Dann steht die Frage im Raum, mit der er zu einer Skizzierung der Aufgaben von Wissenschaft anhebt: „wenn dem so ist, was leistet denn nun eigentlich die Wissenschaft Positives für das praktische und persönliche »Leben«?" (WL: 607). Was er dann nennt: Techniken der Lebensbeherrschung, Methoden des Denkens und Klarheit mag auf den ersten Blick für jeden halbwegs ambitionierten und von der Wichtigkeit des eigenen Tuns überzeugten Sozialwissenschaftler enttäuschend klingen. Hierbei sollte man jedoch gleichzeitig nicht den Kontext vergessen, in dem Weber diese Ausführungen zu „Wissenschaft als Beruf" machte. Ihm ging es ja auch darum, die Wissenschaft vor seines Erachtens unzulässigen Zumutungen und Missbräuchen zu schützen, die ihr nachhaltigen Schaden zufügten. Wir hatten jedoch bereits oben mehrfach darauf verwiesen, dass Webers dritter Punkt, Klarheit, eine unseres Erachtens wichtige Herausforderung darstellt. Klarheit in einer Wirklichkeit zu erlangen, wie sie uns im Werk Max Webers gegenübertritt, bedeutet ein ständiges Ringen und Bemühen und dementsprechend hoch sind die Anforderungen, die Weber an den (akademischen) Lehrer stellt: „...Klarheit und Verantwortungsgefühl zu schaffen..." (ebd.: 608).

Ihren herausfordernden Charakter erhält diese Aufgabenbeschreibung allein schon dadurch, dass wir uns mit Weber in einer Wirklichkeit bewegen, die weder eindeutig ist noch die Möglichkeit beinhaltet über „letzte Zwecke" ein eindeutiges und allgemeinverbindliches Urteil zu fällen. Der „ewige Kampf der Götter" heißt übersetzt ja vor allem eins: die letzten Werte und Zwecke, denen sich Menschen verpflichten, lassen sich auch wissenschaftlich nicht gegeneinander abwägen, sondern dem je Einzelnen verbleibt die Zumutung sich zu entscheiden. Die Stellungnahme zu den praktischen Anforderungen des Lebens liegt in der Verantwortung des Einzelnen; die Wissenschaft kann (und soll) die aus dieser Entscheidung resultierenden Notwendigkeiten und Konsistenzen aufzeigen.

Die Auflösung allumfassender Verbindlichkeiten, konfrontiert die Sozialwissenschaften in Webers Augen mit der zunehmenden Verpflichtung sich den möglichen Wertstandpunkten forschend zu nähern. Siegfried Landshut drückte diesen Sachverhalt in prägnanter Weise in seinem bekannten Text von 1930 „Max Webers geistesgeschichtliche Bedeutung" folgendermaßen aus: „Jeder mögliche ethische oder weltanschauliche Standpunkt wird nun selbst zum Thema der Motivations-

---

[77] Der gerade beendete I. Weltkrieg und die damit einhergehende und darauf folgende Delegitimierung politischer Instanzen sowie die gleichzeitige desaströse ökonomische Situation war der Hintergrund, vor dem Max Weber seine Rede zu „Wissenschaft als Beruf" hielt. (vgl. hierzu Löwiths Text zur Rede).

Analyse und auf die Bedingungen seiner Möglichkeit und die praktischen Auswirkungen seiner Forderungen hin zur Klarheit gebracht. (...) Die Wissenschaft wird zu derjenigen Instanz, deren menschliche Bedeutung gegenüber der Anarchie aller überkommenen weltanschaulichen, ethischen oder politischen Postulate gerade in ihrer völligen Freiheit liegt, die das erkennende Subjekt zwingt, sich gleichsam freischwebend in sich selbst zu halten." (Landshut 1969: 124f.).

Hier liegt auch der Ansatzpunkt für ein Verständnis dessen, was unter dem Begriff der *Werturteilsfreiheit* immer wieder zu Kontroversen und Missverständnissen geführt hat und führt. Zwischen Werten, so lesen wir in Webers Aufsatz vom „Sinn der Wertfreiheit in den soziologischen und ökonomischen Wissenschaften" (WL: 489ff.), handelt es sich „letztlich überall und immer wieder nicht nur um Alternativen, sondern um unüberbrückbar tödlichen Kampf, so wie zwischen »Gott« und »Teufel«" (ebd.: 507). Es sind nur: Wahl und Kompromiss, was Weber als Schlichtungen benennt; „(e)s gibt keinerlei (rationale oder empirisches) wissenschaftliches Verfahren irgendwelcher Art, welches hier eine Entscheidung geben könnte" (ebd.: 508). Die damit deutlich markierte Position von Weber wurde auch und gerade durch Vertreter der „Kritischen Theorie" immer wieder zurückgewiesen. Jürgen Habermas etwa formulierte in seiner Schrift über „Legitimationsprobleme im Spätkapitalismus": „Wenn die Wahrheitsfähigkeit praktischer Fragen zwingend bestritten werden könnte, wäre die von mir vertretene Position unhaltbar" (Habermas 1973: 139f.) und zielte damit indirekt auch auf Max Weber. Habermas pocht auf dem Vorhandensein von Möglichkeiten der rational begründeten Einigung von normativ strittigen Fragen. In seinem Diskussionsbeitrag auf dem 15. deutschen Soziologentag (1964) zu einem Referat von Talcott Parsons („Wertfreiheit und Objektivität") skizziert Habermas einerseits sein Weberverständnis und gibt hierbei andererseits Hinweise, wo die dezidierten Unterschiede beginnen. Er unterscheidet hierfür eine *wissenschaftstheoretische* und eine *wissenschaftspolitische* Dimension von Wertfreiheit und betont die Notwendigkeit, die Wertfreiheitsproblematik in den Kontext Weber'scher Zeitdiagnose einzustellen. „Webers philosophische Antwort: dezisionistische Selbstbehauptung inmitten einer rationalisierten Welt; seine politische Antwort: Spielraum für den willensintensiven und machtinstinktiven Führer..." (Habermas 1982: 83). Webers Zurückweisung von Ansprüchen an die Wissenschaft, den Menschen bei der Beantwortung von Sinnfragen zu helfen bzw. überhaupt helfen zu können, wird von Habermas sehr genau gesehen, allein: er weist die Schlussfolgerung zurück, die Max Weber hieraus zog. Webers klares Diktum, dass Wissenschaft sich in ihren Erkenntnisbeiträgen strikt beschränken muss, ist für Habermas nicht zuletzt aufgrund der von ihm benannten politischen Implikationen nicht akzeptabel.

In einem Text über „Aspekte der Handlungsrationalität" (1977) unternimmt Habermas den Versuch Webers Handlungsmodell systematisch in seine Konzeption einer „kommunikativen Handlungstheorie" zu integrieren. Unter Bedingungen der Moderne, in der „Situationswahrnehmungen" und „Bedeutungszuschreibungen" nicht mehr aus geltenden Traditionen heraus erfolgen, sind die Subjekte, so Habermas, dazu gezwungen derartige „Gemeinsamkeiten" zu erzeugen.[78] Diesen auf Verständigung abzielenden Handlungsmodus nennt Habermas *kommunikatives Handeln* und sieht hierin einen – neben dem instrumentellen Handeln – zweiten Handlungsmodus, der es den Subjekten ermöglicht auf der Basis rationaler Argumentation zu dann verpflichtenden normativen Regelungen zu gelangen. Dieser Verpflichtungscharakter zielt auf das, was bei Weber *Stellungnahme* heißt. Mit dieser Grundanlage seiner Theorie erweitert Habermas im Vergleich zu Weber den Bereich dessen, worum sich Wissenschaft bemühen kann und sollte, auf die Analyse, Kritik und Mitarbeit an der Erzeugung von „kommunikativen Handlungskontexten".

Einen solchen Schritt würde Weber nicht mitgehen. Das was in solchen Situationen aufeinander trifft ist für Weber nur im Bereich der Sinngebung intersubjektiv bestimmbar, nicht jedoch auf der Dimension der Stellungnahme. Der Verpflichtungscharakter des von Habermas ausgearbeiteten (normativen) Modells eines „herrschaftsfreien Diskurses" kann genau dann „funktionieren", wenn sich die Subjekte (wie in anderen Fällen auch) dem Diktat der rationalen Argumentation unterwerfen. Natürlich sieht jemand wie Habermas die Gefahr dieses Paternalismus und versucht sie durch eine spezifische Form der Rückbindung an eine „gemeinsam geteilte Kultur" einzuhegen. In seiner Auseinandersetzung mit dem Philosophen John Rawls und dessen Gerechtigkeitstheorie weist er den Philosophen insofern eine nicht-paternalistische Rolle zu, indem er sie an „das intersubjektiv geteilte Hintergrundwissen einer liberalen Kultur" (Habermas 1996: 121) rückbindet. Jedoch muss dieses Hintergrundwissen die entsprechende Perspektive eben bereits aufweisen. Das stellt die conditio sine qua non dar ohne die jenseits der für Habermas subjektiv bleibenden ethischen Diskurse kein Weg zu allgemeinverbindlichen Antworten auf moralische und politische Fragen führen würde.[79] Habermas geht damit konsequent von der Ermittlung zur Vermittlung über, wohingegen Max Weber in der Möglichkeit zur Stellungnahme als Ergebnis einer Wertdiskussion den eigentlichen Zielpunkt sieht. Ihm geht es um das menschliche Handeln und „dessen wirkliche letzte Motive" (WL: 503). Nicht zur Akzeptanz des anderen Wertstand-

---

[78] „In einer normativ nicht hinreichend integrierten Handlungssituation müssen die Beteiligten durch Interpretation versuchen, zu einer tragfähigen Überlappung ihrer verschiedenen Situationsdefinitionen zu gelangen." (Habermas 1984: 465).

[79] Man findet an dieser Stelle ein Argument, welches sehr deutlich darauf abzielt, bestimmte Konsequenzen in ihrer Notwendigkeit zu formulieren, wenn man Interesse an einer bestimmten Form von moralischem Konsens hat: „Der Begriff der praktischen Vernunft kann offenbar nicht moralisch entkernt, die Moral nicht in die black box der Weltbilder abgeschoben werden. (…) Es scheint kein Weg daran vorbeizuführen, den moralischen Gesichtspunkt mit Hilfe eines (dem Anspruch nach) kontextunabhängigen Verfahrens zu erklären." (Habermas 1996: 124f.)

punktes muss man hierbei gelangen. „Sondern mindestens ebenso leicht, oft mit weit höherer Wahrscheinlichkeit, zu der Erkenntnis: daß, warum und worüber, man sich nicht einigen könne. Gerade diese Erkenntnis ist aber eine Wahrheitserkenntnis und gerade ihr dienen »Wertungsdiskussionen«. Was man auf diesem Weg ganz gewiß nicht gewinnt (…), ist irgendeine normative Ethik oder überhaupt die Verbindlichkeit irgendeines »Imperativs«." (ebd.). Man könnte sagen: Max Weber macht bis zur letzten Konsequenz Ernst mit seiner Diagnose der „Entzauberung der Welt". Das heißt dann eben auch, dass es keine irgendwie begründete oder begründbare gemeinsame Grundlage gibt, die der Kontingenz des Handelns irgendwie entzogen ist. So wie die „wirklich letzten Motive" sich in ihren Inhalten ändern (können), so verändert sich das Feld möglicher Übereinstimmungen und Differenzen zwischen Menschen hinsichtlich ihrer Wertbezüge. Deshalb lädt Weber dem moralischen Diskurs (bei ihm heißt es: Wertdiskussion) auch nicht die Zumutung der Konsensfindung auf; nur die Standpunkte können ermittelt und den Beteiligten die Stellungnahme ermöglicht werden.

Die Entscheidung darüber, ob eine Stellungnahme richtiger als eine andere ist, das vermag die Wissenschaft Max Webers nicht zu leisten. Dies vor Augen, wird einem auch klarer, welche zentrale Bedeutung Webers Forderung nach „intellektueller Rechtschaffenheit" als für ihn zentralen Aspekt zukommt.

Konsequenzen

Uns bleibt jetzt vor allem die Aufgabe diese Forderungen von Weber dahingehend zu prüfen, inwieweit und vor allem wie er selbst diese in ein Wissenschaftsprogramm überführte. Wir haben im bisherigen Verlauf dieser Einführung an einigen Stellen bereits Aspekte des Weber'schen Wissenschaftsverständnisses und seiner methodologischen Grundannahmen vorgestellt; hier muss es jetzt darum gehen, diese Aspekte wiederum zusammenzuführen, um das Wissenschafts- und Forschungsprogramm – zumindest skizzenhaft – zu umreißen.

Im Zentrum der Weber'schen Soziologie stehen soziale Phänomene, deren Fundament durch das Handeln von Individuen gebildet wird. Diese Phänomene existieren in und durch die Handelnden und dies in mehrfacher Hinsicht. Nicht nur dass die Individuen sowohl Erzeuger als auch Träger von sozialen Phänomenen sind; darüber hinaus, dies resultiert aus Webers Wirklichkeitsverständnis, sind Individuen diejenigen, welche Wirklichkeit als Wirklichkeit begreifen müssen und begreifen können. Bezug nehmend auf seine bekannten Eingangssätze in den „Soziologischen Grundbegriffen" sollte deutlich geworden sein, dass ohne Handelnde kein Handeln, sondern nur Verhalten existiert und zwar sowohl für die von Sozialwissenschaftlern untersuchten Personen als auch für die Untersuchenden selbst. Erst diese ins Zentrum der Weber'schen Soziologie eingebaute Verschränkung von wissenschaftlichem Erkenntnisinteresse und lebensweltlicher Wirklichkeit der Menschen ermöglicht es, ausgehend von seiner Zeitdiagnose, zwischen den beiden Polen „Kathederprophetie" (also die Anmaßung von Wertsetzungskompetenz) und „Entkoppelung von der Lebenswirklichkeit" Wissenschaft zu praktizieren, die eben auch die Forderung nach Klarheit Ernst nimmt.

Mit Klarheit als Aufgabenzuordnung spannt Max Weber den Raum, in dem sich Wissenschaft bewegen kann und bewegen soll, sehr weit und wenn man seine Konkretisierung dessen liest, was er unter der Erzeugung und Vermittlung von Klarheit versteht, dann setzt er in gewisser Weise tiefer an, als manche andere Wissenschaftsauffassung: „wir können – und sollen – ihnen auch sagen: die und die praktische Stellungnahme lässt sich mit innerer Konsequenz und also: Ehrlichkeit ihrem Sinn nach ableiten aus der und der letzten weltanschauungsmäßigen Grundposition (…), aber aus den und den anderen nicht. (…) Wir können so, wenn wir unsere Sache verstehen (…), den Einzelnen nötigen, oder wenigstens ihm dabei helfen, sich selbst Rechenschaft zu geben über den letzten Sinn seines eigenen Tuns." (WL: 608). Nicht nur der Philosophie, sondern auch den entsprechenden Erörterungen der Einzeldisziplinen weist Weber diese Aufgabe zu und wir haben in seinen eigenen Studien Beispiele hierfür.

Das was hier „weltanschauungsmäßge Grundposition" heißt, ist jedoch weder offensichtlich noch allgemeinverbindlich, sondern muss eben auch in und durch die wissenschaftliche Arbeit ermittelt werden. Greift man hier noch einmal Webers bekannte Formulierung aus der Einleitung der Schriften zur „Wirtschaftsethik der Weltreligionen" auf: „Interessen (materielle und ideelle), nicht Ideen, beherrschen unmittelbar das Handeln der Menschen. Aber die »Weltbilder«, welche durch »Ideen« geschaffen wurden, haben sehr oft als Weichensteller die Bahnen bestimmt, in denen die Dynamik der Interessen das Handeln fortbewegte" (GARS I: 252), dann liegt in der Verknüpfung mit seiner Zeitdiagnose die Notwendigkeit verborgen, eben beides: Ideen und Interessen zum Bestandteil der wissenschaftlichen Analyse zu machen, weil die Interessen in dieser Hinsicht nicht (mehr) selbsterklärenden Charakter haben können. Ob und wie Weber diesem „Postulat" in seinen Arbeiten folgt, soll – zumindest beispielhaft – etwas genauer in den Blick genommen werden. Zu diesem Zweck wird eine Studie vorgestellt, welche anders als die meisten bisher besprochenen Arbeiten, einen gerade stattfindenden Prozess fokussiert: die bürgerliche russische Revolution von 1905. Insgesamt zwei Beiträge erarbeitete Weber zu diesem Thema, wobei er in relativ kurzer Zeit russisch lernte, um für seine Analysen die russische Presse und die entsprechenden Dokumente im Original lesen zu können.

Der Anfang 1906 erschienene erste Beitrag: „Zur Lage der bürgerlichen Demokratie in Russland" (enthalten in MWS I/10) liest sich über weite Strecken als eine sehr akribische Analyse der Ereignisse, Interessenkonstellationen und Entwicklungen in Russland im Jahre 1905. Auf den letzten Seiten hingegen (fast fühlt man sich an die Studie zur „Protestantischen Ethik" erinnert) hebt Weber, nicht ganz ohne Pathos, zu einer fulminanten Reflexion über die Bedeutung dieser Ereignisse an. Unter Einbezug der revolutionären Entwicklungen, die in den Vereinigten Staaten stattfanden, formuliert er: „es sind, in gewissem Sinn, in der Tat vielleicht ‚letzte' Gelegenheiten für den Aufbau ‚freier' Kulturen ‚von Grund aus'." (MWS I/10: 101). Einige Seiten vorher macht er deutlich, welchen (Wert-)Bezug er für eine Einschätzung zurückweist. „Es ist höchst lächerlich, dem heutigen Hochkapitalismus, wie er jetzt nach Russland importiert wird, und in Amerika besteht, – dieser ‚Unvermeidlichkeit' unserer wirtschaftlichen Entwicklung, – Wahlverwandtschaft mit ‚Demokratie' oder gar mit ‚Freiheit' (in irgend einem Wortsinn) zuzuschreiben…" (ebd.: 99).

Das ist einerseits sehr deutlich und andererseits nicht mit der Kennzeichnung als „geschichtsphilosophische Reflexion" ausreichend beschrieben, wie man im Nachwort des Bandes lesen kann. Die uns hier interessierende Frage ist jedoch weniger, inwiefern Weber mit seinen hier gemachten Aussagen Recht hat oder nicht, sondern vielmehr ob er diese Aussagen als einen Bestandteil seiner wissenschaftlichen Studie ansieht. Liest man nunmehr die benannten Passagen seiner Rede zu „Wissenschaft als Beruf" und die letzen Seiten seiner Studie zur „Lage der bürgerlichen Demokratie in Russland", dann wird deutlich, dass das, was Weber in den letztgenannten Zitaten ausführt, genau dieser Zusammenhang zwischen „praktischer Stellungnahme" (also die Haltung zu den Ereignissen in Russland) und weltanschaulicher Grundposition (wenn man sich der Freiheit verpflichtet fühlt) aufzeigt. Mit Bezug auf das andere angeführte Zitat lässt sich dann auch formulieren: Man kann nicht gleichzeitig den Hochkapitalismus und die Freiheit wollen. Das wäre aus Webers Perspektive eine inkonsequente Haltung. Vielmehr wird man, „über alle Unterschiede der nationalen Eigenart und (…) wahrscheinlich auch vieler nationaler Interessen hinweg, unmöglich anders als mit tiefer innerer Bewegung und Anteilnahme auf den russischen Befreiungskampf und seine Träger (…) blicken." (ebd.: 101f.)

Doch bis zu diesem Punkt ist das bisher Gesagte und Angeführte noch durch den Vorwurf der methodologischen Beliebigkeit bedroht. Allein Webers Aussagen zum Widerspruch zwischen Demokratie bzw. Freiheit und Hochkapitalismus stehen ja keineswegs unwidersprochen da; vielmehr findet sich eine Fülle an Beiträgen, welche dies aufs Schärfste zurückweisen würden. Handelt es sich also nur um eine möglicherweise falsche oder überholte Reflexion bzw. um politisch motivierte und dementsprechend nicht-wissenschaftlich zu verstehende Aussagen oder fügt sich derartiges konsistent in das Weber'sche Wissenschafts- und Wirklichkeitsverständnis ein?

Weber nennt diese Art der Analyse „Wertanalyse" und wir finden unter anderem in den „Kritischen Studien" eine genauere Erläuterung. Er führt hier die Unterscheidung zweier Analysearten in Auseinandersetzung mit dem Werk von Eduard

Meyer ein: (1) kausale Deutung und (2) Wertanalyse. Letztere ist eine – man könnte fast sagen: notwendige – Konsequenz seines Verständnisses von Wirklichkeit und den damit einhergehenden Anforderungen, unzusammenhängendes Geschehen in irgendeine Art von sinnvoller Ordnung zu bringen. Ohne einen solchen Schritt hat alles die gleiche Bedeutung. Wirksamkeit, wie Eduard Meyer meint, taugt nicht als Kriterium der Herauspräparierung historisch bedeutsamer Phänomene, so Weber. Die „russische Revolution" von 1905 ist ja für ihn nicht deshalb bedeutsam, weil sie eine bestimmte (kausale) Wirksamkeit entfaltet hätte, sondern vielmehr, weil er sie unter einer spezifischen Wertbeziehung begreift, wie das oben aufgeführte Zitat zeigte: es ging (zuerst einmal: für ihn) um den Aufbau einer freien Kultur und das lässt einen das Geschehen in einen bedeutungsvollen Zusammenhang bringen.

Die Wertanalyse, also die Deutung von Geschehnissen oder Phänomenen in ihren möglichen Wertbezügen, stellt für Weber die Wegweiserin einer „kausalen Deutung" dar. „Die Analyse jener wies die »gewerteten« Bestandteile des Objektes auf, deren kausale »Erklärung« das Problem dieser ist, jene schuf die Anknüpfungspunkte, an denen der kausale Regressus sich anspinnt, und gab ihm so die entscheidenden Gesichtspunkte mit auf den Weg, ohne welche er ja ohne Kompaß ins Uferlose steuern müßte." (WL: 251). Dass es hier jedoch nicht um eine „Vorarbeit" geht, sondern dass Weber Wertanalyse als einen Bestandteil der „Gesamtanalyse" ansieht, wird deutlich, wenn man weiter liest. Nicht das Stehenbleiben bei den je subjektiven Wertbeziehungen ist es, was Weber fordert, sondern den Einbezug und die Artikulation „alternativer Wertbeziehungen".

Was Weber uns in seiner Studie „Zur Lage der bürgerlichen Demokratie in Russland" präsentiert bzw. was er in den detaillierten Darstellungen und Analysen spezifischer Interessenkonstellationen zeigt, findet seine Klammer in der Frage: wie ist unter den gegebenen (aktuellen und historischen) Bedingungen Demokratie/Freiheit in Russland möglich? Das ist die Bedeutung unter der sich das Phänomen „russische Revolution" als solches erst konstituiert (historisches Individuum) wird.[80] Dies ist jedoch nicht (mehr) die subjektive Einschätzung Webers, sondern dann eben das Ergebnis einer Analyse, welche sowohl Interessen (und deren Bezüge) als auch die sich in Interessen ausdrückenden Ideen in den Fokus nimmt.

---

[80] Der amerikanische Soziologe Randall Collins unternahm in einem Beitrag (2001) den Versuch Webers Beiträge zur russischen Revolution von 1905 und 1917 für eine soziologische Theorie von Revolutionen fruchtbar zu machen. Dies ließ ihn vor allem Webers entsprechende Analysen von Interessen und Interessenkonstellationen gepaart mit der Zuordnung von Ideen zu Interessengruppen betonen; was jedoch auch hier keine Erwähnung findet ist Webers deutliche Markierung des Phänomens unter einer bestimmten Wertbeziehung.

Aktualitäten

Dass die tatsächlich praktizierte Sozialwissenschaft diesen weiten Weg oftmals nicht zu gehen bereit ist, war auch Weber bewusst und lässt sich in einem Diskussionsbeitrag zu einer Debatte im Verein für Socialpolitik im Jahr 1911 nachlesen. Die stattfindende Debatte diente der Vorstellung und Diskussion der Enquete zu „Psychophysik der industriellen Arbeit" und Weber merkt in seiner Rede an: „Es wäre ein schweres Missverständnis, wenn der Umstand (...) uns zu dem Schlusse verleiten würde, wir könnten überhaupt schon von eigentlichen Ergebnissen reden. Herausgekommen (...) ist bisher an endgültigen Ergebnissen noch gar nichts, nichts anderes wenigstens als einige Zahlen, die geeignet sind, einige Hypothesen zu stützen, andere Hypothesen neu aufzustellen, die Fragestellung zu korrigieren..." (MWG I/11: 417).

Worauf Weber hier insistiert ist die Langwierigkeit jedes Forschungsprozesses; man könnte fast sagen: auch in der Wissenschaft geht es um ein „Bohren dicker Bretter" und eben nicht um schnelle Ergebnisse. Aber bereits zu seiner Zeit stand Weber einer Sozialwissenschaft gegenüber, welche nicht in jedem Fall bereit war, diese langen Wege zu gehen, worüber uns dieser und andere Diskussionsbeiträge von ihm Aufschluss geben. Welche Konsequenzen mit der sozialwissenschaftlichen „Ergebnisproduktion" verbunden sind und warum Weber an solchen Stellen vehement für Genauigkeit und Rechtschaffenheit eintritt, lässt sich möglicherweise besser nachvollziehen, wenn man sich die im Geiste Webers formulierte Zeit- und vor allem Sozialwissenschaftsdiagnose von Friedrich Tenbruck aus dem Jahr 1984 vornimmt.

Unter dem provokativen Titel: „Die unbewältigten Sozialwissenschaften" unternimmt Tenbruck hier den Versuch einer Problemdiagnose, welche einerseits den Weg nachzeichnet, welche die Sozialwissenschaften (und insbesondere die Soziologie) genommen hat und andererseits verdeutlicht, dass dieser Weg gerade nicht ein Weber'scher Weg ist. Im Zentrum seiner Diagnose steht der oben zitierte „Webersatz" vom Zusammenspiel von Ideen und Interessen, entlang dem Tenbruck nachzeichnet, wie die Sozialwissenschaften, entgegen ihrem eigentlichen Selbstverständnis „Weltbild-Charakter" angenommen haben. Er interessiert sich für die Verwobenheit der Sozialwissenschaften mit dem, was wir als Moderne bezeichnen. Für Weber war die zentrale „Schicksalsmacht" dieser Moderne der Kapitalismus, der eben gerade kein Weltbild mehr zur Verfügung stellen konnte, sondern nur mit dem Zwang des Unvermeidlichen ausgestattet die Menschen bei ihren alltäglichen Verrichtungen hielt. Für Weber – wir haben oben darauf verwiesen – konnte Wissenschaft keine Sinndeutung zur Verfügung stellen, konnte den Menschen nicht ihre „wozu?" Fragen beantworten. Gleichzeitig sah sich Weber jedoch, wie man in der Rede zu „Wissenschaft als Beruf" nachlesen kann, mit weiterreichenden Anforderungen an Wissenschaft konfrontiert und was er am Ende der Rede anbietet: „an unsere Arbeit gehen und der »Forderung des Tages« gerecht werden" (WL: 613), fordert vom Einzelnen das stete Arbeiten in einer Welt ohne letzten Sinn.

In anderer Formulierung, aber mit einer ähnlichen Stoßrichtung, lesen wir im „Wertfreiheitsaufsatz" die Forderung Webers, „sich gegenüber den jeweils herrschenden Idealen, auch den majestätischsten, einen kühlen Kopf im Sinne der persönlichen Fähigkeit zu bewahren, nötigenfalls »gegen den Strom zu schwimmen«„ (WL: 540). Zumindest kann man Tenbruck mit seiner Diagnose unter diesen bei Weber formulierten „Anfangsverdacht" eines „Gegen-den-Strom-schwimmens" stellen. Entgegen mancher zeitgenössischer Anmerkungen ist Tenbruck gerade nicht der Auffassung, dass die Sozialwissenschaften über einen geringen Einfluss verfügen, sondern seines Erachtens ist ihr Einfluss sehr weit gehend.

Für ihn liegt der eigentliche Mechanismus des „Siegeszuges" der Sozialwissenschaften in dem, was er im Untertitel seiner Diagnose als „Abschaffung des Menschen" bezeichnet. An dieser zentralen Stelle konnte sich seines Erachtens Max Weber nicht durchsetzen und anstatt dem Menschen rückte die „Gesellschaft" in den Fokus der Sozialwissenschaften. Die Moderne, so formuliert Tenbruck seine Hauptthese, „hat sich im Namen einer neuen Idee von der Gesellschaft entfaltet, die von der Soziologie geboren, entwickelt und – im Verein mit bestimmten Trägern und Interessen – gesellschaftlich und geschichtlich durchgesetzt wurde." (Tenbruck 1984: 19). Webers dauerndem Kampf gegen das Reden und die wissenschaftliche Nutzung von Kollektivbegriffen zum Trotz gewann der Gesellschaftsbegriff eine umfassende Bedeutung. Was Tenbruck als eigentlichen Vorwurf formuliert, beginnt mit der systematischen Ausblendung der grundsätzlich pluralen Wirklichkeit und der pluralen Wirklichkeitszugänge. „Wir können uns also grundsätzlich (…) so viele Wissenschaften von der Gesellschaft entwerfen, wie wir grundsätzliche Wertungen an sie herantragen können…" (ebd.: 99). Dieses eben nicht zu tun, sondern in der Orientierung auf Naturwissenschaften eine vermeintliche Eindeutigkeit von Tatsachen als Legitimation des eigenen Vorgehens zu beanspruchen, stellt für Tenbruck schlicht eine „Täuschung" dar. Die von ihm diagnostizierte Dominanz der Sozialwissenschaften resultiert demnach auf dem „Verschweigen" der prinzipiellen Pluralität möglicher Sinndeutungen und der Durchsetzung der eigenen (verkürzten) Deutung. Ob man Tenbrucks Erklärungsversuch nunmehr zu folgen bereit ist, dass der „Weltbilddrang" in starkem Maße mit der außeruniversitären Herkunft der Sozialwissenschaften in Zusammenhang steht, ist unseres Erachtens unabhängig davon, dass man seiner Diagnose einiges abgewinnen kann.[81]

---

[81] Wobei Tenbruck mit einer solchen Erklärung auch nicht alleine steht. So lesen wir bei der bekannten Feldforscherin Rosalie Wax, mit Bezug auf die Entwicklung der Anthropologie: „It is one of the interesting ironies of the social sciences that the British tradition of social research, which was, for so long, entirely extra-academic, took root and flourished in the environment of certain of the American universities, whereas the German tradition of field reasearch, which from it's inception was closely related to the

Es ist immer wieder der Rollenbegriff und die damit verbundenen Anwendungskonsequenzen, welche Tenbruck als eines der Beispiele für seine Kernthese heranzieht. Sicherlich wurde der Rollenbegriff als dominantes Beschreibungskonzept von neuen (jedoch mit denselben grundlegenden Problemen behafteten) Begriffen abgelöst.[82] Was alle diese Konzepte jedoch gemein haben, ist die doppelte Verwendung als Analyseinstrument und als Beschreibungsideal. Die damit operierenden Sozialwissenschaften sind, in Tenbrucks Worten, „zur Autorität der persönlichen und öffentlichen Daseinsauslegung geworden (...), die angibt, worum es im Leben geht und worauf es im Leben ankommt" (Tenbruck 1984: 30). Das kann – aus Webers Position heraus – dem Einzelnen keiner abnehmen; diese Stellungnahme ist und bleibt die Forderung und Aufgabe an das Subjekt, wenn es sich denn als autonom verstanden wissen will.[83]

Der Vorwurf, den Tenbruck mit seiner Diagnose verbindet, ist zweifellos sehr stark. Er wirft den Sozialwissenschaften nicht nur vor, dass sie in unzulässiger Weise die eigene Wirklichkeitsdeutung als dominante zu etablieren suchten, sondern dass sie gleichzeitig ihre diesbezüglichen Spuren verwischt haben.[84] Die Schlussfolgerung, welche Tenbruck daraus zieht, formuliert er kurz und knapp: „Nur der Verzicht auf eine endgültige Theorie ‚der Gesellschaft' kann uns die nötige Bewältigung der Sozialwissenschaften bringen" (ebd.: 305). Einen ersten Schritt in Richtung einer solchen Bewältigung sieht er in der Hinwendung zu den Bedeutungswelten, in denen die Menschen tatsächlich leben.

Ansätze

Der von Tenbruck geforderte Verzicht auf eine allgemeine „Theorie der Gesellschaft" ist ebenso wie Webers Insistieren auf die Zentralität der handelnden Subjekte nichts, was selbst wiederum Gegenstand der (wissenschaftlichen) Auseinandersetzung werden kann, sondern ein grundsätzlicher Standort, dessen Revision die

---

universities, made so little impact, that many American sociologists of the present day have not been aware that it existed." (Wax 1971: 27).

[82] Einer dieser eher jüngeren theoretischen Beschreibungsbegriffe ist: Anerkennung und hier vor allem: gesellschaftliche Anerkennung.

[83] Das ist natürlich in dieser Formulierung ebenfalls ein „Werturteil"; was diesen Beginn bei Weber jedoch konsequent bleiben lässt (siehe seinen ersten Satz in WuG), ist die unhintergehbare Pluralität der Wirklichkeit. Weber sagt eben nicht: Der Mensch ist Kulturmensch, sondern: wenn er Kulturmensch und dies konsequent sein will, dann folgt daraus dieses und jenes.

[84] Im Hinblick auf dieses Verwischen würde Tenbruck sicherlich wenig verwundert sein, wenn er die „Begeisterung" der sich selbst als Neo-Weberianer verstehenden Neoinstitutionalisten (wie etwa John Meyer) über das Auffinden einer sich vom Okzident her ausbreitenden Weltkultur miterleben könnte. Auch hier ist der Beitrag, den die Sozialwissenschaften selbst an der Ausbreitung einer solchen Weltkultur innehaben chronisch unterreflektiert.

Revision von Werturteilen beinhalten würde. Das heißt gleichzeitig: Was wir bei Tenbruck als Negativdiagnose finden, muss ja nicht als solche gelesen werden; vielmehr kann man die Wirkmächtigkeit der Sozialwissenschaften auch auf der Ebene einer grundlegenden Weltdeutung als Entwicklung willkommen heißen. Für Max Weber ist dies undenkbar, da er der Wissenschaft jede Potenz für die Beantwortung der Frage: Was sollen wir tun? abspricht. Die „Erfindung" der Gesellschaft hat jedoch eine sehr wirkmächtige Antwort gebracht, deren Ausformulierung innerhalb der Sozialwissenschaften schlicht lautet: Wir sollen „Soziales" aus „Sozialem" erklären!

Das ist für Max Weber kein hinreichender Rahmen um zu verstehen wie etwas zu etwas geworden ist. Seine Auffassung über soziale Phänomene (historische Individuen) beinhaltet eben auch das an Personen „haftende" Charisma als einen zentralen und sozial wirkmächtigen Faktor.

Man könnte eine Einführung in das Werk Max Webers damit abschließen, dass man einen kurzen Abriss der expliziten Spuren gibt, welche das Werk in der seitherigen Soziologie hinterlassen hat. Dann müsste man etwa über die weberanischen Elemente in der Soziologie Pierre Bourdieus sprechen, insbesondere in seinen Arbeiten zur Religion (Bourdieu 2000), über die Auseinandersetzungen innerhalb der „Kritischen Theorie" (sehr plastisch in Adornos Vorlesungen zur „Einleitung in die Soziologie", 2003) und sicherlich auch über die Einarbeitungen Weber'scher Überlegungen in die sogenannten Theorien „rationaler Wahlhandlung".

Es dürfte jedoch im bisherigen Verlauf der Darstellung deutlich geworden sein, dass jeder derartige Versuch einen sehr genauen Blick und eine sehr präzise Analyse bedürfte und uns in jedem Fall mit der Notwendigkeit der Unterscheidung von Ideen und Interessen konfrontieren würde. Eingedenk dessen, was man bei Tenbruck über die Sozialwissenschaften erfährt, ist hier vielleicht ein anderer Abschluss angezeigt. So stellen wir, stellvertretend für andere Ansätze, anhand der Arbeiten von Hannah Arendt Möglichkeiten vor, wie weberianische Analyse aussehen kann. Ohne einen expliziten Bezug zum Werk Max Webers finden wir hier einen Ansatz und eine Arbeitsweise, die man vielleicht als „Praxis von Sinngebung und Stellungnahme" bezeichnen könnte.[85] Es gibt kaum ein anderes Werk, in dem das, was Weber „Wertanalyse" nennt, einen derart prominenten Platz einnimmt. Liest man etwa Arendts Arbeit „Über die Revolution" (2000), dann trifft man sehr schnell auf Sätze wie etwa: „Daß die Idee der Freiheit und die Erfahrung eines Neuanfangs miteinander verkoppelt sind in dem Ereignis selbst, ist für ein Ver-

---

[85] Dass Arendt sich mit zumindest einigen Schriften Webers beschäftigt hat, wird spätestens durch ihre Aussagen in einem Brief an Karl Jaspers vom 17. Februar 1956 deutlich, wo sie vermeldet, dass sie viel Weber gelesen hat. „Die »Agrarverhältnisse im Altertum« sind eine großartige Arbeit und »Die protestantische Ethik und der Geist des Kapitalismus« von einer unglaublichen Genialität. (…) Es gibt nichts in der Literatur seither, das dies Niveau auch nur erreicht hätte." (Arendt/Jaspers 2001: 319).

ständnis der modernen Revolutionen entscheidend." (Arendt 2000: 34). Da blickt jemand in ähnlicher Weise wie Max Weber auf revolutionäre Ereignisse und vor allem: da legt jemand sehr viel Gewicht auf die Herausarbeitung dessen, was wir bei Weber unter dem Begriff der Wertbeziehung kennen gelernt haben.

Arendt fokussiert Revolutionen nicht nur unter der Frage: Was ist die (kausale) Ursache dieser oder jener Revolution?, sondern beginnt einen wichtigen Schritt früher, den wir so auch bei Weber sahen und der in der Frage mündet: Was ist der Gegenstand des Interesses, was ist das historische Individuum? Dieses aus dem „Strom der unendlichen Mannigfaltigkeit" herauszupräparieren, bedingt es, dass man ein Objekt als kulturbedeutsam begreift. In einer etwas verkürzten Schreibweise würde man bezüglich der (modernen) Revolutionen dann etwa sagen: Diese sind bedeutsam, weil es in ihnen um Freiheit geht und die Erkenntnisse, welche wir aus der Analyse dieser so gebildeten Phänomene gewinnen, sind für alle diejenigen interessant, die mit dem besonderen Gesichtspunkt etwas anfangen können. Im Fortgang der Studie von Arendt findet sich dann eine Analyse, welche die Prozesse immer im Hinblick auf das ihnen Wesentliche untersucht und das für Arendt wesentliche ist, wie Seyla Benhabib herausarbeitet, die „Institutionalisierung öffentlicher Freiheit in den Revolutionen" (Benhabib 1998: 255). Wenn sie über die beiden Revolutionen spricht, denen ihre vergleichende Aufmerksamkeit gilt: die amerikanische und die französische, dann arbeitet sie sich an einem Idealtypus entlang, der – so formuliert Max Weber die Vorgehensweise – durch Steigerung bestimmter Gesichtspunkte konstruiert wird.[86]

Arendt glaubt nicht an die direkte Wirksamkeit von Ideen auf der Ebene handelnder Menschen; vielmehr sieht sie das, was bei Max Weber „soziale Beziehung" heißt und was bei ihr selbst meist als „menschliche Angelegenheiten" auftaucht, durch den Begriff des „Interesses" gekennzeichnet. Gleichzeitig erschöpft sich für sie jedoch menschliches Handeln nicht in den das Interesse ausmachenden subjektiven Motivlagen und Zweckorientierungen. Handeln ist für Arendt (auch wenn sie ein sehr spezifisches Verständnis dieser Tätigkeitsform hat) eine Fähigkeit, die gleichzeitig theoretische Perspektive und lebensweltliche Wirklichkeit beschreibt.

Das sich ihr Werk jedoch so anders liest als dasjenige von Max Weber (abgesehen von fundamental unterschiedlichen Erkenntnisinteressen), hängt unseres Erachtens auch damit zusammen, dass sie sich in einer Welt bewegte und mit einer Wirklichkeit beschäftigte, welche es kaum mehr erlaubte, das auszublenden, was Max Weber als das „stahlharte Gehäuse" bezeichnete. Arendts großes Interesse

---

[86] Ob sich Arendt explizit mit Webers Idealtypenkonzept auseinandergesetzt hat, ist schwer feststellbar, jedoch deuten entsprechende Aussagen, welche sie im Rahmen eines Kolloquiums in Toronto 1972 formulierte darauf hin: „Wir alle bilden irgendwie das, was Max Weber »Idealtypen« nannte. Das heißt, wir nehmen einen gewissen historischen Zusammenhang aus Fakten, Reden und was es da sonst noch so gibt und durchdenken ihn, bis daraus ein Typus widerspruchsloser Herrschaft wird." (Arendt 1996: 102).

daran, Revolutionen im Hinblick auf Freiheit zu konzipieren und zu analysieren, resultierte nicht zuletzt aus ihrem Befund, dass mit Nationalsozialismus und Stalinismus eine neue Herrschaftsform „erschienen" ist, die man nicht als kontinuierliche Weiterentwicklung von etwas bereits Vorhandenem verstehen kann. Ihre große Studie „Elemente und Ursprünge totaler Herrschaft" (erstmals engl. 1951) kann als Versuch verstanden werden, die entsprechenden Erfahrungen mit einer neuen Wirklichkeit systematisch zu reflektieren und hieraus insofern Konsequenzen zu ziehen, als dass man die bisherigen Vorstellungen (die bisherigen Analyseinstrumente) weiterentwickelt.

Jenseits aller Unterschiede im Standort und in den daraus resultierenden theoretischen Perspektiven, findet sich im Werk Hannah Arendts damit ein wichtiger und konstruktiver Weber'scher Gedanke, den dieser nicht müde wurde immer wieder herauszustellen: „das Leben in seiner irrationalen Wirklichkeit und sein Gehalt an möglichen Bedeutungen sind unausschöpfbar, die konkrete Gestaltung der Wertbeziehung bleibt daher fließend, dem Wandel unterworfen in die dunkle Zukunft der menschlichen Kultur hinein" (WL: 213). Das verlangt dann aber auch, dass man sich nicht auf Wertbeziehungen „ausruht", sondern die eigene Kasuistik weiterzuentwickeln bereit ist.

Literatur

Abkürzungen der im Text verwendeten Primärliteratur

GARS   Gesammelte Aufsätze zur Religionssoziologie
GASS   Gesammelte Aufsätze zur Soziologie und Sozialpolitik
GASW   Gesammelte Aufsätze zur Sozial- und Wirtschaftspolitik
GPS   Gesammelte Politische Schriften
MWG   Max Weber Gesamtausgabe
MWS   Max Weber Studienausgabe
RG   Religiöse Gemeinschaften
PE   Protestantische Ethik
PE II   Protestantische Ethik II
WEWR   Wirtschaftethik der Weltreligionen
WL   Gesammelte Aufsätze zur Wissenschaftslehre
WuG   Wirtschaft und Gesellschaft

Primärliteratur

Weber, Max (1911). Diskussionsbeitrag zum Vortrag von Alfred Ploetz. In: Deutsche Gesellschaft für Soziologie (1911). Verhandlungen des Ersten Deutschen Soziologentages. Tübingen: Mohr (Siebeck).
Weber, Max (1920). Gesammelte Aufsätze zur Religionssoziologie I. Tübingen: Mohr (Siebeck).
Weber, Max (1921). Gesammelte Aufsätze zur Religionssoziologie II. Hinduismus und Buddhismus. Tübingen: Mohr (Siebeck).
Weber, Max (1921). Gesammelte Aufsätze zur Religionssoziologie III. Das antike Judentum. Tübingen: Mohr (Siebeck).
Weber, Max (1924). Gesammelte Aufsätze zur Sozial- und Wirtschaftsgeschichte. Tübingen: Mohr (Siebeck).
Weber, Max (1924). Gesammelte Aufsätze zur Soziologie und Sozialpolitik. Tübingen: Mohr (Siebeck).
Weber, Max (1978). Die protestantische Ethik II. Kritiken und Antikritiken. Gütersloh: Gütersloher Verlagshaus.
Weber, Max (1980^5[1921]). Wirtschaft und Gesellschaft. Grundriss der verstehenden Soziologie. Tübingen: Mohr (Siebeck).
Weber, Max (1984). Die Lage der Landarbeiter im ostelbischen Deutschland. MWG I/3, 2 Halbbände. Tübingen: Mohr (Siebeck).

Weber, Max (1988⁵[1921]). Gesammelte Politische Schriften. Tübingen: Mohr (Siebeck).
Weber, Max (1988⁷[1922]). Gesammelte Aufsätze zur Wissenschaftslehre. Tübingen: Mohr (Siebeck).
Weber, Max (1993). Landarbeiterfrage, Nationalstaat und Volkswirtschaftspolitik: Schriften und Reden 1892-1899. MWG I/4, 2 Halbbände. Tübingen: Mohr (Siebeck).
Weber, Max (1995). Zur Psychophysik der industriellen Arbeit: Schriften und Reden 1908-1912. MWG I/11. Tübingen: Mohr (Siebeck).
Weber, Max (1996). Zur Russischen Revolution von 1905. Schriften und Reden 1905-1912. MWS I/10. Tübingen: Mohr (Siebeck).
Weber, Max (2005). Die Wirtschaftsethik der Weltreligionen: das antike Judentum; Schriften und Reden 1911-1920. MWG I/21-1. Tübingen: Mohr (Siebeck)
Weber, Max (2005). Wirtschaft und Gesellschaft – Religiöse Gemeinschaften. MWS I/22-2. Tübingen: Mohr (Siebeck).

Sekundärliteratur

Adorno, Theodor W. (2003). Einleitung in die Soziologie. Frankfurt a.M.: Suhrkamp.
Anter, Andreas/Breuer, Stefan (Hg.) (2007): Max Webers Staatssoziologie. Positionen und Perspektiven. Baden-Baden: Nomos.
Arendt, Hannah (1996) Ich will verstehen. Selbstauskünfte zu Leben und Werk. München: Piper.
Arendt, Hannah (2000). Über die Revolution. München: Piper.
Arendt, Hannah; Jaspers, Karl (2001). Briefwechsel 1926-1969. München: Piper.
Baehr, Peter (2001). The „Iron Cage" and the „Shell as Hard as Steel": Parsons, Weber, and the Stahlhartes Gehäuse Metaphor in the Protestant Ethic and the Spirit of Capitalism. In: *History and Theory*, Vol. 40, Nr. 2. S. 153-169.
Bauman, Zygmunt (1992). Dialektik der Ordnung. Hamburg: Europäische Verlagsanstalt.
Benhabib, Seyla (1998). Hannah Arendt – Die melancholische Denkerin der Moderne. Hamburg: Rotbuch.
Bourdieu, Pierre (2000). Das religiöse Feld. Texte zur Ökonomie des Heilsgeschehens. Konstanz: UVK
Breuer, Stefan (1994): Bürokratie und Charisma: zur politischen Soziologie Max Webers. Darmstadt: Wissenschaftliche Buchgesellschaft.
Cha, Seong Hwan (2003). Modern chinese confucianism: The contemporary neo-confucian movement and ist cultural significance. In: social compass. Vol. 50, Nr. 4. S. 481-491.
Collins, Randall (1975): Conflict Sociology. Toward an Explanatory Science. New York/San Francisco/London: Academic Press.
Collins, Randall (1979): The Credential Society. An Historical Sociology of Education and Stratification. San Diego u.a.: Academic Press.
Collins, Randall (1986): Weberian Sociological Theory. Cambridge: Cambridge University Press.
Collins, Randall (2001). Weber and the sociology of revolution. In: Journal of Classical Sociology. Nr. 1. S. 171-194.

Döbert, Rainer (1989): Max Webers Handlungstheorie und die Ebenen des Rationalitätskomplexes. In: Weiß, Johannes (Hg.): Max Weber heute. Erträge und Probleme der Forschung. Frankfurt a.M.: Suhrkamp.

Durkheim, Émile (1984): Die Regeln der soziologischen Methode. Herausgegeben und eingeleitet von René König. Frankfurt a.M.: Suhrkamp.

Egger, Stephan (2006): Herrschaft, Staat und Massendemokratie. Max Webers politische Moderne im Kontext des Werks. Konstanz: UVK

Erdelyi, Agnes (1992). Max Weber in Amerika. Wirkungsgeschichte und Rezeptionsgeschichte Webers in der anglo-amerikanischen Philosophie und Sozialwissenschaft. Wien: Passagen.

Firth, Charles (1912). Cromwells army. A history of the english soldier during the civil wars, the Commonwealth and the protectorate. London.

Ghosh, Peter (2006). The place of Judaism in Max Weber's Protestant Ethic. Journal for the History of Modern Theology; Vol. 12, No. 2: 208-261.

Giddens, Anthony (1988). Die Konstitution der Gesellschaft. Grundzüge einer Theorie der Strukturierung. Frankfurt/New York: Campus.

Giddens, Anthony (Hg.) (1986): Durkheim on Politics and the State. Cambridge: Cambridge University Press.

Graf, Friedrich Wilhelm (2002). Puritanische Sektenfreiheit versus lutherische Volkskirche. Zum Einfluß Georg Jellineks auf religionsdiagnostische Deutungsmuster Max Webers und Ernst Troeltschs. Journal for the History of Modern Theology; Vol. 9: 42-69.

Habermas, Jürgen (1973). Legitimationsprobleme im Spätkapitalismus. Frankfurt a.M.: Suhrkamp.

Habermas, Jürgen (1977). Aspekte der Handlungsrationalität. In: Ders. (1984). Vorstudien und Ergänzungen zur Theorie des kommunikativen Handelns. Frankfurt a.M.: Suhrkamp. S. 441-472.

Habermas, Jürgen (1982). Zur Logik der Sozialwissenschaften. Frankfurt a.M.: Suhrkamp.

Habermas, Jürgen (1984). Vorstudien und Ergänzungen zur Theorie des kommunikativen Handelns. Frankfurt a.M.: Suhrkamp.

Habermas, Jürgen (1988): Theorie des kommunikativen Handelns. Frankfurt a.M.: Suhrkamp.

Habermas, Jürgen (1996). Die Einbeziehung des Anderen: Studien zur politischen Theorie. Frankfurt a.M.: Suhrkamp.

Haller, William (1955). Liberty and Reformation in the Puritan Revolution. New York: Columbia University Press.

Hennis, Wilhelm (1987). Max Webers Fragestellung. Tübingen: Mohr (Siebeck).

Hennis, Wilhelm (1996). Max Webers Wissenschaft vom Menschen. Tübingen: Mohr (Siebeck).

Hennis, Wilhelm (2003). Max Weber und Thukydides. Tübingen: Mohr (Siebeck).

Henrich, Dieter (1952). Die Einheit der Wissenschaftslehre Max Webers. Tübingen: Mohr (Siebeck).

Hübinger, Gangolf (2006). Gelehrte, Politik und Öffentlichkeit. Eine Intellektuellengeschichte. Göttingen: Vandenhoeck & Ruprecht.

Jellinek, Georg (1919). Die Erklärung der Menschen- und Bürgerrechte. München: Duncker & Humblot.

Kaesler, Dirk (2003). Max Weber. Eine Einführung in Leben, Werk und Wirkung. Frankfurt/New York: Campus.

Kierkegaard, Sören (1988). Entweder-Oder: Teil I und II. München: dtv.

Kilker, Ernest(1989). Max Weber and plebiscitarian democracy: a critique of the Mommsen thesis. In: Politics, Culture, and Society. Vol. 2, Nr. 4. S. 429-465.

Kreckel, Reinhard (1975). Soziologisches Denken. Eine kritische Einführung. Opladen: Leske + Budrich.

Krippenberg, Hans G. (1991). Die vorderasiatischen Erlösungsreligionen in ihrem Zusammenhang mit der antiken Stadtherrschaft (Max-Weber-Vorlesungen 1988). Frankfurt a.M.: Suhrkamp.

Landshut, Siegfried (1930). Max Webers geistesgeschichtliche Bedeutung. In: ders. (1969). Kritik der Soziologie und andere Schriften zur Politik. Neuwied: Luchterhand.

Lehmann, Hartmut; Ouédraogo, Jean Martin (Hg.; 2003). Max Webers Religionssoziologie in interkultureller Perspektive. Göttingen: Vandenhoeck & Ruprecht.

Lehmann, Hartmut; Roth, Guenther (Hg.; 1993). Weber's Protestant Ethic. Origins, Evidence, Contexts. Cambridge: Cambridge University Press.

Lepsius, M. Rainer (1990): Interessen, Ideen und Institutionen. Opladen: Westdeutscher Verlag.

Lepsius, M. Rainer (2003). Eigenart und Potenzial des Weber-Paradigmas. In: Albert, Gert et al. (Hg.). Das Weber-Paradigma: Studien zur Weiterentwicklung von Max Webers Forschungsprogramm. Tübingen: Mohr (Siebeck). S. 32-41.

Löwith, Karl (1932). Max Weber und Karl Marx. In: ders. (1988). Sämtliche Schriften: Band 5. Stuttgart: Metzler

Löwith, Karl (1964). Max Webers Stellung zur Wissenschaft. In: ders. (1988). Sämtliche Schriften: Band 5. Stuttgart: Metzler.

Löwith, Karl (1988). Sämtliche Schriften, Band 5. Stuttgart: Metzler.

Mommsen, Wolfgang (1974). Max Weber. Gesellschaft, Politik und Geschichte. Frankfurt a.M.: Suhrkamp.

Mommsen, Wolfgang (1989). Politik und politische Theorie bei Max Weber. In: Weiß, Johannes (Hg.). Max Weber heute: Erträge und Probleme der Forschung. Frankfurt a.M.: Suhrkamp. S. 515-542.

Mommsen, Wolfgang (2001). Politik im Vorfeld der »Hörigkeit der Zukunft«. Politische Aspekte der Herrschaftssoziologie Max Webers. In: Hanke, E.; Schluchter, W. (Hg.). Max Webers Herrschaftssoziologie. Studien zu Entstehung und Wirkung. Tübingen: Mohr (Siebeck).

Mommsen, Wolfgang (2004[3]). Max Weber und die deutsche Politik, 1890-1920. Tübingen: Mohr (Siebeck).

Nelson, Benjamin (1949). The idea of ursury. From tribal brotherhood to universal otherhood. Princeton: Princeton University Press.

Roth, Guenther (1993). Introduction. In: Lehmann, H.; Roth, G. (Hg.). Weber's Protestant Ethic. Origins, Evidence, Contexts. Cambridge: Cambridge University Press.

Scaff, Lawrence A. (2005). Remnants of Romanticism: Max Weber in Oklahoma and Indian Territory. Journal of Classical Sociology 5, 1: 53-72.

Schluchter Wolfgang (1981; Hg.). Max Webers Studie über das antike Judentum. Frankfurt a.M.: Suhrkamp.

Schluchter, Wolfgang (1979): Die Entwicklung des okzidentalen Rationalismus. Eine Analyse von Max Webers Gesellschaftsgeschichte. Tübingen: Mohr (Siebeck).
Schluchter, Wolfgang (1983; Hg.). Max Webers Studie über Konfuzianismus und Taoismus. Frankfurt a.M.: Suhrkamp.
Schluchter, Wolfgang (1985; Hg.). Max Webers Sicht des antiken Christentums. Frankfurt a.M.: Suhrkamp.
Schluchter, Wolfgang (1988). Religion und Lebensführung. Band 2: Studien zu Max Webers Religions- und Herrschaftssoziologie. Frankfurt a.M.: Suhrkamp.
Schluchter, Wolfgang; Graf, Friedrich Wilhelm (2005; Hg.). Asketischer Protestantismus und der ‚Geist' des modernen Kapitalismus. Tübingen: Mohr (Siebeck).
Schwaabe, Christian (2002): Freiheit und Vernunft in der unversöhnten Moderne. München: Fink.
Stammer, Otto (1965). Max Weber und die Soziologie heute: Verhandlungen des 15. Deutschen Soziologentages. Tübingen: Mohr.
Tenbruck, Friedrich (1975). Das Werk Max Webers. Kölner Zeitschrift für Soziologie und Sozialpsychologie; Jg. 27: 663-702.
Tenbruck, Friedrich (1984). Die unbewältigten Sozialwissenschaften oder Die Abschaffung des Menschen. Graz: Styria.
Turner, Bryan (1993). Einleitung. In: Löwith, Karl (1993). Max Weber and Karl Marx. London: Routledge.
Wagner, Peter (1990): Sozialwissenschaften und Staat. Frankreich, Italien, und Deutschland 1870-1980. Frankfurt/New York: Campus.
Wax, Rosalie H. (1971). Doing fieldwork: warnings and advice. Chicago: University of Chicago Press.
Woodhouse, A.S.P. (1974; Hg.). Puritanism and Liberty. Being the Army debates (1647-9) from the Clarke Manuscripts with Supplementary Documents. London: J.M. Dent & Sons.

Theorie

Dirk Baecker (Hrsg.)
Schlüsselwerke der Systemtheorie
2005. 352 S. Geb. EUR 24,90
ISBN 978-3-531-14084-1

Ralf Dahrendorf
Homo Sociologicus
Ein Versuch zur Geschichte, Bedeutung und Kritik der Kategorie der sozialen Rolle
16. Aufl. 2006. 126 S. Br. EUR 14,90
ISBN 978-3-531-31122-7

Shmuel N. Eisenstadt
Die großen Revolutionen und die Kulturen der Moderne
2006. 250 S. Br. EUR 34,90
ISBN 978-3-531-14993-6

Shmuel N. Eisenstadt
Theorie und Moderne
Soziologische Essays
2006. 607 S. Geb. EUR 49,90
ISBN 978-3-531-14565-5

Axel Honneth / Institut für Sozialforschung (Hrsg.)
Schlüsseltexte der Kritischen Theorie
2006. 414 S. Geb. EUR 29,90
ISBN 978-3-531-14108-4

Niklas Luhmann
Beobachtungen der Moderne
2. Aufl. 2006. 220 S. Br. EUR 24,90
ISBN 978-3-531-32263-6

Uwe Schimank
Differenzierung und Integration der modernen Gesellschaft
Beiträge zur akteurzentrierten Differenzierungstheorie 1
2005. 297 S. Br. EUR 27,90
ISBN 978-3-531-14683-6

Uwe Schimank
Teilsystemische Autonomie und politische Gesellschaftssteuerung
Beiträge zur akteurzentrierten Differenzierungstheorie 2
2006. 307 S. Br. EUR 29,90
ISBN 978-3-531-14684-3

Ilja Srubar / Steven Vaitkus (Hrsg.)
Phänomenologie und soziale Wirklichkeit
Entwicklungen und Arbeitsweisen
2003. 240 S. Br. EUR 25,90
ISBN 978-3-8100-3415-1

Erhältlich im Buchhandel oder beim Verlag.
Änderungen vorbehalten. Stand: Januar 2008.

www.vs-verlag.de

VS VERLAG FÜR SOZIALWISSENSCHAFTEN

Abraham-Lincoln-Straße 46
65189 Wiesbaden
Tel. 0611.7878-722
Fax 0611.7878-400

MIX
Papier aus verantwortungsvollen Quellen
Paper from responsible sources
FSC® C105338

If you have any concerns about our products,
you can contact us on
ProductSafety@springernature.com

In case Publisher is established outside the EU,
the EU authorized representative is:
**Springer Nature Customer Service Center GmbH
Europaplatz 3, 69115 Heidelberg, Germany**

Printed by Libri Plureos GmbH
in Hamburg, Germany